惡魔的貨幣

全球最大加密貨幣騙局！
受害者與黑手黨對抗親筆實錄

DEVIL'S COIN

珍妮佛·麥克亞當 & 道格拉斯·湯普森——著
曾琳之——譯

獻給我的父親，我的英雄。我非常想念你和愛你。我很抱歉。

我親愛的家人、親人和朋友，非常感謝你們無微不至的愛、關懷和支持，感謝你們一直陪伴在我的身邊。當我感到虛弱時，你們總是給我力量，感謝你們許多親切和安慰的鼓勵話語。還有總是提供給我喝不完的茶和咖啡。你們每一個人，都知道真正的自己是誰。而我也全心全意地愛著你們。我真的很榮幸。

對於受害者和那些幫助並支持全球的受害者的人，感謝你們的勇敢，你們都是激勵我繼續為正義而戰的力量。你們的力量和你們的勇敢，同樣都令我欽佩。

我故事中的某些名字已經經過更動，某一些對話也已經重新改寫過。在書中談到了一些參與維卡幣的人，包括負責招聘的人員，雖然那些犯罪高層都正面臨著司法的判決，但書中出現的許多人都是無辜的受害者，他們不知道自己牽扯進什麼樣的事情——就像我一樣。由於事態仍在發展，法律行動和執法單位調查的進度，仍與二〇二二年九月時相同。

目錄
Contents

序幕
承諾

風笛手走在我父親靈車前的這個畫面一直深深定格，出現在我的腦海中。他的屍體被火化了，我感覺他的靈魂以越來越快的速度飛向天空。他熱愛生活、充滿活力，我答應用他留給我的錢，來讓他這種生活精神繼續發光發熱。在痛苦的那些時刻，他在音樂的吹奏中邁向他人生最後的旅程中的那段記憶是我的護身符，也是我遺產的一部分。

他是一位老派的蘇格蘭紳士，不曾擁有很多東西，但會在寒冷的日子裡脫下夾克給你。我從來不用擔心他，因為他住一個死巷裡，和我姊姊愛黛兒只隔著三戶人家。她住在對面，每天早上只要看到百葉窗拉起，就知道他起床了。二〇〇〇年他被診斷出有白血病，但這並沒有改變他的生活方式。他是一個早起的人，喜歡白天出門去享受世界。他喜歡開闊的鄉村和空氣、鳥兒的歌唱、大自然的無拘無束與自然名勝。通常我父親會每隔一天會騎著自行車來看我，一進門就大吼：「妳好！小姐，妳在家嗎？」

在他離世前幾年，他的語氣慢了下來，聲音也沒有那麼精力充沛了，但他開朗的態度從未改變。他總是吹著口哨走進來，這是他在人生最後一年一直做的事，持續不斷的口哨聲讓我姊姊抓狂，但我喜歡，每次聽到總會讓我微笑。他在自己的小世界裡很平靜，而且他的表現也是如此。父親會在我的前、後院花園與後花園的小屋東修西補，小屋是他最喜歡的地方，我會聽到他在那裡和鳥兒一起吹口哨，這是他在我家的快樂之地。

二〇一四年聖誕節的前幾週，當我兒子跑進屋子時，我正在床上。「爺爺已經被緊急送往醫院了，被救護車載走了。愛黛兒阿姨在爺爺家。」我跳下床，穿上緊身褲，然後往下跑到他家，接著跑上樓。愛黛兒仍舊驚魂未定，她淚流滿面。因為父親遲遲未打開他的百葉窗，所以她就過去看看。她進門時聽到呻吟聲，然後在樓上發現他渾身是血。當他站在那裡試圖清理身上的血跡時，就像是恐怖電影中的場景一樣。

他有嚴重的內出血，體內大量出血，一開始愛黛兒以為那些血跡是從馬桶裡溢出來的髒東西，因為血的顏色太深了。他倒在她的懷裡，她設法把他抬到臥室，他斷斷續續地失去意識。她不停地說：「爸爸，不要離開我，不要離開我。」並打電話叫救護車。我去找她後，一起去了醫院，比救護車晚了大約十分鐘。

我們到達醫院時，他正坐在急診室裡面，我看了非常難過，鮮血還在從他的臉上滴落。他很安靜，但房間內的燈光很亮，就像聚光燈直接打在眼睛上，他說：「天啊，能不能有人把這些燈調暗點。」他還有意識。我們等了一些時間，但後來他被帶到了一間加護病房。我們守了一整晚，第二天早上在一間單人房裡見到了他。因為藥物的關係，他開始出現幻覺，認為靜脈點滴是從他身上流出來、從他身上長出來的一樣，我從沒見過我父親這個樣子，他看起來很無助。那是一個可怕的白天和夜晚。

他被轉移到另一間病房，當我們再次見到他時，他已經可以坐起身了，但他只是一直笑著。我不確定家裡是否有人。然後愛黛兒指著放在他床尾的一張表單，上面寫著「不施行心肺復甦術」。老實說，我無法向你們說明關於那一刻的細節，因為我將這段記憶抹去了。

我對那張通知單感到非常震驚，一定是出於某種自我保護而抹去了這段記憶。這像是地獄般一樣，因為這張單子清楚地告訴了我們，我們人在哪裡。而父親只是坐在床上，沒有多說什麼，他只是微笑著。他在醫院度過聖誕節、新年，情況一直起伏不定。他在大出血後開始肺炎，與肺炎抗爭了大約九週。我們無日無夜不在。有一天晚上，我坐在他旁邊，他指著天花板說：「看看他們給的車庫。我從來沒有見過像這些現代生活設備的東西。」燈光和天花板在他的腦海中變成了這間宏偉的車庫。我問他那是什麼感覺，他說像是一個偉大故事家一樣。那是一個愉快的幻覺。然後他就去睡覺了。我不認為他的狀況是好的，他已經變瘦了，但我們仍然、仍然認為他可以戰勝病魔。

我和醫生談過，我們不希望父親在醫院裡離世，如果他身體好到可以被接送，我們希望送他回家，我們想照顧他。醫生人都很棒，但他們從未說過父親只剩多長的生命或類似的話，他們總是迴避這件事。這對某些人來說是一種善意，但對像我這樣個性的人來說卻不是，我想知道實情這樣才可以面對它。

父親回家的那個星期三，陪著他回家的醫生告訴我們，父親的生命即將結束。我們簡直不敢相信，我打斷他然後說：「不，父親，這和藥物治療有關，你必須回到醫院接受治療。」

他說：「不、不，我不會回到那裡。」我告訴他，他可以在家裡接受藥物治療，他說：「很好、很好，我不要回去。我在這裡很好。」

我的媳婦菲奧娜也在場，她被醫生嚇壞了，醫生看到我們對她不滿，很快就離開了。我俯身對父親說：「你晚餐想吃小魚嗎？」這讓他笑了：「好的，小姐，好的。」

吃完飯後我們圍在父親的床邊，他勉強吃了幾口，看起來很安定。我想讓他和我們一起待在房間裡，這樣可以隨時注意他的狀況，我問他是否想朗誦他最喜歡的羅伯特·伯恩斯Robert Burns的詩。

我父親那一代生活在艾爾[1]的人，因為這裡是蘇格蘭民族詩人的家鄉，小學生們必須要背誦伯恩斯的作品。我問了我父親幾次，然後他半笑著邊背誦了《致山上的雛菊》To a Mountain Daisy，這首詩講述了伯恩斯在外出耕作時如何壓碎了一朵雛菊的莖。我現在將這首詩視為一個比喻，代表著在追求成功時，所有形式的生命都如何被拋下。我用手機錄下我的父親，等他念完這首詩時，我瞬間明白了這首詩真正的意思，我的心一下子就摔在地上，碎了。我不知道我是怎麼可以繼續錄影的。除了漏掉一行之外，他朗誦得很完美：

小巧、謙虛的、尾端是深紅色的花，你在一個邪惡的時刻遇見了我……

朗誦完詩後，他把頭在枕頭上稍微動了一下，嘴角微微一笑，然後睡著了。

因為體液進入肺部，父親在床上時必須以坐姿坐著。當狀況變嚴重時，他需要注射肌肉鬆弛劑幫助呼吸。這有一段時間是有效的，但後來他需要更頻繁地注射。護士們在這裡待了整晚，等著家庭醫生早上來。當醫生到達時，他說是時候用嗎啡來停止疼痛和不適了。我的媳婦當時懷孕挺著大肚子，她非常敬愛我父親，都待在他的身邊。那個星期五早上，我父親看起來很平靜，我姊姊愛黛兒開車送我的孫女艾麗去托兒所。她只離開很短的時間。當兩名護士到達時，我坐在客廳裡，握著父親的手，跟他們交代一下狀況，趁著他們陪著我父親的

1 蘇格蘭南艾爾郡的一個城鎮，位於艾爾河畔。

時候，去後面的露台門外抽了根菸。才剛點著香菸，就有人拍了拍我的肩膀，護士對我說：「時候到了。」

我的腦袋亂成一團。

「你說什麼？」

「是時候了，親愛的，他就要離開了。」我衝過去求他不要走，求他留下來。「別走，愛黛兒不在這裡。」然後護士說，他的脈搏恢復了。

我打電話給我的姊姊，她剛把艾麗送去托兒所，我叫她回來，而且她必須快一點。我不敢相信父親又活過來了，他的精神如此強大，這真是令人難以置信。父親還有一個活著的妹妹，艾蜜利亞，我們告訴父親，她正在來的路上了。當艾蜜利亞到達時，我為父親放了一些輕柔的背景音樂，艾蜜莉亞在耳邊和他說話。他的呼吸很平靜，但我看得出來他越來越吃力。那時時間大約是五點，天快黑了，艾蜜利亞阿姨說她得走了。

她看著我父親。「嗯，比爾，我很快就會再見到你。」她開始難過起來，我們陪她走到走廊，幫她好好地圍上圍巾。從客廳到走廊有一扇玻璃門，記得我轉身回頭看，我的伴侶、姊夫和菲奧娜都站在父親的床邊，低頭看著他，我和艾蜜利亞姑姑離開房間時，他們原本是坐在沙發上。然後我看到了菲奧娜的表情，就知道發生了什麼事情。我走過去，她說，「珍，他離開了。」

我和姊姊衝進客廳，愛黛兒把耳朵湊到他的嘴邊。她說她感覺到呼吸，但這是他留下的最後一口空氣，吹向她的耳朵。我把耳朵貼在他的嘴邊，摸了摸他的脈搏，他已經離開了。我抱著他，發出可怕的尖叫聲：「爸爸，我還沒準備好讓你走！」

他一直在等他的妹妹艾蜜利亞。他一直都為了她而撐著。當她向他說了再見時，他就心滿意足地走了。他可以閉上眼睛繼續上路了。我確實相信，當人們臨終時，他們會意識到周圍的人事物。

同樣地，我認為盡可能以更多的愛和尊重送他們的靈魂離開是一種仁慈的表現。我們希望從今以後可以永遠紀念父親，這個場景，我說過，從那以後一直沒有離開過我，在我的腦海和心中一遍又一遍地重播。我看到風笛手在前方引導靈車進入火葬場並演奏《高地大教堂》Highland Cathedral 這首風笛樂曲，有些在地人認為這應該是蘇格蘭的國歌。這是一首非常適合風笛演奏的樂曲。我負責決定所有的曲目，因為我姊姊說她做不到。我們現在是孤兒了。我父親於二〇一五年一月二十九日逝世，享年九十二歲，那是個星期五，但葬禮卻被耽擱了，因為那一年、那個殘酷的時候有許多人離世。所以我們的葬禮直到二月十一日才能舉行。進行葬禮的安排有助於愛黛兒和我處理我們的悲傷，我相信忙碌會帶來一點點平靜。

這讓我有時間去思考樂曲的曲目，這個過程中，父親的棺材放在他的女婿、孫子與侄子的肩膀上，慢慢走進火葬場時，播放的曲目是《愛之吻》Ae Fond Kiss。羅伯特．伯恩斯為他柏拉圖式的愛人南希寫了這首歌的內容，然後被改編成一首優美的歌曲。我們將「南希」替換為「父親」，將這首歌變成我和姊姊送給父親的禮物。沒有人不流淚，因為即使是最堅強的人，也無法抵抗吹笛者所吹奏的哀歌而展露心扉。在艾爾，德雷洪[2]的霍姆斯福特橋火葬場的儀式結束後，我們才擺脫了風笛手的吹奏和皇家蘇格蘭龍騎兵衛隊演奏的《友誼地久天長》Auld Lang Syne[3]縈繞在心頭的聲音。我們母親的葬禮也是在這裡舉行。

我知道你會認為我們好像是在他的葬禮上掛了一件大的蘇格蘭裙一樣，但我父親就是這樣，他是一個傳統的、勤奮的蘇格蘭人，他在礦坑裡工作，所賺的錢來自他所冒的風險和付出的努力。當你在地底下工作時，除了向上以外別無選擇，而我父親喜歡仰望天空，思考為他的家人創造更光明的未來。他知道自己沒有留下太多東西，但他仍以可以為我們「提供一點點幫助」而感到自豪。

---

2 蘇格蘭北艾爾郡的一個村莊。

3 是一首以低地蘇格蘭語創作的詩歌，原意是紀念逝去的日子，通常被用來當作「驪歌」，在蘇格蘭會以風笛演奏，是傳統經典的離曲。

他的一生都小心翼翼。他所有的錢都花在房子上。在房子待售的時期，我們把他的骨灰放在家裡。這花了點時間，但在那年晚一點的時候，愛黛兒為她的兒子買下了這棟房子。我猜他們不想讓比爾爺爺居無定所，所以我姊姊把他的骨灰帶去她家。我也確實從房子上分到了我的一半，也就是現金一萬五千英鎊。我一無所有，所以對我來說這不僅僅是「一點點幫助」。這筆錢用於償還該付的承諾款項和幫助我的家庭。我唯一的放縱是與我的兒子和孫子們在西班牙度過一個星期的假期。

最後，我還有現金可以投資。哦，我們都知道錢是如何消失的，而且我錢包裡的這筆現金是很重的財富，所以你明白的。它很快就消失了。在你剛拿到新東西的時候你會想要用它，當你一拿到錢的時候你就會想花錢。

我想拿這筆錢去投資，這樣它就不會因為這些或那些所謂的必要花費而變少。我這輩子都在受苦，我不想浪費我所獲得的這個給予家庭保障的機會。我有好幾個月都堅守住這筆錢。

然後我最好的朋友推薦我，這一生最值得做的投資。

第一章 一開始的時候

我是走在鋼索上長大的。孩提時我就很害怕說錯話，很害怕去了不該去的地方，不知道什麼時候我的世界會分崩離析。可當我長大後，我的世界離分崩離析也不遠了。

一九七〇年夏天，我出生在歐文市的艾爾中央醫院，這裡距離格拉斯哥半小時車程，當時我母親四十二歲，父親則比她大五歲。我母親告訴我——我真希望她沒有告訴我——她差點殺了我。她坦承，剛出生時的我大哭大鬧，要照顧和應付我讓她不知所措：「妳才幾週大，哭個不停，所以我就帶你去廚房。我已經受夠了。當你父親抓住我的手臂時，我正要把妳往窗戶外扔出去。」

我和我母親的關係一直很緊張，甚至在她告訴我她曾試圖把我丟出廚房窗戶之前就是如此。我的父母在一九六〇年代後期搬到了現在住的小鎮，並在一棟陰暗、灰色、政府特別建造的四間房公寓（公營住宅）的大樓裡安頓下來。我們在樓上的公寓有三間臥室和一間大小適中的客廳。讓我母親害怕的不是幽閉恐懼症，而是她的神經質。她非常地緊張。

我的母親瑪格麗特，家人都叫她梅格，她活在悲痛的世界中而感到痛苦。雖然經歷了所有這些困難的時期，我仍然非常愛她。早在我出生之前，這些問題就已經存在了。我的姊姊愛黛兒比我大十三歲，她從小聽著海灣搖滾客合唱團 Bay City Rollers 的音樂長大，而我則很愛史班杜芭蕾樂團 Spandau Ballet。我的哥哥比我大十九歲，我真的是家裡的孩子，我是入侵者。我來到我們家的時機很差。

我母親和我哥哥之間的折磨，在我出生時幾乎就爆發了。我不知道，也無法知道細節。在我的人生中，我只和他說過幾句話，而他對我說的話都太不友善。在我母親的餘生中，他都沒有好好地和她說話，這讓她的心和靈魂都破碎了。

我記得的是她在電話裡哭著求他，重複著這些話：「求求你，兒子，求你了，兒子，我想你，我愛你。」她希望他來看她。她很悲傷，但她是為了一個還活著的兒子而悲傷，他的兒子並不是死了。

當我母親的心魔發作並且極度憂鬱時，我父親會試圖說服我哥哥來看母親，但是他從來沒有來看她。當這些事情開始發生時，我只有三歲，但這股感覺已深植我的心中，並且從未離開過。這令人心碎，尤其是對我這樣一個成長中的小女孩來說，尤其難以承受，我不知道到底哪裡出了問題。我有一個哥哥，但我從未見過他。每次當我問這個問題的時候，我被要求要安靜，大家擔心我會激怒母親。我的角色是只能被看到，而不該被聽到。作為一個孩子，我懷抱著所有的這些夢想和願望，我希望有一個充滿愛心、關心我、保護我的哥哥一起長大，但是這些真的就只是夢想。我的現實生活是一場有著痛苦情緒和折磨的惡夢，主要是對我母親來說，但是對全家人來說也是如此。全家人都受到了負面的影響，而我們別無選擇，只能看著她在悲傷中受苦。我覺得這非常地殘酷，而且我對此也無能為力。

我母親對我的規定是，我不能弄得髒兮兮的。所以我不能邀請其他孩子過來玩。母親也禁止我們彈奏音樂。我們連在梳妝台上放個小香水瓶都不行，它一定要放在抽屜裡。灰塵是我們的大敵，每個壓壞的墊子或不乾淨的櫥櫃都可能引發大問題。我很孤獨。

我的父母對教育也沒有興趣。父親很小就輟學了，而他的父親在他十四歲的時候就去世了。他無法教我做功課，我媽媽也沒辦法。我是一個好問的孩子，但他們也不會在意我的家庭作業或課業這類的事情，我都是靠自己。

我有一隻兔子，牠是我的玩伴，住在我父親建造的花園小屋裡。我把它放在我的娃娃的嬰兒車裡，推著走來走去。有一天我放學回家，打算推著兔子走走，卻沒有看到兔子的蹤跡。

「兔子在哪裡？」我問。

「哦，比爾．卡布爾把牠抓去燉了。」比爾．卡布爾是一位長途司機，有時會在我們家租一間房過夜。我母親告訴我這件事時在笑，當時我幾乎要抓狂了。很難以想像都這麼多年過去了，這件事仍然讓我心痛，這對我來說仍然是一段沉重的回憶，這在當時看起來很冷酷，現在更是如此。

雖然我的童年生活並不全是苦難，但大多都過得很辛苦。我的母親會拿出一條手帕，用舌頭沾濕，在我出門前幫我擦臉，這是一幅完美的景象。在我小時候的每張照片中，我都看起來很備受呵護，但令人難受的是，在內心深處我只是一個孤獨的小女孩。

出於永遠無法真正理解的原因，我母親一直很刻薄。信不信由你，我深愛著我的母親，但是她看事情的角度總是非常、非常地黑暗。儘管如此，我們之間仍然存在著那種無條件的連結。我想，我的母親有很長一段時間精神狀況都不太好。她的醫生讓她服用名為 Ativan 的神經藥物，也就是 Lorazepam。當他們意識到吃這些藥錠的副作用比症狀本身更糟糕時，才終於停止開這種藥：Lorazepam 很容易上癮，你只要服藥兩週就會上癮。雖然她說話直率不客氣，但是她很風趣，而當她一停止使用 Ativan 藥錠時，她就變成了她本來應該成為的，那充滿愛心和關心我的母親，這花了些時間。

十歲那年，我們搬進了村里新建住宅區的一條死巷裡。新住處的樓上只有兩間臥室，也很夠用了，因為愛黛兒離家並結婚了。廁所就在樓梯的正上方，樓下有一個小小的起居空間和一個相當大的廚房。你需要知道了解空間的配置，因為那就是我們搬進來後不久後，鄰居試圖襲擊我的地方。

我從很小的時候就開始「轉大人」，當我的初經來時，我嚇壞了。我跑去找我母親，她開始向上帝祈禱，而她是一個不相信上帝的女人。我很沮喪，但她打開一個櫥櫃，然後把一條毛巾剪開。「把它放在妳的兩腿間。在我去找藥劑師之前，妳就先維持這樣，」她說，「妳每個月會都會來一次，一次七天。」然後就結束了。我想知道我怎麼了，但是我的母親沒有和我對話，沒有給我解釋，沒有讓我理解。

我才十歲，我覺得自己做了一件壞事。我的身體變化讓我看起來年紀大了一點，但我還是個孩子。

令我精神受創多年的那個晚上，發生在星期六，當時我母親和她的其中一位妯娌去一間本地的保齡球俱樂部喝點小酒。我姊姊和她的丈夫萊利住在我們家對面，姊姊也和他一起出去了。家裡只有我和父親在，和往常一樣，我沈迷於看電視。

突然傳來敲門聲，我聽到父親說：「哦，吉姆，進來！進來！」這裡是一個新的住宅開發案，每個人都在試著了解彼此並結交朋友。所以這就是我父親所做的事，當我仍然專注於看電視時，他們兩個正在談話。吉姆是一名四十多歲的英國天然氣工程師，但在我眼中，看來他很老。他舒服地坐在沙發上。我坐在椅子上，距離近到可以聞到他喝過酒的酒氣。他並沒有喝太醉，但感覺心情很好。然後電話響了，是我母親打來的，告訴父親她要離開俱樂部了，回家只要走五分鐘，但路途中會經過一片空地，天黑了，她不喜歡一個人走那趟路。她會打電話給父親，然後他就會去陪她走過那段可怕的路。他告訴訪客這件事，我姊姊的隔壁鄰居吉姆說：「沒關係，我等你回來。」

當我父親關上前門時，吉姆跳下沙發走向我，跪下來試圖用雙臂摟住我。我知道這樣不對，所以我立刻站了起來，說我要切換電視頻道，在那個時代，要切換電視頻道必須起身走到電視機前才能操作。但我跳過他的雙腿，越過他，直直跑出門、跑上樓，跑進我臥室旁邊的小浴室。我從裡面鎖上了浴室的門，但是，因為兒童安全的考量，你可以從外面轉動鎖，它有一個縫隙，是用一分錢就可以打開的鎖。我知道這一點，我非常害怕以致於雙手都在冒汗，但是我拿了一條毛巾，從裡面緊緊綁住鎖，當鎖開始轉動時我抓緊毛巾。

我抓緊了鎖，很害怕，但我拿著毛巾緊抓著鎖，而他一直試圖從外面轉動它。我哭著說：「求求你，別傷害我！」然後他走進了我的臥室。他在臥室裡開始敲打浴室的牆壁，然後故意讓床嘎吱作響。

「沒事，」他輕聲說，「不會有事的，出來吧。我已經準備好對付妳了。」

我高喊：「請不要傷害我。請離開。我父親很快就會回來了。」我聽到他走下樓的聲音，以為他走了，但我因為害怕而無法動彈。我緊緊抓住綁住鎖的毛巾，嚇得不敢鬆手。

我沒有聽到他回到樓上的聲音，但門把的鎖突然又開始轉動了。他一定以為我會放手，但恐懼讓我緊緊抓住毛巾。他現在聲音更大了，更急切，也更激動了，他走進我的臥室，把床用出嘎吱聲。我不知道他在床上做了什麼，但他一直試圖讓我出來，重複著「我已經準備好對付妳了」。

一陣沉默後，我聽到前門打開和關起來的聲音。我仍然沒有放開鎖、不敢動，幾分鐘後，我聽到姊姊和姊夫進來了。我衝向他們。我喘不過氣來，試著說出發生了什麼事情，卻口齒不清。我就是處於這樣的狀態。

我的姊夫萊利衝了出去。愛黛兒試圖讓我冷靜下來，以便她能理解我在說什麼，但我只是個小女孩，對發生的事情感到沮喪然後哇哇大哭。

就在這時，我父親走進來了：「天哪，這是怎麼回事？」

愛黛兒向他解釋。我母親喝了點酒，需要上廁所，就上樓了。她站在樓上說，「這並沒有發生。妳怎麼會說出這麼可怕的謊。」

像往常一樣，我父親走開了，他無法面對這些事情。我跑到樓梯的一半，抬頭看著我的母親，嚎啕大哭。「他確實那樣做了！」我哭著。「事情就是這樣。」

她駁斥我的話，所以我重複說著：「他確實那樣做了。」

我想要她抱抱我，保護我免受這個怪物的傷害。她可以看到和聽到我那時有多歇斯底里，但她對我的痛苦不屑一顧。彷彿好像是我做錯了什麼一樣。我應該什麼都不說嗎？我又一次感到很丟臉，但這一次我好像給全家人丟了臉似的。

那人已經回家了，萊利過去和他對質。愛黛兒後來告訴我，吉姆的妻子請求萊利到早上再說。萊利已經準備好要打架了，打算好好揍他一頓，他告訴她，「他到早上最好別他媽的還在這裡。」

我姊姊回家然後將我放上床。我們沒有說更多的話，而我哭著睡著了。隔天早上，當我走進樓下的房間時，我的母親正望著對街那戶人家的窗戶。她轉身說：「事情就是這樣，不要再說了。我剛剛看到她把他趕出了家門。他不會再回來了。」

對我母親來說，這就是故事的結局。她不會討論這個男人做了什麼事情，我們彼此都感到恥辱，而這是不該討論的事情。我不知道是她無法面對，還是不知道該如何面對。那是一九八〇年代初，一個人可以胡說八道，而且在意鄰居會怎麼想的時代。

我沒有朋友。我一直在看電視，因為我們家裡沒有任何一本書，所以我也沒辦法回房間看書。或是放音樂來聽。什麼都沒有。我無處可逃，所以我很憤怒。而且我常常被打。這時就是醫生讓我母親停止服用 Ativan 藥錠的時候。她不再吃這些藥，但是出現急遽戒斷症狀，那非常的可怕。我是家裡唯一一個讓她發洩焦慮的人，所以她就都發洩在我身上。我完全活在她的憤怒之下。

我很不開心。當我在浴室裡發現藥錠時，我十二歲，也許十三歲。我吃下它們，然後上床睡覺。當我醒來時，我好驚訝：我竟然還活著！我確實感到極度疲倦，但僅此而已，我能夠聽到樓下傳來的母親和她姊妹們的談話聲。她們對我完全沒有任何關心。我非常想要一個擁抱，但我知道她不會抱我。她已經擺脫了 Ativan 藥物，但是我的求救一直都沒有用。沒有人注意到我吃了那些藥。

我開始反抗，整晚都待在外面。我當時在讀高中，而且很討厭體育課，因為我的身體已經發育成熟到不能穿學校給的那種整套的小短褲體育服，我覺得很尷尬。我意識到自己與其他女孩的不同。

因為我有過被那個男人試圖攻擊的經歷，所以我會翹掉那堂課跑去小河邊，那是學校後面的一條小河，那裡有一座大水泥涵管，我會坐在裡面。這裡就像是我父親的車庫一樣，是一個避難所。我開始抽菸，我會偷走在母親圍裙口袋裡的香菸。

上學時，我會在課堂與課堂之間抽菸。所有的吸菸者都會聚在一起吸一口菸，那是我遇到艾琳·米德爾頓的時候，她在學校比我高一年級。我們每人有一英鎊的午餐錢，而十便士就可以買一支菸。我會穿著校服走進店裡說：「請給我三支Regals香菸，謝謝。」三支香菸是上限，如果你在香菸上花超過這個錢，你就沒有剩下多少錢吃午餐了，最後只能吃一包炸薯條和一個白麵包，真是太奢華了。但是我們經常沒有錢，所以如果我點了一支菸，艾琳就會對我說，「嘿，珍，我能抽個兩、三口嗎？」也就是說，我們都會分享香菸，一支菸每人各一半。這是一段長久友誼的開始。

雖然和艾琳在一起玩時很開心，但是有很多時候我乾脆就逃學。有一天我回到家，母親問我：「今天學校如何？」我覺得很奇怪，因為她以前從未問過我這個問題。她手裡拿著一把拖把，是那種木柄的老式拖把。我靠在廚房的流理台上，她問我在學校做了什麼。我還忙著找理由時，她就拿起拖把開始打我。我躺在地上，她用木柄把我從頭打到腳。我舉起手來保護自己，她打斷了我的手，但是我從未去給醫生治療過。

那天晚上，她把所有的門都鎖上了，我心裡很恐慌，於是我沿著排水管往下爬，然後逃跑了。我在街上住了三、四天，晚上就在門廊下過夜。

母親和姊姊找到了我，把我帶回家，但母親並沒有像應該對待孩子那樣對我說：「感謝上帝，我找到妳了，你回家了，妳很安全。」我母親買了一個吹風機，上面纏著電線，她開始用它打我。

那個尖銳的插頭在每一次重擊的時候都會刺入我的身體，我的傷口都在流血我真的很困惑，思緒從頭殼到髮梢散逸出去消失無蹤。奇怪的是，我為我的母親感到難過。我知道這不正常，一定是有什麼嚴重的問題。但是我太害怕了，所以我一直逃跑。

在街上，我遇到了後來成為我兒子父親的卡勒姆。卡勒姆是一位龐克搖滾歌手，也是留著莫霍克髮型、叛逆的人。我那時十三歲，他十五歲。我投入他的懷裡，以為這個龐克搖滾歌手會保護我，但他沒有。情況反而變更糟。

第二章　愛情傷人

我從十三歲到二十歲都和卡勒姆在一起，但他很難以相處。我逃離了一個憤世嫉俗的人，卻跑到另一個憤世嫉俗的人身邊。

這是一個重複的模式，但這次，我感到自己被卡勒姆控制了。他經常恐嚇我。當我試圖逃離他時，我才十五歲。有一個女孩找我去迪斯可溜冰場，因為我喜歡溜冰。卡勒姆說：「妳不能去。」

我說，「我就是要去！我要和我的朋友去溜冰。」

溜冰場就在隔壁鎮，我就像是那個年紀的人該有的樣子一樣，我在溜冰場玩得很開心。然後我的朋友說，「珍，妳看，卡勒姆在那裡。」

他看著我，怒火中燒。我感覺到我的恐懼改變了周圍的氣氛。他大步向我走來。「妳得跟我回去。」

「不，我不要，我要和我的朋友一起待在這裡。」

「如果妳不跟我一起回去，就會有不好的事情發生。」

「我要和我的朋友一起回去。」

我開始反抗，但是他嘲笑我。「妳等著，如果發生什麼事，那就是妳的錯。」永遠都是我的錯。我很害怕，但我也受夠了卡勒姆的態度。我們繼續溜冰，幾個小時後再去公車站坐車回家。有人告訴我們卡勒姆被刺傷了。我們難以置信——這是在手機發明的很久之前，所以我們無法確認任何事情——但在我家那的公車站，他就站在那裡等我。他渾身是血。那不是他的血。他沒有被刺傷。而是他刺傷了別人。

他看著我。「這都是妳的錯。」

我不知道該怎麼辦。我也不知道被他刺傷的人是生還是死。很快地，卡勒姆被指控犯下謀殺未遂罪，然後被減為嚴重身體傷害罪入獄六個月。他會用少年拘留中心所安排的電話，打電話給他的父親艾迪。艾迪是一個可愛、善良的人，而艾迪會聯繫我，說：「卡勒姆今晚打電話給妳。」

在十幾歲的時候，我的情緒一直很混亂。在家裡和母親的相處對我來說仍然很困難，但我一直在努力讓每個人都開心，而不是讓自己開心。我陷入了一個被控制的循環。卡勒姆六個月後出獄時，我十五歲，快要完成學業了。有一天，他在午餐時來找我，帶我去艾爾市，並告訴我：「我母親去世時留給我三百五十英鎊，我會買一枚訂婚戒指給妳。」

他的態度就像是我是屬於他的，也就是他擁有我。

我心想，也許這枚小小的藍寶石戒指會神奇地將我的生活變成我小時候夢想的童話故事。我們舉行了一場小型的祝賀訂婚派對，沒有喝酒也沒有任何特別的慶祝。只有卡勒姆、我，和他的父親艾迪，還有卡勒姆的其他家人。我還記得那時的事情真是太荒唐了。那時候到底有多瘋狂？那天聚會開始前，艾迪出門去買東西，而我正在三明治上塗奶油。卡勒姆低聲說了些什麼，我回：「什麼？」他就朝我扔了一把切肉刀。刀沒擊中我，當這把刀在廚房地板上匡噹作響時，他喊道：「是妳逼我這麼做的！」

我像是一隻小老鼠一樣害怕。我知道他曾經刺傷人，我知道他的威脅不是空話。然後他會哭著問：「我到底怎麼了？」然後最後，我又會安撫他。

當我母親第一次見到留著「莫霍克頭」的卡勒姆時，她的臉很驚訝，我內心的反叛者對於讓她吃了一驚感到很高興。當她發現我們已經訂婚時，她為了從我手上拔下戒指，差點把我的手指扯斷。

卡勒姆的姊姊莉莉比他大很多歲，就像是愛黛兒和我之間的年齡差距一樣。她把我的照片寄給模特兒經紀公司，但我母親說，我做模特兒的話太胖了。我因此停止服用避孕藥，因為我不想因為服用避孕藥而增加體重，我也開始節食。我當時十六歲，我想著，當我拿到模特工作時，我就可以說：「我要離開這裡了。」

俗話是怎麼說的？當你擬好計劃時，人生就會發生變化。我的人生確實就是如此。我懷孕了，所以我的模特兒生涯就結束了。我的母親想讓我墮胎，但我想不出比這更糟糕的事了。我永遠不會這樣做，但她一直在討論墮胎這件事。我離開學校，在一家襯衫工廠找到一份裁縫的工作，每週賺四十英鎊。我坐在那裡工作時，還在想著我幾乎可以過的夢想生活。

有一天我下班回家時，在門口的大廳放著有一個米色的小皮箱。我母親站在那裡。「那是妳的，」她說。「妳自己做了決定，就要自食其果。」

我震驚地看著她，非常地吃驚。

「妳要生下這個孩子嗎？」

「對。」

「帶著妳的行李箱，離開這裡。」

卡勒姆的爸爸艾迪收留了我，我非常感激他。懷孕幾個月後我開始流血，醫生說沒有大礙，但我整個週末都得抬高腿、躺在床上。艾迪打電話給我母親，告訴她我的狀況。他來找我，說我母親在電話那頭。我以為她會說，「回來吧，一切都會沒事的。」雖然發生了所有這些事情，我仍然想要我的母親。她沒有對我表現出任何關心，我那時就知道，我只能靠自己了。我對自己說：「珍，妳有兩個選擇，沉下去或是往前游。成敗都在妳，妳要怎麼做？」

我要往前游。但我很害怕——現在回想起來我都落淚了——因為我不知道該怎麼辦。當我不知道真正的愛是什麼時，我怎麼能愛這個孩子呢？有一道回音般的微弱的聲音說：「妳就做與妳經歷過的事情相反的那些事情。」

然後，奇蹟出現了：當我已經懷孕到五個月時，母親打電話給我。她說，「好吧，妳回家吧。」我等不及要回家。即使經歷了我所經歷的一切，一個女孩仍然是需要她的媽媽。我幾乎是用跑的回去。

她彷彿覺得自己做不夠一樣，買了一輛二手嬰兒車，它非常棒。她對於嬰兒的衣服都很大驚小怪。卡勒姆和我住在有兩間臥室的社會住宅裡。在那裡才住了一個星期，我就感到身體不適，然後被緊急送往醫院，那時我已經懷孕七個半月了。我有子癇前症，血壓飆升，感覺又腫又痛。我一直住在醫院，直到李出生。在我懷孕時，母親對我說我：「那時我無法接受，我的小女孩竟然正在懷這個孩子。」但她不得不接受，而她最終也接受了。她給了我的兒子很多愛，這是我從未得到過的愛。對於我接下來將經歷的困難情況而言，這給了我一些安慰。

我不需要擔心我自己的愛，因為當李被放在我的懷裡，我看著這個漂亮的小男嬰時，一種瞬間的愛意湧上，讓我流下了極度喜悅的淚水。這是我生命中第一次照顧與保護一個人，我必須為他而堅強。這個小男孩就是我奮力游泳的所有原因。我們擁有一個家和一個孩子，這就是我的生活。這時我十七歲。

卡勒姆、我和李，這是我渴望的家庭——住在家人們幫忙佈置和鋪地毯的社會住宅裡。但當卡勒姆的行為漸漸變得令人難以忍受時，李才八個月大。有一天晚上我和李離開這裡，去我母親的家，但她的控制方式也很激烈。有時我會去和一位也有孩子的朋友住，帶著我的孩子到處寄宿，就像是球一樣滾來滾去。卡勒姆放棄了我們的房子，但如果不讓他見到兒子，他就會自殺。他的父親艾迪讓我們使用他的拖車型移動房屋。我感到壓倒性的罪惡感，擔心是不是我太快離開卡勒姆了？是的，他的眼淚和自殺威脅奏效了。我們三個人在冬季的拖車公園裡住了幾週。我凍得身體不適，垂頭喪氣地帶著李一起回我母親家。我是一個無家可歸的單身母親。最終為李和我掙到了一間在樓下的小公寓，卡勒姆也搬了進來。這一棟是緊急住房，有四戶住宅。這是政府的安置地，雖然這個情況可以說是很不幸，但這裡是我的小家庭待了好幾個月的家。

當李出生時，卡勒姆對責任展現出的唯一讓步就是放棄了莫霍克頭。我不喝酒，但會他出去喝伏特加，然後回來後喋喋不休地抱怨，他的憤怒和痛苦溢於言表。

在李十八個月大的時候，我的肚子突然劇痛，痛到無法行走。醫生說我有骨盆腔炎，開給我抗生素，吃了藥復原的狀況很好，但幾週後，我再次發作而臥床不起，這次比上次更痛。當卡勒姆喝醉回家時，李沒有睡在他的嬰兒床上，而是和我睡在一起。卡勒姆醉得一塌糊塗就直接睡了，所以我們都在一起，李、我和他都在床上。我很痛，而且難以行動。

深夜時有人敲門，是我的侄子，他比我小三歲。因為現在是凌晨三點，我不敢應門，我以為他出事了，所以我把卡勒姆叫醒，我說：「我覺得事情不對勁。」

他起身，走到衣櫃前，打開衣櫃門，拿出幾個行李箱。然後他用純正的艾爾郡語腔說，「那裡他媽的沒有人！」

「你開的是衣櫃！」

他走過來，一拳打在我的顴骨上：「那裡他媽的沒有人！」

我們的男嬰就在我身邊，我完全僵住了。他又醉醺醺地睡著了，我起身坐在老式的煤火旁邊。我坐在那裡搖著椅子。卡勒姆走進來。「回妳的床上去。」

「不要。」

「回妳的床上去！」

我什麼也沒說。他伸出手，我把他的手臂推開打算離開。他抓住我的腿開始拉，我的臀部砰的一聲跌到地板。骨盆的疼痛讓我感覺自己快要暈過去了。我沒有力氣掙脫，他拉著我穿過地板進了廚房。我設法把另一條腿抵在廚房門的門邊上。我試圖重新站起來，但疼痛刺骨。卡勒姆走過去，拿了我們最大把的麵包刀，然後走向我。

我四肢著地，試著想站起來，然後他抓住我的頭髮，把我拉起來。他把我翻過來，把我往沙發裡面壓，悶著我，然後把麵包刀抵在我的脖子後面。他在笑。他把刀扔到一邊，當著我的面大笑：「妳認為我會那樣做嗎？」

我只是尖叫，然後向他撲過去。我就像是一個被附身的女人一樣。他嚇到了，這使他冷靜下來。

那時我就知道，一切都結束了。我發誓要讓卡勒姆在明天早上之前離開。我發誓：「我永遠不會讓兒子在這樣的環境下長大。」我不夠堅強，無法保護自己，但我夠堅強保護我的兒子。我還有人可以讓我堅強。

卡勒姆和我分手了。他搬出去了，但他仍然繼續恐嚇我。他會在凌晨三點敲門，然後透過百葉窗偷看，想嚇我。我是一個迷惘的的單身母親，而且我只有十幾歲的年紀，但我下定決心不要再被踐踏。**我可能不會贏，但我也不會放棄抵抗**。李的出生，同時讓我誕生了這種態度，我會奮力抗爭。公寓裡非常地冷，冷到你都能看到自己的呼吸。這裡沒有電話，卡勒姆走後我只剩下一台小型的可攜式電視。它是彩色的電視，但我的注意力都放在煤火上。我很孤獨，在坐在爐火旁的夜晚，火焰就是我的陪伴。

卡勒姆仍然一直騷擾我。我的孩子睡著了，我還是坐著，我的頭腦因恐懼而清醒，他會從窗戶窺探，並透過信箱喊著：「妳永遠無法擺脫我。」

有一天晚上，我把我的李哄上床睡覺後，坐在火爐旁看這台小電視。這時客廳的門打開了，他就在那裡。「我告訴過妳，妳無法把我擋在門外。」

他用一把小刀撬開了我和李睡覺的臥室的老式窗戶。他站在那裡對著我笑。然後他就離開了。在這種殘酷的恐嚇下，我沒有任何保護，我以為無法逃過一劫，但卡勒姆終於還是離開了。好吧，讓卡勒姆離開的主要原因不是我，是我的一位朋友。那時我剛開始和他交往。他的身高有六呎四吋，身材魁武、高大，是一個可愛又有趣人。我們開始約會時，我還沒有真正準備好享受浪漫，但我很害怕，而我看著我的朋友，在他的身上看到了獲得保護的機會。我們在一起，約會了幾年，卡勒姆就是在這時候停止恐嚇我。

那間嘎嘎作響的公寓、輕易就能打開的窗戶仍然讓我心裡很緊張。我在那裡從來不曾感到安全。幸運的是，李和我拿到了一間有著兩間臥室的社會住宅。我們接手的時候是一團糟，就是一個真正的垃圾堆，一掀開地毯，大便就會飛你臉上。當我媽媽看到這裡的狀況時，她大哭說：「妳為什麼要住這裡？」當你用手摸牆壁時，油就會沾到手上。我雙膝跪在地上，用雙手刷洗，把一罐罐清潔劑的空瓶扔在垃圾袋裡，這裡、那裡、到處噴消毒劑，就像約翰·韋恩在我爸爸看的一部西部片中打倒壞人一樣。

我非常開心。

我邊刷洗邊唱歌，滿懷希望——空氣裡瀰漫著消毒劑的味道。為了李和我，我會讓這個地方成為一個可愛且適合的住家。

我能夠適應在酒吧的輪班工作。其中一份比較好的工作是在歐文鎮的一座大型建築物，那裡一半是酒吧，一半是印度餐廳。但是對我來說，最大的問題是離家很遠，而且我經常需要靠計程車往返，這就佔了我很大一部分的工資。但在一九九三年時，站在吧檯後面工作算是不錯的工作，會來這裡的客人都是隨和、好相處的常客。其中有許多人都來自印度錫克教的社群。他們在當地一系列的餐館和商店工作，並在一天的工作結束後，碰面一起喝一杯。有一天晚上，維漢走了進來，這個長頭髮的高個子男人除了引人注目的長相外，最獨特的是他的美國腔。

在我的某一次輪班結束時，他問我是否需要搭便車回家。我很樂於接受，並省下一些錢。我們沒開多遠，在轉過一個彎時，他就把車撞到一棵樹上了。他告訴我，「別擔心，我會送妳回家的。」

我們找了另一輛車，再次往回家的路走。這一次，在維漢繞過一輛停著的卡車時，另一輛車朝我們飛快駛過來。他把車轉向往卡車開，然後把車撞進卡車的車底下。接下來，我只知道我躺在草堤上，維漢俯身看著我。「我得走了，」他告訴我，「我剛剛一直在喝酒。」如果不是因為我已經很震驚了，我現在應該感到非常震驚。一個月後，我回去工作了。維漢走進來，他為發生的一切道歉。他接受了所有責備，隨著時間過去，我們也建立了關係。我的母親知道發生了什麼事，因為車禍事件和種族差異，她不信任維漢。我根本不在意膚色，我只看到了他是一個如此有趣和善良的男人。我認為最好讓我母親遠離他，因為她會成為這段浪漫故事中的手榴彈。

一個星期天的早晨，我和維漢躺在床上，突然有人敲門。是我母親。我低聲對他說：「安靜點，讓她離開。」她沒有離開，而是繼續敲門。維漢讓我應門，但我叫他安靜。「你不知道我母親是怎樣的人。」我母親堅持繼續敲門，並且喊道：「我知道妳和那個黑皮膚的混蛋在裡面上床。」

我能說什麼？我該說，「早上好，母親，水燒開了」嗎？

她繼續咆哮：「妳和那個差點殺了你的人在一起。」

我沒有應門。這是維漢對我母親的第一次認識，而且當然，是在保持社交距離的狀況下。後來，當她平靜下來時，她告訴我這與他的膚色無關，她很生氣的原因是他讓我面臨車禍的危險。維漢和李相處得很好，我們很開心。但是他也喝很多酒，這對我們造成了嚴重的問題。我們是在酒吧認識的，但我過了一段時間才意識到他有酗酒的問題。這段關係變得不可能了，我不能讓我的兒子在他身邊。我對維漢下了最後通牒：他必須停止喝酒。我聯繫了匿名戒酒團體，他們提供了幫助。我和維漢一起去參加聚會，雖然過程令我心碎，但它確實奏效了。

與不喝酒的維漢一起生活，就是是最棒的結果。在將近三年後，我懷孕了，我們都很高興和興奮。維漢沒有孩子，所以這對他來說是一個重要的時刻。但是在我懷孕八週時，一切都出了錯。我子宮外孕，嬰兒在輸卵管裡面生長，而我幾乎離死亡不遠了。我的輸卵管破裂，疼痛難耐。

我被緊急送進了手術室，還好很幸運的能夠活下來，但我失去了孩子。我的心碎了，維漢也是。醫生拿掉了我的輸卵管，並解釋著，雖然我還剩下一條輸卵管，但它已經傷痕累累，我沒辦法再懷任何孩子了。我只有二十五歲，這讓我很沮喪。

那是一九九五年，我正在努力面對被告知「我就是這樣了，我再也不會生下任何孩子」的情況。我們在沒有孩子的情況下，安然地回到了我們原本的生活，一切都安定下來且快樂。這是我有生以來，第一次感到安全與被愛，而且我與李和維漢一起生活，我們就像是一家人一樣。維漢就像是愛著自己的兒子一樣愛著李，而且非常地愛他。然後在一九九八年時，我似乎出現了孕吐，我心想：「這不可能發生。」但是檢驗後，是的，在不可能的情況下，我又懷孕了。

「這是一個奇蹟。」我告訴維漢。

後來，有一天我在和母親喝茶的時候，我突然感到劇痛——我知道這一次又是子宮外孕。醫院立即打電話通知我，在我意識到這整件事之前，我就已經躺在手術室裡了，我失去了那個孩子和另一條輸卵管。多麼殘酷，懷抱著希望，然後又失去了另一個孩子。維漢無法接受。我在醫院的最後兩個晚上，維漢都沒有來看我，這不像他。在我從醫院返家的第一個晚上，我母親來我們家幫忙做晚飯。維漢走了進來，然後我就發現他一直在喝酒。我母親回家後，維漢還是繼續喝酒。我跟他說話，但他沒有回答。

我說：「我要去床上了」，然後我起身，傷口是從一側的臀部延伸到另一側，就像是子宮切除術的傷口一樣，拉扯到就非常疼痛。我走到門口時，維漢拉我的頭髮，然後我倒在地毯上。我蹲著，蜷曲著身體試圖保護我的傷口。他邊踹我，邊說：「他媽的這都是妳的錯。妳失去了我的兩個孩子！這都是妳他媽的錯！」

當他終於停止踹我時，我對自己發誓：「等我的身體好起來，我一定會好起來的，我就要處理這件事。我們已經結束了，這是句點。」他傷心且無聲無息地離開了，我的內心深處留下一片空缺。

我又回到了多頭燒的單身母親的生活。我那時會和一群朋友出去玩，但是當我告訴他們我從來都沒有休假過時，他們都很震驚。我當時二十八歲。

那群朋友認為我需要去度假，而且一切他們都安排好了。我原先預定和一位朋友一起去，但她生病了，無法旅行。傑米當時已經離婚了，當我朋友取消度假時，他說：「我反正無論如何都會去，歡迎妳和我一起去。」我們去了西班牙，搭上公車，然後住在一個度假園區裡面。不到一年內，我們就結婚了，搬進了我們一起買的小房子。李也開始上中學。我有一個丈夫，和一份新的工作，而所有的這些事情都融入了我高壓鍋般的生活。我確實為自己的人生進展太快而感到焦慮，但我非常渴望擁有一個完整家庭的穩定感。

我嘗試了幾份工作，然後去了 Advanced Computer Group 公司上班，這家公司的業務和公司的行銷以及創新電腦解決方案有關。我學會了IT的技術以及溝通。我竭盡全力要讓生活中的所有面向都能夠正常運作。

儘管如此，與傑米的關係還是跌跌撞撞，在兩年後，我才真正面對這段婚姻是一個巨大的錯誤這件事，我也有錯。傑米非常寬容，他搬去和他的父母一起住，並且同意我和李在兩年的合法分居期間可以住在這棟房子裡。當這棟房子在二〇〇二年掛牌出售時，我正式無家可歸。幸運的是，我收到了可以入住社會住宅的通知。在搬進社會住宅前，我有一個月的時間整理房子，當我接到電話通知我應該去看望我的母親時，我正在收拾房子。我的母親試圖遮掩她脖子上的腫塊。當我見到她時，她躺在沙發上，脖子上圍著一條圍巾。我問她為什麼要這樣做，她說，「我只是有點冷。」

我走過去拉下圍巾。我此生中從未見過這樣的狀況。就好像是有一段橡皮從她脖子的一側長了出來。而且這個腫塊很大。我說我要打電話給醫生，她說：「妹妹，明天再給他們打電話，不要今晚。」

第二天家庭醫生來了，雖然我媽反對，但醫生還是說她必須去檢查一下。她進了醫院，十三天後癌症的診斷結果就出來了。他們要宣布診斷結果的那天早上，愛黛兒和我走進她的病房，她的病床周圍掛著簾子。當我把簾子拉開時，看到我母親整個人都縮小了，我看到那裡躺著一位很小的女人。他們告訴她，她已經是癌症末期。她看起來像是空氣凝結、完全無法呼吸一樣。

當我問醫生她還有多少時間時，他們建議，可能就是一個月。那天，我們就說，我們要帶她回家。

我姊姊開著車，母親在車裡不發一語。她一句話也沒說，但突然說：「我想看看珍妮佛新家的百葉窗。」

愛黛兒開車駛過我整修到一半的新家，母親向窗外看了看，然後只是點了點頭。我們帶她回家，當我們在臥室裡面準備床時，她躺在沙發上小睡了一會兒，然後她上了樓，再也沒有活著下來。她只多活了十三天。

但我很高興我們擁有那段時間，為舊的傷口上帶來一些撫慰。她說：「我和妳父親對於不相信吉姆那個男人會那樣攻擊妳而感到抱歉。」她握著我的手，直直看進我的雙眼，對我說：「親愛的，務必確保妳的生活，永遠都有著愛。」那一刻我很難過，母親正在回想她的一生，而這是她最大的遺憾。我向她保證，我的人生永遠都會有著愛。除了愛黛兒和我，她不想要有任何其他人在身邊。我們日日夜夜陪在她身邊，我們必須去找父親，告訴他，她快沒有時間了，他才會走進來，在她的額頭上親了一下，然後就回到他的床上、睡著了。這就是他的方式。他從來不想面對壞的事情。

我走下樓，不一會兒，我姊姊叫我。我立刻跑上樓，母親已經完全沒有血色。我發出一聲尖叫：「媽！」她看起來就像是往床單裡縮了進去。她睜開一隻眼睛直視著我，然後閉上眼睛，那就是她最後的時刻了，她有著某種平靜。我們叫醒我父親，說：「她走了。」

他走過來看了看她，然後打開他的衣櫥，穿上一件黑色西裝褲、一件純白的襯衫、穿上吊帶，繫上一條黑色領帶，然後下樓等著喪葬人員來把她帶走。愛黛兒和我都無法理解。這是上一代的傳統嗎？那就是他們面對的方式嗎？

幾天後，愛黛兒叫我去看一下客廳。牆上掛著一個精美的相框，是一張我父親十九歲時的大照片。我看著他，他笑著說：「妳母親從來都不讓我掛照片。」

這是一個如釋重負的時刻。他失去了我母親，但找到過去自己的一部分，但其中有一些部分已經無法找回來了。我的哥哥從未來看過他。

我小時候的經歷，有部分原因是源自我母親和我哥哥之間的關係，他一直是她的藍眼睛男孩。直到她死的那一天，我們從未聽她說過任何關於他的壞話。她真的很愛他。

我的哥哥在十九歲那年談了戀愛並結婚了。某一天，他來到家裡，給了母親一張母親節賀卡，然後說：「我不能再回來了，我太太不喜歡妳，這讓我們家氣氛很緊張。」

我母親平靜地告訴他，「兒子，你必須為你和你的婚姻做正確的決定。」但她再也沒有見過他。

有某位年長的送葬者說，他們認為有在我母親的葬禮上看到他，這讓我們所有人都感到不安，尤其是讓父親不安，因為這是一個幽靈似的想法。我的哥哥有一個女兒，名叫邦妮，她就像是我的翻版。我只比她大三歲，所以我在學校見過她，但她知道她母親不想讓她接近父親的家人，我們之間有一種不舒服的氛圍，而我們都保持著距離以維持和平。邦妮與丈夫以及三個年幼的孩子住在伯斯郡。在我母親葬禮的前一天晚上，她跑來找我們，告訴我們她的童年過得很辛苦。她不用說，我也很清楚。接下來的一週，正好是從我母親去世那天算起的第四週，我在工作時接到姊姊的電話：「珍妮佛，邦妮過世了。」

我去了我父親的家，他靜靜地坐在前廳裡。他穿著他的黑色褲子、繫上黑色領帶和穿著白色襯衫。「我會在這裡等著，我的兒子可能會打電話過來。他可能會需要我。他會需要我的。」

但是他從未打過電話，他也從來沒有來看過父親。

邦妮的丈夫在某天晚上回家時，發現她死在他們的車庫裡。她在一封信中寫說，她不想讓她的孩子受到像她以前所承受的傷害。在接下來的九個月裡，我一直上下奔波、往返伯斯郡。我不得不辭掉工作，我需要確保邦妮的孩子得到照顧。我餵他們並抱著他們。我覺得這是我唯一能做的。邦妮的鰥夫終究遇到了另一個人，這對他和邦妮的孩子來說都是一件值得祝福的事。

雖然我沒有收入，但我還活著，只是一次只能求一頓溫飽，靠我辛苦累積的積蓄過生活。這段時間很艱難，最後當我要去了解社會福利時，我只有坐單趟公車去辦公室的錢，回程已經沒有車資了。而且福利金又延遲了撥款的時間，我陷入了困境。然後我接到電話通知，我和傑米的房子終於賣掉了，我們收到了一萬英鎊。我感到內疚，因為是我結束了這段婚姻，我不想因為拿錢而產生更多的罪惡感。我告訴傑米只需要給我一千英鎊，剩下的他可以拿走。手上有了這筆現金，李和我就可以繼續堅持下去了。

我決定，我可以在家為自己工作，於是創辦了 Etele，做 IT 服務和產品的行銷。我不知道為自己工作原來那麼難，這像是關在墓地生活一樣，每週工作七天，沒有假期。但是我的公司營運狀況良好，我在五年內建立了自己的小辦公室。我的公司不是什麼大企業，但是我可以付房租，也可以維持生計。李十七歲時畢業離開學校後去一家地毯工廠工作，負責操作起貨機。這改變了他的生活，他在那裡認識了在行政部門工作的菲歐娜。六年後，李和菲歐娜意外地懷上孩子了，我決心為此給予祝福，並儘我所能地幫助他們，我決心做一切與我所遭受的不同的事情。我邀請他們搬來和我一起住，並說出了我在懷孕的少女時期一直很想聽到的話：「妳什麼都不用擔心。所有事情，一切都會變得很美好。我會幫助妳。」

菲歐娜和李是我的首要任務。意外懷孕是很令人害怕的一件事，這是一個充滿未知的全新世界，而你還未準備好踏入這個世界。我們很快就發現，這遠比我們任何人想像的要困難得多。

在二〇〇九年時，我進行了子宮切除手術，在我兩次的子宮外孕後，我對此並不意外，我被告知至少需要花九個月的時間才能痊癒。但我是自營業者，所以六個月後我感覺狀況不錯，我就開始出差拜訪客戶。但是不到一週，我就開使感到疲倦，有時頭暈目眩，有一種地板迎面而來的感覺。不管我睡了多少覺，我都覺得自己像是爬過一座山一樣，雙腿又累又重。我就像是一輛引擎堵塞的老車引擎開始減速般。

我和一個客戶碰面時，他說我看起來狀態很差，我應該回家休息。我無力反駁，回家後就直接上床睡覺，把鬧鐘設定在第二天早上的六點半，然後拉上被子蓋在身上後就睡了。

鬧鐘響起時，我試圖掀開被子，但我的手臂卻動彈不得。我試著坐起來，卻坐不起來，我癱瘓了。我對著隔壁房間的菲歐娜大喊：「我不能動了。」

我很恐慌，但是她認為這只是抽筋，或者我睡姿不良導致，只要當我正常地醒過來時，這種情況就會消失。她很冷靜。但是我們等了又等，我還是無法動。

我就像回頭一看，就變成一根鹽柱的羅德之妻[4]，在可見的未來都將一直待在床上。我想到幸好我前一天換了床單！醫生來了，為我做血液檢查和更多的血液檢查，但檢查結果都顯示沒有任何問題。很快我就開始服用所有的這些藥錠，全部都是強效、很強效的藥錠，讓你感覺自己像是殭屍一樣，包括嗎啡、阿米替林，而且都是服用超大份的藥量。我服用三千六毫克的加巴噴丁，這是使用此藥的最高劑量，後來還加上度洛西汀，其他和我一樣的病友看到這個劑量就會知道我是處於多崩潰的邊緣。

我這樣的情況持續了六個月，而現在，菲歐娜已經挺著大大的肚子，她開始感覺不舒服，但她是個天使，她幫助我照顧好自己。當你不知道自己出了什麼問題時，你的想像力就會影響你。我以為我得了癌症。我以為問題出在我的脊椎，因為我無法移動我的雙腿。我真正能夠移動的只有我的頭，但是我的頭對我的脖子來說太重了。我在脖子的彎曲處放了一個墊子，減輕脖子的壓力。「殭屍」就是最符合我一整天的狀態的描述。前面幾個月我都無法拿起手機。有時我幾乎無法維持呼吸。這股疼痛是殘酷的，但恐懼卻是壓倒性的。我到底有什麼問題？我只有四十歲。

---

4 Lot's wife，聖經中的故事，在一次逃難過程，羅得之妻不聽天使勸告，停留回望時變成了一根鹽柱動彈不得。

經過幾個月持續進行血液檢查後，我在一次與醫生的會面時淚流滿面，而醫生最終診斷出我患有肌痛性腦脊髓炎 myalgic encephalomyelitis，ME。美國人稱之為慢性疲勞症候群 chronic fatigue syndrome，也就是「CFS」或「CFS／ME」，但它不僅僅是一種會讓你精疲力竭的疾病。這種病和多發性硬化症有重疊的症狀，但他們知道是大腦的損傷導致多發性硬化症這種終生的症狀。醫生卻不知道是什麼原因讓病人出現肌痛性腦脊髓炎的症狀。我問我的醫生，下一步是什麼。

他看起來也很困惑，然後給了我一個制式的答覆：「我們會把妳轉介給一位疼痛管理顧問。」

他的口頭禪是：「繼續吃妳的藥。」

「它們沒有用。」

「我只能開藥給妳。」

這時，我甚至無法承受日光。我必須戴著太陽眼鏡。我的房間完全都是黑的，因為哪怕是最輕微的陽光都會引起我的頭和眼睛產生可怕的疼痛。我從早到晚都待在一個黑暗的房間裡，就這樣而已。我經常問，我能做什麼事，得到的回答總是要我繼續服用藥錠，我認為這些藥就像是強力麻醉藥一樣。

如果我對早期的警訊做出反應並放慢我的腳步，也許我就能避開這樣最壞的狀況了。當我醒來，發現自己無法動彈時，那是我的身體在保護自己免受更多傷害。

我很孤獨，整天都臥床不起，全身疼痛難忍，骨頭痛、肌肉痛和神經痛，而且幾乎說不出話來。我因為無法將我的話完整說清楚而感到尷尬，當大家跟我說話時，我會不斷地問他們：「你說什麼？」

我看到我的兒子變得越來越煩惱，他和菲歐娜一直在照顧我。我說著殭屍語言的玩笑，然後我告訴他，我會好起來的，但是我的笑話不會變好。

當我嘗試走樓梯時，一切都很令人疲憊。我經常是用手和膝蓋爬上樓梯，然後用屁股下樓梯。菲歐娜為我準備了另一組樓梯欄杆和一個起床的器具，這樣我就可以把自己從床上拉起來，她還準備一個讓我更容易上廁所的裝置。我覺得自己是李和菲歐娜很重的負擔，尤其是因為我覺得自己的身體永遠無法好轉。我想，我不能再讓我的家人承受這些了。

我有很重的自殺念頭：「珍，妳為什麼不服用這些藥，這樣一切就結束了。」那樣的想法吞沒了我。我累了，我厭倦一直戰鬥，我厭倦了疼痛。李和菲歐娜應該要過著美好的生活，但是他們卻在這裡照顧我。我必需盡全力才能克服這樣的感覺，那段時期像是地獄一樣。

我的孫女艾麗出生在我罹患肌痛性腦脊髓炎的第一年聖誕節前後。她正是我所需要的那道陽光。我告訴自己：「我想活下去。」我想看到這個小美女長大。她曾經是，現在也一直是一個祝福。我想推著嬰兒車帶她去散步，我想推著她盪鞦韆，我想做這些你認為理所當然的事情。因為肌痛性腦脊髓炎，我在晚上都睡不著，所以奶奶非常適合在晚上負責餵嬰兒。他們會把奶瓶都準備好，交給我餵，這樣我做得到。這給了我更多希望。我想要身體變好，所以我開始瘋狂地注意我吃了哪些東西，傾聽我的身體，學習什麼時候該休息，了解多努力是合理的。

我在床上躺了兩年，這段時間菲歐娜負責餵我、幫我洗澡、照顧我，然後在接下來三年，我偶爾會有一天可以起床下樓。花了五年，我才再次走出前門。就像是嬰兒學步一樣，我在進步，但是我也會復發，這越來越令我沮喪。我想走路。但是如果我走得太快，我很快就會再次躺回床上。在我學會避免錯誤之前，我只能反覆嘗試。

你無法打敗肌痛性腦脊髓炎，但你可以減輕其影響力。為要有良好品質的生活，我一直在持續進行這場戰鬥。我知道這些聽起來像是《急診室》或是《急診室的春天》的某一集影集，但在努力變得正常的同時，我因為膽囊破裂被緊急送往醫院。做手術的外科醫生，彷彿像是為他的同事進行一場僅限受邀的派對演出一樣——他們從未見過這樣的狀況：有二十顆膽結石從我的膽囊中爆出來，有些跑進了我的肝膽管。這是一個棘手的手術，我服用的藥物導致那些石塊增生，那太瘋狂了，服用那些使我中毒的藥物，然後讓我自己仍然處於疼痛中。

於是我停止服用那些藥。我嘗試了更多的草藥療法，例如使用大麻二酚，但之前重度用藥導致頭開始疼痛，劇烈地疼痛、極度不適和顫抖。但這些症狀後來減緩了，因為我一直在傾聽自己的身體，所以能夠控制肌痛性腦脊髓炎的症況，能夠展現正常的身體功能。我每隔幾個月就會復發一次，壓力是誘發它的主因，但即使是如此，發作時間也更短。肌痛性腦脊髓炎傷害了我的內臟與心臟，所以我必須每天服用心臟的藥物。

肌痛性腦脊髓炎的另一個棘手問題，是稱為纖維肌痛症 fibromyalgia 的一種症狀，它可以在胸壁腔造成類似心臟病發作的疼痛。醫生好幾次都被類似「心臟病發作」的症狀給搞混了。肌痛性腦脊髓炎也影響了我的消化功能，狀況好的日子裡，我可以自己出門、去拜訪艾琳、購物，但無法太過勉強自己。我的全職工作，就是管理我的身體，這必須是全職的，否則筋疲力盡的肌肉會讓我冒著被囚禁在一個地方的巨大風險，也就是幾乎被銬在床上。我不要那樣。

二〇一五年二月十日，在我父親的葬禮一週後，我的第二個孫子傑克斯安全出生了。他是一個快樂的泉源，也是另一個讓我擔心的美麗靈魂。我的兒子和他的家人，我不想讓他們痛苦。我在每晚都睡不著，一直在想著將他們帶到安全的地方。我的腦袋一直無法休息。由於我無法工作，我未雨綢繆的積蓄就花光了。在最悲慘的情況下，我現在得到了我父親的錢，也就是我繼承的遺產。

我想為李和他的家人準備安全的保障。我想為他們投資一個安全的未來。

第三章　快樂的日子

艾琳的熱水壺隨時都在燒著熱水。她說我太沈迷手機了，我則說，她如果手裡沒有一杯含糖的茶，她就會失去自我了。但即使是一杯濃茶，也無法為我在二〇一六年那個陰雨綿綿的日子去看她之後，所發生的事情做好任何準備。

艾琳不是一個愛抱怨的人，但當時她的身體狀況很不好。她的腎功能非常、非常低，而且患有多發性硬化症 multiple sclerosis，她的左側難以保持平衡，所以需要使用拐杖。她幾乎出不了門，想要走出家門的話她就需要有人幫助。她正在等著做洗腎治療，而且只能站幾秒鐘，而且就算只站幾秒鐘，她也需要扶著東西支撐。她的身體就是如此虛弱。她喜歡有人陪伴，但很容易就累了，而我很擔心她，所以每週至少會去看她三次，但是如果我身體不舒服的話，我們會一天通兩到三次電話。

當我正在把外帶午餐的沙拉裝盤時，她說，「我認識的這個傢伙雷克斯在 Facebook 上發了訊息給我，我就和他聊了一下，珍，你有聽過數位貨幣嗎？」

我告訴她我幾年前有聽說過，但我不知道任何細節。她回答說：「雷克斯說這個維卡金幣OneCoin——它是一種加密貨幣，就像比特幣一樣，很成功，價值增長得非常快。大家都有超過百分之一百的報酬率，他說我應該要多了解這項投資。他邀請我去參加一個叫莎莉的女生主持的線上說明會，但是內容好長！我很想睡覺，就關掉了我的影片，所以我記得的內容不多，我只記得錢會一直錢滾錢，越變越多。」

她是多發性硬化症患者，就像我是肌痛性腦脊髓炎患者一樣，記憶力都有問題。我都會把所有事情都寫下來，或是留下紀錄，這樣如果我和別人說了什麼重要的對話，就可以回頭來看這些紀錄。艾琳和我，我們兩個人在談起我們的回憶時，都常常因此而大笑。她會說：「我在剛剛是在說什麼？」我會回答：「我不知道——妳問我？」反之亦然。除非某個人和你身處同樣的狀況，否則他們可能不會看到這件事情有趣的一面，甚至也無法理解它。

艾琳說她對那場線上說明會上所講的內容沒有太詳細的記憶，我就回說，反正聽起來很有趣。那天她的身體狀態很好，然後我就回家了。大約一週後，艾琳打電話給我，問我是否記得「雷克斯和那個女人莎莉」以及數位貨幣投資這件事。她告訴我：「他剛剛在電話上跟我說，它的價值會再上漲，現在正是投資的時候了，之後如果要投資的話會花更多成本。」

那時我正處於著一個很慘的時刻：我的身體狀況變差了。我的病情復發了，我不得不回到待在床上的生活，並拉上百葉窗以創造出像是停電般的空間，因為光線會對我的眼睛造成不適。有時候，我甚至躺在床上時也得戴上太陽眼鏡。我沒辦法回到職場為某一個雇主工作，因為肌痛性腦脊髓炎的阻礙，我也沒有精力再做自己的老闆了，我沒辦法履行向客戶的承諾，我失去了我所擁有的一切，而我只是想有一個機會投入我父親給我的錢，為我的兒子投資，為他和他的妻小提供保障。事情已經發生幾年，但是我在想到這件事時仍然很激動。艾琳知道我的狀況，她對我說：「我認為妳應該研究一下這件事，至少，妳應該和雷克斯談談。」

我記得我的一些IT客戶之前有向我提過比特幣，我對自己說：「數位貨幣嘛，我有聽過比特幣，我想，我會和他談談看。」我請艾琳給他我的電話號碼。他當天就打電話給我。他的名字叫雷克斯．查爾斯 Rex Charles，稱自己是「財富策略師」。他很熱情但不會給我壓力。他向我解釋數位貨幣是什麼，以及這種投資機會的價值成長速度如何優於比特幣。

「如果妳要真正理解它的運作方式，我會建議妳一定要參加線上說明會。」而且那天晚上就有一場！

他問，「妳想要搶得先機嗎？我可以寄給妳邀請連結。」

我說，「好啊！寄給我吧，太好了。」

那天晚上，我參加了線上說明會，主持會議的女士名叫莎莉．羅莎 Sally Losa，她是一位會令人感到愉快的女士。說明會持續了大概一個半小時。那場線上說明肯定有其他一百人，或是更多人同時在線上參加。這九十分鐘都在推銷維卡幣，解釋了比特幣的來龍去脈，以及它的價值如何飆升，莎莉也解釋了數位貨幣到底是什麼。

他們還講到歷史，回溯到以物易物的石器時代，以及金錢如何隨著時間發生變化。他們所要傳達的訊息是，數位貨幣將會創造金融的烏托邦，這是一個會讓實體貨幣淘汰的數位化未來。維卡幣將成為全球金融市場的領導者，而且是唯一舉足輕重的數位貨幣，維卡幣將成為第一大加密貨幣，然後，接下來就是他們的王牌上場了。

他們介紹茹雅．伊戈納托娃 Ruja Ignatova 博士出場。她出現在一個影片中引起一陣轟動，內容是反覆宣揚財務的自由。這段播給全球潛在投資者看的影片非常專業，傳達的訊息也非常有說服力。我甚至覺得有些人可能會跪在電腦前，膜拜這位女士和她所傳達的訊息，她被塑造成像是神一樣。

他們當時稱她為金融世界的超級巨星。她擁有博士學位，曾在大型金融公司麥肯錫工作，這家公司為許多全球千大企業、機構和政府提供諮詢服務。他們讓我們看到她出現在《富比士 Forbes》雜誌的封面上，以及雜誌內頁有兩頁精美的報導。她出現在《金融 IT Financial IT》的雜誌上，並在歐洲經濟峰會上發表演講，宣揚她創立維卡幣的成就。

我坐在我租來的社會住宅的家中，已經開始將這位茹雅博士當成英雄般崇拜，並聽著莎莉·羅莎對我們說明維卡幣的價值。接著，更令人興奮的是，他們解釋，一旦你以五千英鎊購買了大亨 Tycoon 方案，你所購入的方案的數位價值將高達四萬八千英鎊，當時維卡幣的價值為五點二五英鎊。同時，我也被邀請加入維卡幣的 WhatsApp 群組，裡面所有的聊天訊息都在宣揚，只有大亨方案以及更高等級的方案，才能讓你改變你家人的生活。銷售團隊堅持說，只要你考慮他們的其中一個方案，你就已經往百萬富翁邁進一步了。這是一個很成功的推銷。維卡幣的「規則」規定，第一個聯繫你的人會再次聯繫你追蹤進度，在我的例子，這個人就是雷克斯·查爾斯，他在第二天就聯絡我了，他以伯明罕口音在電話裡大聲說：「嘿，珍，妳覺得如何？」

「天哪，我太驚訝了。」

「嗯，現在是投資的時候了，因為維卡幣很快就會拆分，所以妳越快入場投資越好，因為妳的投資會增值。妳不該錯過這個好時機。現在就投資吧，這樣從今天開始就會變得更加、更加地富有，妳在明天以及永遠，都會變得更富有。」他重複說明五千英鎊的大亨方案，在我們交談時，價值已經達四萬八千英鎊了。它一直在增值，而維卡幣的會員也在一直在增加，幾乎達到了一百萬會員的規模。他說，這樣的成長幅度與比特幣相比，是非常驚人的。接著，他以最大的音量灌輸我童話般的願景，但是從未透露隱藏在幕後秘密以及他們的演算法。

雷克斯告訴我，如果我在購買大亨方案的同時，一起購買一百英鎊的入門 Starter 方案（包含三十英鎊的開通會員費用），那麼在投資期間當維卡幣的價格翻倍的某個時候，我將可以獲得更多的拆分。入門方案包含一次拆分和一千個代幣，而大亨方案包含兩次拆分和六萬個代幣。總的來說，如果我同時購買這兩套方案，我將可以參與三次拆分，以及獲得最初的六萬一千個代幣。他說，這代表著在總共三次拆分之後，我將擁有共四十八萬八千個代幣，我將可以交換八千五百六十一個維卡幣。他誇張地表示，以二〇一六年三月初的現在，每個維卡幣等同五點六五英鎊的價值，我的入門方案和大亨方案的數位貨幣立即就等同於四萬八千三百六十九點六五英鎊的價值！這正是線上說明會推銷所用的話術。

但是，他說，如果我晚一點投資，我賺的錢就會少很多，因為「挖礦難度」會變高，也就是說，只是晚一、兩個星期決定要投資，所獲得的維卡幣也會變少。他解釋，挖礦的難度會隨著時間而不斷且逐漸地變高，因此，最主要的重點，就是要在早期採用的時期進入市場。挖礦的難度，代表的是你用來除你的代幣數量的數字，得出的就是你會在方案中收到的維卡幣數量。所以這代表著，我的四十八萬八千個代幣除以五十七（挖礦難度）後，會得到八千五百六十一個維卡幣。雷克斯以越來越急迫的語氣，繼續表示，挖礦難度的指數目前處於九十六％，但即將達到一〇〇％。那個時候，就是可怕的字母縮寫詞 FOMO，亦即錯失恐懼症的恐懼會影響你的時候，你開始變得高度焦慮和恐慌，以至於無法清楚思考。我肯定沒有清楚思考，儘管那些專業術語令人暈頭轉向，我卻像是看到了曙光。我曾經對此深信不疑。

我說：「我考慮夠了，我想試試看五千英鎊的大亨方案。」他的音調上揚：「珍，太棒了——我會準備詳細資料給妳，然後我會再打電話給妳。我的天啊，這真是令人興奮，對吧？我為妳感到高興。」

他為我感到高興？我覺得自己終於用父親的錢，做了一些有意義的事情。用這筆錢的金額來投資，似乎不是一件蠢事，但是我父親一定會對那些邊喝著香檳酒邊談話的內容以及所討論到的金額，而感到驚訝的。我的父親即使是在除夕夜，也就是我們這些蘇格蘭人的除夕慶祝晚會，喝酒的話也只會喝一小杯貝爾斯威士忌，而且通常是會有其他人幫他喝完酒。如果有一輛保時捷撞到他，他也不會認得是保時捷。他就是那種老派的勞工階級，他相信如果你有一英鎊，你只能花九十五便士，或者在我父親的心中是十九先令六便士。

雷克斯很快就聯絡我，並且給我指令。他們要求我先付錢，然後才會啟動我的方案。我必須將我的五千英鎊匯到在德國的一個帳戶，但是要透過在懷特島Isle of Wight商業大街銀行的另外一個帳戶匯款，而我在二〇一六年三月十一日就照著這些指示匯款了。雷克斯向我要交易成功畫面的截圖，然後他為我設定了我的維卡幣帳戶，並給了我一個啟動碼和我的登入詳細資料，然後我就以大亨方案成為了維卡幣的投資人。我告訴他：「哦，我等不及了。」

我一收到詳細的資訊，就啟動了我的方案，我非常、非常興奮，於是我跳上計程車去艾琳家。艾琳家的後門有一個殘障坡道，當我沿著坡道往上走時，我想著，我迫不及待要告訴她這件事。但後來我告訴自己：「等等，可是她沒有錢投資。」我想了又想，然後我就知道我要對她說什麼了。

我進去後，她像往常一樣大喊：「燒熱水？」

我告訴她，我剛剛才和雷克斯．查爾斯談過。

「怎麼樣？」她迫不及待地想聽。她拉出小廚房桌旁邊的一把椅子，坐了下來。「怎麼樣？」我坐在她旁邊，向她敘述了一遍：「我買了一個五千英鎊的方案……」

「是嗎？真的嗎？你繼續說。天啊。我也很想投資，但我沒有錢。」

我告訴她，「我知道。我買一個五百五十英鎊的交易人Trader方案給妳……這我還負擔得起……」

「哦，我會還妳錢的。」

「不，妳不用擔心這個。聽著，我想這樣做，因為這對我們兩人來說都是一個很好的投資機會。」

她非常高興與感激，我說：「來吧，我們來讓妳註冊吧，妳把這個機會介紹給我，所以我應該買給妳這個方案。」

我看著我瘦小的朋友，生著重病，我不可能不為她買一套方案。她把這個機會介紹給我，而且她自己的身體狀況又那麼差，我無法只顧到我自己。我當然要為她投資一套方案。

艾琳是我帶進維卡幣的第一個人。她泡好了茶，而我在二〇一六年三月十八日打電話給雷克斯，購買並支付了艾琳的交易人方案，同一天我也再給自己買了一個一千英鎊的專業交易人 Pro-Trader 方案。雷克斯很高興，這也讓我更期待。我們必須要馬上匯款，這是同樣的步驟，他提供我要將錢匯款到哪裡的詳細資訊以及匯款代碼。我們對於這個流程感到很緊張，對於要匯款以購買方案的這個過真的非常緊張，因為你必須自己完成這一切。一付款後，艾琳就被加到 WhatsApp 群組中，有那麼一刻，我以為他們要高唱哈利路亞了！當一宣布「珍剛剛買了她的第一套大亨方案」時，群組中的每個人都開始張貼這些鼓掌的圖示，這些鼓掌湧入，就像是啦啦隊一樣熱烈。從第一天開始，我就感覺到某一種邪教般的氛圍，艾琳也收到了同樣熱情的回應。這太容易了，你買了維卡幣的代幣，然後這些代幣又可以變成你帳戶裡面的維卡幣。他們說，很快，在某一天，我們就可以將這些幣變回歐元或英鎊。這似乎是很輕鬆的賺錢方式。

在加入這些群組後的一週內，我們就很清楚知道，我們的方案無法改變我們的財務生活——我們真正需要的是投資更多。

有一些方案的價格超出了我們的能力，但無所謂，祝那些人好運。艾琳和我對我們的投資都感到非常狂熱。而且我們賺得越多，我們能買的方案就越大。深吸一口氣：終極Ultimate方案高達十一萬八千英鎊，裡面包含一百三十一萬一千一百一十一個代幣和七次拆分。在所有的拆分結束時，代幣的總數為一億六千七百八十二萬兩千兩百零八個，除以挖礦難度五十七，你會得到兩百九十四萬四千兩百四十九個維卡幣。截至二〇一六年三月，維卡幣的價值為五點六五英鎊，所以這等同於一千六百六十三萬五千零八點三三英鎊。好處是，如果你同時購買終極套餐方案和入門方案，那麼你就可以將這個數字翻倍。就是這麼簡單。

艾琳和我整個星期都在不停地談論這件事。我對她說：「艾琳，我要再買一個交易人方案」。

她露出了大膽的笑容說：「好吧，我在考慮那些一千英鎊的交易人方案，我要為此去申請一筆貸款。我們可以在十二週內取回我們的錢，到時候我就可以還清這筆貸款了。你也可以收回你最初幫我的投資，我們只需要耐心等個幾週就可以了。」

是的，他們就是這樣對我們說的：三個月後，我們就可以拿回本金。所以這就是我們的計畫。茹雅說，當你所有的維卡幣都已經被「開採」後，你就會在所謂的「後台」（你的維卡幣帳戶）裡面看到你所擁有的全部維卡幣。這個計畫看起來很完美：在那之後，就我可以領出五千英鎊，艾琳也可以拿到她的錢，並還清貸款。然後我們可以繼續投資維卡幣，按照它的當前價值計算，這樣算下來我還會有多四萬三千英鎊。所以這是一個不用考慮就可以做的決定。我們會沒事的。

我們執行這項計畫的那個晚上，真的很冷，那是一個濕冷的夜晚。我穿上毛茸茸的大外套和靴子，全身包得緊緊地去找艾琳。她的客廳很小，因為她把客廳分成兩間，這樣她在樓下就可以有一間臥室。她以前從樓梯上摔下來過，所以她必須將廁所和臥室都設置在一樓。空間很小，我們貼近彼此，直接面對面，而我們都可以感受到彼此的興奮。

「妳能相信我們要這樣做嗎？」她一邊把熱水瓶開關打開一邊說著，她是在對她自己說，也是在對著我說。「哦，天啊，我們將改變我們的生活了。」

我的回答也是一樣：「這就是改變生活的重要決定。這就是我們一直祈禱而來的答案。

這就是我們需要的……。」

當我們為額外購買的方案匯款的時候，我們也覺得很害怕。我們要將錢匯到杜拜的另一個帳戶，但是雷克斯．德席瓦提供給我們的姓名資訊卻是錯的。他們一直強調，我們應該要以某種方式輸入姓名，但在網路銀行上，艾琳和我都無法在電腦上的姓名欄位填入完整的姓名。我們同時和雷克斯在電話上，邊問他：「我們做對了嗎？我們把名字填對了嗎？」我們非常地擔心。我們希望不要有任何問題。因為我們不想錯過這個機會，我們不能錯過。

終於，錢匯過去了，我和艾琳對視一眼，然後發出一聲尖叫。我們以為，我們的苦難已經過去了。我們非常興奮，也非常激動。茹雅讓我們相信，這一切真的會發生。

而現在，我們確實都把錢匯過去了。

機會不只是來敲門，而是已經撞開了我們的門。艾琳和我笑個不停，我們就像是過去在學校課堂間的休息時間偷偷抽支菸的那對年輕女孩一樣。我仍然能感覺到，我手臂上和背部的汗毛，都因為興奮而豎立。就這一次，我相信我的人生會改變。茹雅向我保證，並且說服我，這是一個改變人生的決定，因為維卡幣還處於在早期採用的階段。這甚至還不是頭獎。

我非常希望維卡幣能夠成為我人生的轉捩點。我很敬佩茹雅博士，她擁有富有魅力的個性，她是個在男人的金錢世界裡，展現出魅力與時尚的女人。她是一個鍍金的女權主義者，是一個在被污染的金錢世界中的聖人，而我是一個超級粉絲。她住在一個安全、舒適的地方，不用擔心煤氣費或孫女的生日禮物費用。我也想要這樣無憂無慮的生活，如果還可以去海灘度個假，那就太好了。但我最想要的，是這我四十六年來從未擁有過的東西：安全感。茹雅承諾了這一點，當我看著她，並聽她說明我如何可以實現這個夢想時，我相信她。這就是我所需要的。

茹雅所過的生活就是我的夢想，但是我想要的只是她所撒下的星塵而已。她就是那麼完美。她賣的就是一個美麗新世界，她所賣的加密貨幣是給一般人的，是給在街上辛苦打拚的人。那些發了橫財、運氣好、贏得彩券的人，即使他們會感到高興，但是這些事情都不足以改變你的人生。但是透過維卡幣，茹雅博士給了我們真正可以改變人生的機會。

艾琳和我踏上了一件偉大的事情的起點，這是一個革命性的投資機會。那時我們都非常激動。那天晚上，艾琳躺在她的躺椅上，抬起雙腿，打開筆記型電腦，她的電腦在她的雙膝上嗡嗡作響，我則坐在旁邊的沙發上。我們都非常快樂與興奮。我們匯了錢，然後我們開始聊到我們的人生。太期待了。因為我們兩個人的疾病，我們的肌肉、神經和骨骼都處於疼痛的狀態，而陽光確實有助於改善。我們的夢想都是要在陽光明媚的地方買一棟小屋，我們的家人都可以去住，而我們兩個人都可以遠離蘇格蘭，尤其是嚴酷的冬天。這正是我們兩個的身體都感到最多痛苦的時候。這會是一件大事。我們一頭熱地討論，我們甚至開始在看托斯卡尼、西班牙和法國的南部的房子，因為這些地方是我們的夢想的交會點。我覺得這個夢想一定會成為現實。它似乎並沒有那麼遙遠。它很快就會成真了。

艾琳和我興高采烈地做了一項真正重大的決定：未來我們要在她的別墅住一週，然後下一週就換到我的別墅去住。也許再下一週，換去住五星級的溫泉飯店。還有一週去照顧孫子們。讓生活有點變化。我們也不想對我們富足的、全新的，靠著維卡幣挖礦的生活感到司空見慣，雖然我們覺得這個驚人的加密貨幣投資機會就像是中了彩券一樣，這比比特幣賺得更多、更好，但這不是一場賭博。我們是投資了一項了不起的商業創舉。只要幾年，我們將比任何彩券中獎者都更富有，因為我們很早就投入維卡幣的市場。我們沒完沒了地喝了好幾壺茶，然後一直聊到凌晨，聊著我們計劃讓家人和朋友的生活變得多快樂和舒適。我最後總是自己在凌晨三點搭計程車回家，一邊想像著一個無憂無慮的未來，長期以來，這對我來說都是一個遙不可及的事情。有一天晚上，在車內時收音機裡播著蘇珊・波伊爾 Susan Boyle 的歌曲《不可能的夢 The Impossible Dream》。我也跟著一起哼。這就是我的主題曲。

那些都是心曠神怡的日子。我很崇拜茹雅博士。她是我的英雄。她是一個女人，卻在一個由男人主導的世界裡成功並且征服這個世界。你可以信任一個女人，她一定會做正確的事，女人會養育，會照顧家人和其他人。如果她用魔術在頭上變出光環，我甚至會更加相信她，還會大力鼓掌。我對此非常熱衷。所以我不得不逼自己入睡，而且我越試著入睡，我就越清楚看到自己活在一個沒有痛苦和憂慮的世界裡。當我好不容易睡著時，我也是帶著笑意而入睡。

我感到每一件事都在我的控制之中，我感到自己活在當下，我也意識到我們在金錢世界中擁有一席之地。這個未來主義的加密貨幣就是我的諾克斯堡[5]，是我的安全保障，這是一項穩固的投資，可以確保我們的財務未來。艾琳和我是贏家。因為我們已經身處維卡幣的世界裡。雷克斯是我的直接聯繫窗口，在他之上是傑克．卡德爾 Jack Cadel，他是他們上頭的上線，在卡德爾之上則是堂兄弟詹姆斯．史東 James Stone 和哈利．史東 Harry Stone。

這對堂兄弟是負責將維卡幣帶到我的生活中的重要人物。哈利是我的「執行」聯繫人，也是我的鑽石級領袖。我們是「一家人」。而家庭就會一直擴張。不久之後，艾琳接到了米切爾．湯姆森 Mitchell Thomson 的電話，他是我們兩人都認識的人，但艾琳和他在 Facebook 上更常聊天。艾琳告訴他，自己投資了維卡幣數位貨幣。米切爾有投資比特幣，也想了解更多關於維卡幣的事情。

5　美國國庫黃金儲放地。

艾琳打電話給我，我們討論後決定把維卡幣的宣傳影片傳給米切爾，然後如果他有任何疑問，由我負責對他解釋。艾琳有時會結巴，她說她沒有信心可以解釋所有的來龍去脈。我們為我們三個人約了一次 Zoom 視訊通話，米切爾開始問一些我們不知道答案的問題。我們也才剛加入，所以我說，最好的方法是讓他像我和艾琳那樣參加線上說明會。第二天我們就幫他安排了參加線上說明會。在那之後，他發了訊息給我，要求透過我而不是透過艾琳進行投資，雖然艾琳是先和他談的人，但是依據維卡幣的規定，這會讓艾琳成為他的「聯絡人」。更認識米切爾後，我認為，是因為艾琳的病和她當時的健康狀況，讓米切爾決定不要和她一起投資。

他就是這樣的想法，而且他很多時候都非常瞧不起艾琳。我請他向艾琳解釋，當我知道艾琳也同意後，米切爾就透過我買了五千英鎊的大亨方案。莎莉．羅莎發給我銀行帳戶的詳細資料，讓米切爾可以將錢匯入。米切爾在使用數位銀行機時碰到了一些問題，我們往返了幾通電話，他最終才成功操作數位銀行機。

我本來只想投資自己的錢，但是當我遇到朋友和家人時，我一直在聊的都是維卡幣以及這是難得的機會。我總是非常興奮：「你永遠不會相信這件事！我投資了數位貨幣。」

這句話會拉開我跟他人談話的序幕，接著，我會開始熱情地解釋維卡幣告訴我關於比特幣的故事。而在我意識到之前，我就已經告訴每個人維卡幣所餵給我的資訊了。然後我也是在做同樣的事情，餵給別人我所得到的資訊。我就像是門徒一樣，告訴大家維卡幣正處於早期採用的階段，價值是五點二五英鎊。而在早期採用階段的一個比特幣，只需要花十美分就可以購買。

而比特幣在二〇一六年二月的價值約為四百五十美元，所以我對此真的很期待，並告訴大家在維卡幣的初上市的階段就加入、購買一枚價值五點二五英鎊的維卡幣，是多麼棒的一件事。它有那麼龐大的成長潛力！這就是我所傳遞的資訊。這不是很棒嗎！是的，的確是。

線上說明會由莎莉．羅莎所主持，但那時她的另一半約翰．穆內羅 John Munero 也開始加入她的行列。他們兩人一起組成了我的團隊。他們工作的時間很長，也很努力。當我告訴他們我在擔任銷售與行銷顧問方面的專業，以及我在多層次傳銷方面的經驗時，我可以看到他們彷彿看到了一個絕佳的機會。他們告訴我，我有潛力，這讓我很高興。他們對我露齒微笑，反覆宣揚他們的訊息，但其中大部分內容對我來說都過於複雜。

要了解維卡幣系統運作的核心要素，需要花好幾個月的時間，這對我來說過於複雜。你可以在線上查看你的帳戶，但是要開始賺取可觀的利潤的話，我必須先加入由莎莉和約翰所主持的 WhatsApp 訊息討論群組。群組裡面討論的內容包括領導團隊是誰、以寶石命名的等級和群體、維卡幣的方案，以及在一個人的後台可以到看哪一類的價值與數據——你的硬幣、代幣、你的現金帳戶、交易量、採礦狀況和以百分比計算的佣金等詳細資訊。這對我來說，就像是月球那樣龐大。他們每天會舉辦三到四場線上說明會。他們會從早上一直持續到下午，然後持續到晚上，每一場說明會的時間是一個半小時，不會偷工減料。潛在的投資者會看到和我一樣的東西：比特幣的故事、茹雅的光環、宣傳影片和所有令人眼花繚亂的宣傳，這就像是《綠野仙蹤》通往一罐罐金子的黃磚路一樣。我必須解釋一下，這是真正高階的行銷方式，並不是一個使用廉價影片的俗氣節目。線上說明會很有說服力，且令人印象深刻，維卡幣花的所有成本都顯示在螢幕上了。這是一個由富有的高階主管所展現出的豪華舞台，他們表現出將會讓他們的投資者也變得富有。線上說明會的一切設計都恰到好處，這是茹雅非常聰明的作法。

有一個我沒有參加的活動，是他們所謂的「九十天挑戰」，在加入維卡幣後立即就會獲得這項活動的資訊。他們鼓勵所有的投資人，每天使用 WhatsApp 群組聯絡一百個人，並招募他們加入。他們還會提供關於如何推銷維卡幣的說明和公版資訊。這對我來說太有壓力了，我不喜歡這樣做。然而，雖然我不贊成這種行銷策略，但我仍是維卡幣的忠實擁護者。這個詞在加入的人之中傳播開來，他們都成為了茹雅的傳道者。那是一段非常激勵人的時刻，這是你與朋友或家人見面時，向他們分享的第一件事情，因為你對於剛剛所做的這項改變生活的投資充滿熱情。所以這是你很自然會做的事情。連在你睡覺的時候，你都在賺錢。

因此，當米切爾・湯姆森在購買他的大亨方案之前問我那問題，像是「茹雅是誰？」「維卡幣是什麼時候開始的？」，其實在我參加完線上說明會後，我的答案早就在我的嘴邊準備好要回答了。不久之後，米切爾購買了另一個大亨方案，他甚至還為「財富策略師」雷克斯・查爾斯購買了一個大亨方案。那是幾個月後的事情了。雷克斯有一天打電話給我說，「喔！珍，我買不起大亨方案，但是要改善我家人的生活，我真的需要買那套大亨方案。我在想，妳能不能借錢給我。」他說，他邊做著行銷方面的工作，同時在存錢要投資維卡幣。我回他說：「對不起，我沒有錢可以借你。」我覺得這很奇怪。即使我有這筆錢也不會借他，我只有聽過電話裡的聲音，我根本不認識這個人。在我拒絕之後，他找到了米切爾・湯姆森，而他為雷克斯買了方案。米切爾就像艾琳和我一樣相信這項投資，只是最後我們所相信的是不同的東西，但無論如何，現在我們的唱的都是同一首讚美詩。

而且我不需要排練，就可以唱出這首歌。因為米切爾，我開始帶來大筆的投資，因為他就是所謂的下線，而他身為我的下線，帶進來的錢比我多很多。我有幾個下線，但我並沒有追求下線增加。但是米切爾卻相反。由於我這邊的現金量很大，約翰・穆內羅和莎莉・羅莎因此希望我加入多層次傳銷的團隊結構中，因為他們希望賺到從米切爾那裡獲得的佣金。我不願加入，因為我只關心我的投資，而且我不關心佣金。每個維卡幣成員都有自己的下線，下線會分為兩個團隊，而這兩個團隊會由表現較弱的團隊支付佣金費用。如果你在一個下線團隊的分支中，有三位帶來一千英鎊的會員，在另一個分支中，有四位帶來五百英鎊的會員，那麼佣金會是根據金額較少的（四乘以五百）會員支付百分之十或是兩百英鎊。付款的日子總是在星期一，所以稱為「快樂星期一」，正如你之後將了解到的，這對茹雅來說更是如此。事實上，維卡幣拿走了我非刻意所賺取的佣金的百分之四十，因此在所有這一切機制上，我會賺得一千八百英鎊，因為我對維卡幣非常狂熱，所以我在過去總是常常用這些錢來購買更多的維卡幣方案。而茹雅的宣傳手法，是說她所收到的四十％佣金會自動用來「挖掘」更多的維卡幣代幣，這樣就可以有源源不斷的維卡幣加到投資者的帳戶中。錢在流通，對吧，而且我們都從中受益。二〇一六年四月十二日，艾琳和我受邀參加在蘇格蘭、格拉斯哥的格羅夫諾旅館所舉行的第一場維卡幣招募新人的活動。我們在活動中將會整天都一直都在談茹雅博士和維卡幣，而這對我們來說意義重大。我沒想到會成為焦點，但我們被引到了房間前方的座位上。這是我和艾琳第一次見到約翰・穆內羅和莎莉・羅莎本人。奇怪的是，艾琳說，當約翰・穆內羅擁抱她時，她全身都在顫抖，她說，他那天晚上身上有些不對勁的味道。

莎莉告訴我，我是在蘇格蘭第一個購買大亨方案的人，並問我是否願意上台分享。至少可以說，這對我覺得很困擾，我也無話可說，但那時活動已經開始了。他們聘了一位風笛手在一旁吹奏，在台上的領導階級大肆鼓吹時，幫助鼓譟群眾的氣氛。詹姆斯．史東和哈利．史東在舞台上開始他們的演講，向觀眾宣揚全新的奢侈生活，以及分享他們從無家可歸到現在，一路的心路歷程。這是一個完美的雙人演出。哈利熱情地說：「我記得我的堂兄弟詹姆斯來找我時說，『我真的需要給你看這個。』我的生活和工作都太忙了，我每週工作七十六個小時，所以我說，『你認為我還有時間做其他事情嗎？』」

詹姆斯接著他的話說：「然後我說，這就是為什麼你需要看看這個。所以我帶他去參加了一個說明會。……」

哈利：「我看到這些人在台上發言時，非常有自信，我心想：『哇，看看這些人，看看他們的影響力。』我被邀請要分享我的故事——我記得我當時滿頭大汗，一句話也說不出來——我只想嘔吐。那一刻，我知道我需要成長。」

詹姆斯：「當時他們告訴大家如何在每一個月都賺兩萬英鎊，而這筆錢我一年都賺不到。我從來沒有聽說過有人可以一個月賺那麼多錢。我認為這不可能是真的。我不相信和錢有關的這些事情，但是我喜歡這件事可以讓你有個人的發展，所以我也加入了。」

哈利：「我從來沒有真正聽說過『個人發展』這件事，因為我過著平庸的生活，我唯一知道的事情就是付帳單。除此之外，我什麼事情都不知道。」

詹姆斯：「我們在那裡遇到的一些人甚至沒有受過多少教育，但是他們都來到這裡並獲得了成功。我們坐在房間的後面，那間房間裡面大約有七千人。你還記得嗎？」

哈利：「我看著詹姆斯說，『你有和我同樣的興奮感受嗎？』在那一刻，我們做出了一個決定：我們如果不登上山頂，也要盡全力嘗試。」

詹姆斯：「我不知道你的夢想是什麼，但是你心中的夢想，是可能實現的。」

現場大約有兩百人，還有一群人站在房間的後面，而史東堂兄弟的演說的感染力風靡了所有人。在他們演說時，身後的螢幕上放了他們無家可歸的照片，雖然還不至於衣衫襤褸，而相較於現在，大多數人都在計算他們的西裝和手錶價值多少錢。我們對一個人身上可以穿上那麼多的金額都感到吃驚，這還沒加上勞力士和戒指的價值。當哈利介紹我時，我們還在消化這些事情！他邀請我上台分享購買大亨方案的故事。我不想上台，但他們堅持要我上台。我試圖再次拒絕，但他們還是呼喚我上台，艾琳也鼓勵地推了我一下。

在我整理清楚思緒之前，我手裡已經拿著麥克風，站到台上了。我很不會唱歌，而這就像酒吧裡面的的卡拉ＯＫ之夜，然後我就站在那裡。我其實不記得我到底說了些什麼，但我讚揚了維卡幣和茹雅博士，並為加密貨幣背書，稱加密貨幣是比商店街上的銀行更好的替代方案。我照本宣科說著在線上說明會和WhatsApp群組所接收到的資訊。我宣傳維卡幣的這些話說得很順，我聽起來一定是合理的，因為有許多人為我鼓掌。史東堂兄弟和莎莉・羅莎以及約翰・穆內羅對此都很高興。這也讓我覺得很振奮，雖然我總不停問問題，但是我也想和每個人都有好的關係。生命太短暫，沒有比這更重要的了。我從我的人生中學到了這件事。那天晚上，我給自己寫了一段話，這段話至今仍在我的Facebook頁面上：昨晚在格拉斯哥的活動真是太棒了，第一次的發表會！現場座無虛席，而這還只是個開始，非常期待五月在倫敦的活動。我也有當晚的照片，其中一張是我和哈利・史東的合照，我比出「O」的手勢向維卡幣OneCoin致敬。

現在，每個人都在問我問題，包括李。在這之前，他還沒有那麼關注維卡幣，他只知道這是母親在參與的事情。最簡單的問題是：維卡幣是如何運作的？我們大多數人都很熟悉商業街的銀行和建立在社會上的運作方式：如果你有錢的話，你會將錢存入，而你會有銀行存摺或定期收到銀行的對帳單，你還會有一張銀行的扣帳卡或信用卡。而加密貨幣則是擺脫了所有的這一些運作模式。

取而代之的是一種信任的行為——如果你像我一樣，而不是一些專業的數學專家——因為你的錢會進入數學的世界，這是電腦的演算法系統，它不會被任何人影響，透過區塊鏈技術驗證和記錄每一筆交易。比特幣的區塊鏈是貨幣的保護盾，它是一個從未被駭客成功攻擊過的公共分散式帳本，它無法被竄改。它是怎樣，就會是怎樣。貨幣及其價值由特定的科技技術所控制，不會受到任何其他人的影響或干擾。在賭博中，銀行或莊家一定會是贏家，賭局總是對他們有利。我在商業街銀行上就發現了這一點。當我還是一位單身且有收入的年輕母親時，我被銀行拒絕了貸款和拒絕核發信用卡。然後，當我拿到我父親的錢時，他們就一直來找我存款和投資。銀行業在意的是盈利，而不是個人。而區塊鏈可以讓他人的手不再碰到你的錢。

我現在所了解的技術，與我最初對維卡幣的了解大相逕庭。當時，我將區塊鏈的「銀行業務」描述為，允許你在不需要銀行系統的情況下跨境匯款。但是這個解釋通常不是那麼好懂，我又需要更多解釋，所以我為潛在投資者設計了這個答案：

區塊鏈創造了數位貨幣，這基本上是一套演算法的數位過程，這套演算法讓人們可以在銀行系統之外進行跨境的轉錢，並且將交易儲存成透明、可驗證和不可變更的數據資料，這也代表著它不會被更改。區塊鏈是一種安全、分散的帳本，可以防止欺詐和偽造。

一言以蔽之，由區塊鏈所控制的數位貨幣是一套適合所有人的系統，無論你只有十便士還是有一千萬美元，你都可以加入，這是我所理解的，我也支持這種民主式的銀行制度。當我在和李以及我的投資者談論這件事時，我非常信任茹雅博士和她作為金融企業家的才賦。我被害怕錯過的恐懼所驅使著。維卡幣可以說是區塊鏈上新的一種貨幣，茹雅和她的團隊非常有說服力地告訴我們，它很快就會成為世界第一的加密貨幣。

就好像我們在和比特幣爭奪加密貨幣的王冠一樣。比特幣是第一個去中心化的加密貨幣，也是存在的時間最長的，但它有一個神秘的開端，這和其神秘的創造者有關，就是中本聰，他的存在和身分從未被確認。而比特幣的玩法也很仰賴信心。比特幣的區塊鏈被設計成只會有兩千一百萬個虛擬貨幣存在，這在可驗證的稀缺性方面，有其自身的吸引力。政府和中央銀行可以隨時印更多的錢，但是比特幣的數量永遠都維持不變。（比特幣的價值從二〇〇九年的不到一美分，到二〇二一年一月已上升至超過四萬一千美元，在二〇二〇年時其價值飆升了三百%。如果我用投資維卡幣的一萬英鎊購買三十三個比特幣，到二〇二一年春天，它的價值會是接近一百五十萬英鎊。）

比特幣持續被認定是合法的，這我對來說是對茹雅博士和維卡幣的信念的保證，也是我們「維卡幣家族故事」重要的一部分。我讀過金融雜誌上的文章，這些專家也認為加密貨幣是貨幣經濟學幾十年來最有趣、最激勵人心的進步。沒有什麼可以讓我產生懷疑的，如果維卡幣有出現任何負面的消息，我也會視而不見，因為他們告知我們要這樣做，說那些都是仇恨比特幣的人的說法。如果我什麼疑惑時，我會問艾琳：「妳認為有什麼不對勁嗎？」她會馬上回：「不，妳看看比特幣。我們該做的就是繼續投資。」茹雅錄了一支影片的行動，也讓我們感到寬慰，影片解釋了我們通往財富的道路，她所描繪的在我們聽像像是通像牛奶和蜂蜜之地，是天堂。

她在全球各地的所有個人的畫面，都有被記錄下來，並在網路上流傳。她是一位出色的女業務，我會坐下來看著她出現在我的筆記型電腦上，而艾琳會在另一台電腦上追蹤我們的維卡幣投資上漲、然後不斷上漲，而我們也覺得越來越好。茹雅在她的二〇一六年宣傳的影片中的聲音，就像是冥想音樂般讓人平靜下來，就像是那些幫助你入睡的旋律一樣。

那麼錢的未來是什麼？在我看來，錢的未來將在我們今天所知道的銀行系統之外。比特幣是其中一項最引人注目的新發明，我已經觀察比特幣五年之久。比特幣是一種加密貨幣，也是第一種加密貨幣，也是目前最大的加密貨幣，而沒有人正式知道創造比特幣的人是誰，但是，對於他們實際為金融市場所做的創新、顛覆和價值創造，我要給予最大的尊敬。這些人創造了一個非常創新的東西，也是非常令人興奮的東西。比特幣和區塊鏈技術，使金融服務可以獨立於政府，獨立於監管機構，獨立於我們所知的銀行，這已經在改變我們所生活的世界了。我不確定這樣說是否政治正確，但是新興市場就在那裡——我們可以談論拉丁美洲，我們可以談論亞洲，我們可以談論非洲。在所有的這些地區，都有人是缺乏銀行服務、沒有銀行帳戶，或者只是被大企業所遺忘了。為什麼？因為他們很窮，因為他們的需求對於交易來說並不那麼有趣，或者，只是因為其中某些人沒有該有的證明文件。我去過的一些國家，那裡的人人人都有智慧手機，但是卻沒有合法的身分證。那麼這些人是如何理財的呢？如果你是一個富裕的客戶，如果你有很多錢，那麼銀行會搶著要你，他們會免費發卡給你，他們會盡最大努力讓你開心。但是其他的人，也就是大眾客戶，這些是真正改變世界的人，是為我們的經濟工作的人，這些人在銀行服務上卻資源不足，而我相信加密貨幣可以改變他們的生活。如果我們可以讓那些聰明到足以理解智慧手機的人，真正可以使用加密貨幣，如果我們的幾至設計得夠簡單，我們就能成為下一個大眾所用的服務，像是 Google，或是 Facebook。

天哪。這是茹雅博士在一次經濟峰會上發表的內容，那是一場重量級的演講，她說服了我和其他數百萬人相信維卡幣是下一個偉大的發明，會擠身大公司的行列。像是 Google！像是 Facebook！而所有的這些都由奇妙的區塊鏈鎖控制和保護，任何男人或女人都無法篡改。我覺得自己像個革命者，彷彿我該去買一頂紅色貝雷帽一樣。

她在杜拜、澳門、新加坡，任何有觀眾的類似活動中，都傳達了同樣的訊息。無論你隨意在世界地圖上，用圖釘釘在任何一個地點上，維卡幣在那裡都會有一名銷售人員親自或虛擬地提供服務。

嗯，我們有過一些擔憂，但我的維卡幣團隊的領導者，總是急於解釋資訊不一致之處，由於我們都是革命性的新銀行金融模式的的先驅，而且我們很快就會成為非常富有的先驅，所以這些不一致就被駁回了。這種數位貨幣讓中間人出局，我們的利潤就大多了。當有疑問時，你就要投資更多——這就是他們的訊息。我們以為這艘船即將來接我們了。這不是在買彩券，作為真正的投資者，我們投入了資金以獲的回報。

而且，就像所有真正的皈依者一樣，在二〇一六年的那個夏天，艾琳和我都不希望我們的信念出現任何問題。如果我們之中的一個人有問題，另一個人就會以真正信徒般的邏輯來駁回這個問題。如果茹雅博士是假的，為什麼所有這些大人物都要與這位金融天才扯上關係呢？所有質疑她的人都只是嫉妒，因為她給了我們這些小人物一個爬上財富階梯的機會。隨著時間流逝，我們對於宣揚維卡幣的話越說越來越流利，並且開始將任何批評者稱為「黑粉」。

我可以這麼說，我不僅將我父親的錢投資到維卡幣上，我還投入了我所有的情感。對我來說，這是對於我父親離世的悲痛，所做出的回應。我父親總說我從來都沒有耐心，我總是等不及油漆乾，但是，我耐心地緊抓住茹雅博士的高級定制禮服裙擺。當我被鼓勵繼續推廣維卡幣，繼續招募投資者時，我高興地點點頭。維卡幣的宣傳影片在我的腦海中重複播放：

維卡幣的創始人茹雅．伊戈納托娃博士出生於保加利亞，在德國長大。她僅用四年的時間，就同時在康斯坦茲和牛津大學完成了經濟學碩士和法學博士的學位。在創立維卡幣之前，伊戈納托娃博士是麥肯錫最年輕的資深合夥人，她在麥肯錫時曾為其他多家知名銀行工作（據她聲稱），包括國有且總部位於莫斯科的俄羅斯聯邦儲蓄銀行 Sberbank[6]，她並曾擔任其中一家歐洲最大的資產管理基金的執行長，負責管理二點五億歐元的資產。茹雅博士的使命，是為每個人打開大門，讓全球各地的每一個人，都能夠與掌握加密貨幣領域特殊關鍵的那些知識淵博或受過良好教育的人，在相同的機會中獲利。

都是一些正面的說詞。在群組裡面，禁止發表負面的訊息。每天我們都被這樣的訊息轟炸：維卡幣是世界第一的加密貨幣。當關於茹雅博士或維卡幣的問題出現時，我和他們站在

6　這家銀行因與維卡幣無關的舉動，在二〇二二年二月俄羅斯入侵烏克蘭後，被美國、英國和歐盟領導人制裁。

一起對抗這個世界的其他人。評論家只是一群嫉妒的仇恨者。

這感覺就像是在山達基教或統一教會中，沒有中間值。維卡幣成為我們這些投資者的信仰，我們對茹雅的奉獻很極端，這正是符合邪教成員的定義。在邪教中，你的信仰重要於一切。在法國和比利時，他們把這帶到邪惡的新高度。那裡的一位羅倫．路易斯 Laurent Louis 將維卡宣傳為「撒旦的純正產品，用來塞滿我們的口袋，這都要歸功於維卡幣這種新貨幣」。這些領導者從來都是值得信賴的人，是可以相信和追隨的人，而我就像是一位優秀的邪教成員一樣，相信和追隨這些領導者。領導者對一切問題都有答案，而且不知何故，在這個世界裡他們提出的一切都變得可信了。

我無法解釋原因，只能說此時任何關於維卡幣可信度的想法或擔憂，都是荒謬的。而且我被那些替維卡幣背書的著名金融專家，以及茹雅周圍的奢侈和財富所震懾。二〇一六年五月時，她在倫敦的維多利亞和阿爾伯特博物館舉辦了一場盛大的派對慶祝她的三十六歲生日，賓客們都身穿禮服或打著黑色領帶，享受著粉色香檳、伏特加和壽司，並隨著湯姆．瓊斯 Tom Jones 的現場演唱而起舞。湯姆．瓊斯為茹雅獻上了熱情的祝賀詞，然後唱了更多歌曲並多次擁抱茹雅。這是一個只有名人才能參加的活動，她真是個巨星！當我看到這個活動時，我真希望我在那裡。對於我用我父親的錢，以及我所有朋友和家人的錢所做的投資而言，這件事情就像是一種認可。我急於投資，是因為我看到她以一位廣受讚譽的財務顧問的身分出現，而最重要的，是因為她曾在《經濟學人 Economist》雜誌所贊助第四屆歐盟－東南歐高峰會 the Fourth EU-Southeast Europe Summit 上發表過演說。我不覺得《經濟學人》所主辦的論壇會找某位可疑的人來當講者。

茹雅博士在世界各地都擁有豪宅，而且大家把數十億美元的資金交到她手上。她一定是用這些錢在做正確的事情吧。我很高興成為她的支持者和熱情的投資者，當時，我唯一動搖的時刻，是當我被問到為什麼在承諾的三個月已經到了之後，仍然無法從維卡幣帳戶中領出真正的錢時。它顯示我擁有超過四萬英鎊，這是一筆很大的錢。我的冰箱快要壞掉了，雖然在小心使用下，它勉強撐了一陣子，但再怎麼小心使用也救不了它。艾琳每次來喝茶時，都會裝作要聞一下牛奶的味道，看看牛奶有沒有壞，我很想提領一些現金來買新的冰箱。

我禮貌地問莎莉．羅莎，但發現她的回答相當不客氣，她的態度讓我覺得自己好像是一個沒沖水的馬桶一樣。這讓我大吃一驚，因為她總是那麼友善，甚至到讓人覺得厭煩的地步。以前，她的態度彷彿我的幸福是她唯一的人生目標。身為新加入維卡幣的新手，我很擔心我是不是犯了什麼錯誤，讓我的四萬英鎊面臨風險。

人生會再次辜負我嗎？莎莉的回答很生硬，甚至對我發脾氣。我默默地說：「講好的安排是我可以在設定的時間後提款，而且是提出現金，不是維卡幣。」對我來說，這就是合約的內容。我那時並不覺得恐慌，但我很想拿回我最初的投資，因為我想保護我父親留給我的東西。她質疑，為什麼我要在利潤暴增的時候減少我的投資和利息。

這時她又恢復了笑容滿面的個性，而她所說的沒錯，我覺得非常合理。我的帳戶裡面放越多錢，利潤就越高。所以我就放棄了，把這件事拋到腦後，但我卻還是會想到這件事。對於這些令我緊張且擔憂的狀況，我給自己的藉口是，我太過小心翼翼了，以至於讓我自己表現得像個焦慮的老太婆一樣。這是一個勇敢且全新的世界。我還曾經大聲詢問，為什麼公司一週要換好幾個銀行帳戶，他們告訴我，銀行無法處理組織所管理的巨額資金。好吧，當然，老式的銀行系統怎麼有辦法應付這個奇蹟呢？我們是開拓者，我們是新金融世界的一份子。

他們的承諾是，我們將透過公開交易出售維卡幣的利潤，以換取真正的金錢，這樣我們就可以致富。但是有一個小問題，這也是唯一的問題，是沒有確定開放交易的日期，在那之後，我們就可以提領一部分獲利，換成老式的實體現金，然後獲得實際的投資回報。

儘管如此，我周圍的所有人都仍認為，我們的金錢救世主茹雅博士，正在為了實現這個目標而努力。我比較擔心的是時間點，因為艾琳為此賭了一把，她借了一筆兩千英鎊的高利息貸款進行投資，如果她不盡快還清利息，她最後將需要付六千八英鎊。每當我們提出問題，並詢問實際上可以領到真正的現金的時間規劃時，我們都會被維卡幣家族的行銷話術搪塞。他們在線上說明會上的資訊很簡單：你所投資的只是小錢，還不足以激起漣漪，你需要投入更多資金，才能改變你的生活。

他們所做的保證都非常可信。他們都是多層次傳銷的專家，而我也有多層次傳銷的經驗，我曾經試著賺外快而當過雅芳小姐，也就是銷售一系列蘆薈產品的業務。在多層次傳銷的系統中，你可以獲得銷售額的一定百分比，但招募你的人也可以獲得你的銷售額的一定百分比，而這累積起來非常可觀。這也是維卡幣告訴我們的潛在利潤。這些令人興奮的承諾變得越來越誇張。他們很會說讓人高興的話，維卡幣的代表對加密貨幣的高額利潤讚不絕口，而我對這些答案很滿意。我的問題只讓我留下了問號與質疑的形象。

而他們很聰明地邀請我參加在二〇一六年六月十一日在倫敦溫布利球場舉行的一場活動，茹雅博士是這場活動的主角。天哪，我當然想去現場看看，我甚至還夢到這場活動。他們要我們在活動開始前訂購價值十五英鎊的黑色維卡幣上衣，領取衣服時要支付現金，然後，換上衣服後再進去溫布利，這樣我們就會看起來是一個龐大的團隊。可悲的是，我的肌痛性腦脊髓炎復發了，我認為是因為所有興奮造成的壓力。所以我知道我沒有力氣去參加。然而，維卡幣再度發揮成功的多層次傳銷，我收到一份令人眼花繚亂的數位活動邀請：所以我可以坐在床上，在 Facebook 上觀看了溫布利球場的直播。有一段影片拍到成群結隊的粉絲都穿著新買的維卡幣黑色上衣，在逛溫布利外的攤販。哦，我好想去那裡。我能感覺，大家對接下來將要發生的事情的興奮感。兩位芬蘭的維卡幣「巨星」，為觀看影片的觀眾以及成千上萬的現場觀眾暖場。

其中一位在介紹賽巴斯欽．格林伍德 Sebastian Greenwood 時說了一些逗趣的話，而賽巴斯欽在介紹他所謂的「妹妹」出場前，進行了媲美奧斯卡教案的熱情演說。然後……

茹雅博士在擠滿人的溫布利球場，步上了舞台，受到了搖滾巨星般的歡呼和掌聲。她的及地紅色舞會禮服，在煙火的火焰中閃閃發光，這時火焰在舞台上射出，背景音樂是艾莉西亞．凱斯 Alicia Keys 的《Girl on Fire》。她的打扮完美無缺，她身上的項鍊、胸針和垂墜耳環都閃耀著光芒。我想，如果是「錢」為了這個晚上而打扮，它就會是這個模樣。

這場活動花的這些錢！這個地方的租金！這可是溫布利球場！那些汽車、紅地毯、魅力和富麗堂皇、耀眼的燈光和鑽石，以及太多了……，還有這之中的金錢。不可能有人會白花這筆錢。在這場熱鬧的活動中，我被列為維卡幣的成功故事，這打消了我的所有疑慮。這是另一種行銷話術：如果她做得到，那麼你也可以。你也沒有選擇，這是他們高喊「來吧！下來吧！」的時刻，茹雅博士的哪些啦啦隊已經挑好要為哪些人鼓掌。在我的腦海裡，我就站在茹雅旁邊，帶著我的故事。她說出口的每一個字，都讓我對她更有信心。讓群眾情緒激昂的，是她宣布即將上市的新的區塊鏈將成為「比特幣殺手」，而我們將會看到維卡幣成為市場領導者。

我學到了很多關於加密貨幣如何運作的知識，不只是我自己了解還要能夠向我的投資者、我的下線解釋，我覺得對他們負有很大的責任。他們大多數人都像我一樣，想要為自己和家人準備未來的保障。茹雅所傳遞的訊息是，她不只是為了錢，她是想要創造經濟的新歷史。我以敬畏的心看著茹雅博士在溫布利闡述她的「願景」：打造超過一百萬個商家和一千萬名會員的網絡。而在這之中，維卡幣是核心，其他服務包括：教育（OneAcademy）、交易所（OneCoin 交易所）、社群（OneLife 社群）、合作夥伴關係（商家）、支付（OnePay）、貨幣交易（One Forex）、投資（基金）、慈善機構（One World Foundation）、應用軟體（CoinCloud）以及娛樂和遊戲（Coin Vegas）。

我加入了一個新世界。然後我把這項消息傳遞給我認識或遇到的每一個人。許多人無法理解的是維卡幣的「挖礦」這件事。我解釋說，這完全不像我父親整天都在坑井裡挖煤礦。不像由各國政府憑空產生的貨幣是由政府所製造的，數位貨幣是透過演算法「開採」而來的。當電腦解決一項複雜的數學問題時，挖礦就會以數位的方式發生。已開採的硬幣越多，電腦碰到的數學運算問題就越困難。如果你把它想成《金銀島》這本書，這就像是在沒有地圖的情況下尋找黃金：你必須拚了命才能解開這個謎題。挖的越多，硬幣越多，反之亦然。

所有這些集眾人的力量讓貨幣處於非常安全的狀態，因為會需要難以想像的演算能力才能夠破解系統。如果還需要其他優勢的話，數位貨幣的概念是，透過區塊鏈就代表它的數量只會有這麼多。稀缺性會讓價值提升，所以對我來說，維卡幣會往一個方向發展，那就是上漲。

看著溫布利球場的活動，我之前的任何顧慮都被拋到了腦後。而再次讓我感到安慰的是茹雅是一個女人，這對我很重要：有一個女人可以讓像我這樣的人，有機會比銀行系統跳得更高。在過去，我是其中一個被銀行所遺忘的人，但是現在我從銀行系統中解放了。這是一個男女平等的世界。我們都是贏家。而且我們也看到證詞作為證明。

哈利和詹姆斯．史東出現在舞台上，講述他們如何一無所有、一貧如洗，然後在短短一年後，他們就穿著名牌西裝，佩戴勞力士手錶，開著掛上私人車牌的保時捷，以及腳上穿著最閃亮的鞋子。茹雅博士是一位超級巨星，她擁有一個豪華車隊，和一艘價值一千兩百萬美元名為「Davina」的超級遊艇。當我坐在我的床上觀看這個活動時，我被這一切給迷住了。即使我的體力不佳，但是我的精神仍然是全神貫注，尤其是當茹雅博士，和據我所聽說是她的得力助手，的，浮誇的維卡幣創業家賽巴斯欽，兩人一起站在溫布利的舞台上時。我的夢想就不再是遙不可及的夢想了。他們兩人似乎非常透入於打造維卡幣的未來。這看起來非常真實，他們兩人也很真實。如果他們可以在這樣的商業表演上花費數百萬美元，還有什麼是做不到的？

茹雅神奇地透過網路雲端來到了我的生活中，她就像是搭著飛毯一樣。我以為我的祈禱終於得到了回應。我非常激動，心臟跳的好快。我從來未曾這麼的快樂。我父親送給我的禮物是安全的，其發展性是無限的，而在我看來，維卡幣的發展也是無限的。

第四章　瘋狂的星期一

我覺得自己像個大亨一樣。即使當我被困在床上，臥室的百葉窗拉上以阻止光線刺痛我的眼睛時，我也覺得如此。我掌握了這項數位產業的先機。

在我的行銷工作的生涯中，我學習了多種電腦的技能，我是其他人會來找我修復辦公室IT系統的問題的人。所以我很樂意在線上工作，參加線上說明會和Zoom視訊會議，對我來說，這就和圍坐在一張辦公桌旁一樣。也因為我的肌痛性腦脊髓炎狀況時好時壞，我只能努力尋找能夠繼續前進的力量，而能夠透過我的iPhone進行操作，對我來說也是一項真正的優勢。我的iPhone確實是我的生命線，即使躺在床上，我也可以透過手機說話、發訊息、發電子郵件，並參加線上會議。我問候他人的問候詞就是「WhatsApp？」不難看出這為什麼吸引新的投資者，他們就像我一樣，看到了一個千載難逢的機會。如果我或其他任何人猶豫不決，我們線上那些友善的維卡幣啦啦隊就會為我們指出，有數百萬人都錯過了投資比特幣的機會。這是一場持續不斷的自我推崇，線上的招募邀約也很熱情。他們不會說這是一個投資的好時機，而是會說這是一個絕佳的時機。他們不會說這是一個投資維卡幣很棒的方案，而是會說這是一個經典的投資機會。而且就和其他人一樣，我也不想錯過在看來像是命運般改變生活的機會。我在對的時候，手上也正好有錢，所以加入了維卡幣的大家庭。這就像一個親密的家庭一樣，因為大家總是隨時保持聯繫。

詹姆斯．史東和哈利．史東在他們的下線有二十萬名成員，而且我們被告知他們每個月可以賺四十五萬英鎊，他們就像是我所在區域的班長一樣。在金字塔中位於他們下方的是傑克．卡德爾，他管理折著莎莉．羅莎和約翰．穆內羅。莎莉和約翰是我的導師，他們總是不吝於提供幫助。而我總是希望每個人都能從中獲益。這對我來說非常有意義，這套家庭的意涵，代表著我們都會從彼此的努力中獲益。我就是這樣經營著我的維卡幣鏈，我是在蘇格蘭的一個小人物，而全世界還有成千上萬像我一樣的人在做同樣的事情。

別提聖誕老人的小幫手了，我們是茹雅的小幫手。錢每一天、每一週、每個月都在湧入。大量的資金都流向了茹雅。當我有疑問時，是莎莉和約翰會安撫我，或者說，幾乎可以讓我安心。雖然總是存在著某個瑣碎的疑問，無論如何，我一直被告知那些懷疑的人只是不了解維卡幣及其神一般的創造者茹雅博士是多麼聰明的天才，我不會成為這樣的懷疑論者。為了賺更多的錢——是錢而不是維卡幣——我被鼓勵要招攬新成員以收取佣金。我心甘情願擔任這種貨幣的傳道者，因為它會拯救像我這樣的人，也就是那些只能在場邊觀望，被穿西裝的人不客氣地用手肘推開的人。莎莉和約翰讓我加入了一個團隊，在那個團隊中我可以賺取佣金，他們也會從我的佣金中獲利。

我以為我是在幫助所有與我交談過的人。他們又告訴了他們的朋友和家人，我的小團體也越來越大。無論年輕或年老，無論富裕或貧窮，我們都渴望以某種方式改善自己的財務狀況。而我這邊所有的這些小額投資加起來高達二十五萬英鎊。這包括投資，也就是我為直系親屬購買的專業交易人方案和、交易人方案和入門方案的混合。我替李買了一組，為菲歐娜買了一組，為我的兩個孫子各買了一組。我的姊姊愛黛兒最初是維卡幣的懷疑論者，後來也變成皈依者。由於我還欠她處理我父親的遺產時所花的律師費，她請我為她的孫子買一個方案。一起投資的家庭，自然就會更團結在一起。我們的家庭都經歷過動盪，是維卡幣的家族幫助我們與自己的家人建立連結，而且遲早，我們就可以獲得我們的獎勵。

所有這些錢，都來自我在蘇格蘭這個小角落的團隊。行銷的某一部分設計，是用寶石的舞曲為維卡幣的代表分級。座落在頂部的是一顆皇冠上的鑽石，在四周翩翩起舞的是一顆黑鑽石、藍鑽石、祖母綠、紅寶石和浮動變化的藍寶石。我是藍寶石小姐 Miss Sapphire——這聽起來像是男性雜誌的美女海報。在我後來因為我帶來的業務量而變成雙紅寶石 double ruby 之前，那時的現金幾乎完全來自米切爾努力來進來的業務。但是我向人們介紹加密貨幣是為了傳播這項有用的資訊，而不是為了在他們買入方案時賺取佣金。

我覺得我像是一位幫助我所有的好朋友和家人的女慈善家。維卡幣有一套非常複雜的薪酬計劃，很像是多層次傳銷，我對此不感興趣。但是這是很多人賺大錢的方式：透過招募其他投資者。他們是維卡幣所招募的銷售人員，因為他們有能力營造熱情的氛圍，並鼓勵投資人投入更多的資金。而且他們非常、非常地熟悉此道。我現在的大部分的時間都花在維卡幣的線上說明會上，無論我的肌痛性腦脊髓炎狀況如何，我都可以應付。線上說明會吸引了來自世界各地對加密貨幣感興趣的人。他們有許多人都對於錯過比特幣感到很懊惱，因錯失恐懼症而時時感到擔心。如果我有參加線上說明會的話，我就會向大家解釋說比特幣不適合拿來與維卡幣比較。因為我們投資的是一種可用於買賣以及全球即時交易的加密貨幣。這是一項穩賺的投資。

然後有時候會有一些棘手的問題。像是維卡幣的銀行帳戶被關閉了，或是更改帳戶。我終於可以拿回我的一部分投資的交易日期，也被推遲了。但這就像一個壞掉的交通號誌，在那一刻，它既不是綠燈，但也不是紅燈。在維卡幣的世界它永遠都是琥珀色的，行動總是很臨時。

在一套革命性的新銀行系統上出現了創業初期的問題，也是合理的。有誰會懷疑這些事呢？我們也被警告要小心那些可能質疑維卡幣的人。在高層的人始終維持著警覺，當維卡幣受到那些被他們稱為失望的比特幣追隨者，也就是黑粉的攻擊時，要為維卡幣辯護。

但是也有些人則是過於狂熱。在一次的線上說明會中，有一位聲音好聽，名叫巴瑞 Barry 的人參加。他是受到他在 Facebook 上認識的一位美國人的邀請，但是同為蘇格蘭人，當他聽到我的口音時，覺得和我討論讓他感覺更自在。他在賽普勒斯的房地產投資出現嚴重的問題損失了很多錢。他一直想要賺回那次損失的錢而被數位貨幣吸引。他看到了比特幣的價值從幾美分躍升到當時巴瑞考慮投資維卡幣時的幾百英鎊。巴瑞覺得有問題的地方，是透過美國的聯繫窗口進行匯款，這樣是「沒看到真人」就進行投資。他和我聯絡上後，我驚訝地發現他住的地方離我不遠，他很快為他自己和他的孩子們買了價值約一萬五千英鎊的方案。像我們所有的這些投資人一樣，他也上傳了他的護照照片與他自己和孩子的其他身分證件等詳細資訊，以符合維卡幣「了解你的客戶」的投資規範。維卡幣家族的數據資料也變得越來越龐大。

巴瑞告訴我，如果不是因為他直接與我聯繫上，他就不會買入他的第一批方案。他買了五千英鎊的大亨方案，但在需要將錢匯往杜拜時感到很困惑。我們再次被告知，那些商業街的銀行跟不上這種全新的金融革命，他們跟不上未來。阿拉伯聯合大公國是未來銀行發展的一塊，這裡是對企業有安全保障的地方，就像是新加坡的免稅港以及二〇一四年後的盧森堡一樣。他們告訴我們，要記住自己是金融革命者。這也是我當時住在利物浦附近的朋友衛斯對自己的看法。他正在尋找投資的機會，然後找到了維卡幣。他參加線上說明會時發現到我也是其中的成員。我們聊天時他很高興，他也告訴我他自己的故事：

我在人脈行銷的產業工作了大約七年，當某一位是我在業界榜樣的人脈行銷工作者向我介紹維卡幣時，我很樂於了解。我從祖母那裡繼承了一些錢，我想用它做一些好的事情。當我發現珍也是其中的一份子時，我對維卡幣的印象更好，並充滿信心。因為我相信珍，我知道她是好人。我也很尊敬那位告訴我維卡幣的人的理財天賦。我看了行銷的宣傳，這些人穿著昂貴的西裝，開著豪華的汽車到處跑。他們說，只需要十二個月的時間，你將前所未見地富有。你還有什麼不滿意的呢？我很感興趣，於是我開車去曼徹斯特見莎莉．羅莎和約翰．穆內羅，他們是珍的直接連絡人。我們在曼徹斯特市中心一家可愛的咖啡廳喝咖啡。我原本只想投入一點錢，但老實說，他們讓我印象深刻。我一直在找方法，想要賺些可觀的收入，而他們說服了我投資維卡幣。我立即購買了五千英鎊的大亨方案。我們喝完咖啡、聊完天之後，約翰．穆內羅和莎莉．羅莎帶我去了我所使用的銀行在曼徹斯的一家分行，他們在旁邊等我，讓我把錢從我的帳戶直接轉到他們的帳戶。我很高興能參加投資，我迫不及待地想快點購買方案。我總共投資了九千英鎊。我在Facebook上很活躍，而我宣傳了維卡幣的福音，並帶來了更多的人和更多的錢。

因為他們在那場震撼了整個維卡幣的世界的溫布利活動上宣布我的名字時，我無法愉快地在現場接受掌聲，二〇一六年六月二十一日，他們大力邀請我參加在格拉斯哥城市酒店的套房舉行的第二次蘇格蘭活動，並在活動中接受表揚，這是場所有會員都必須參加的活動。這不是什麼大型的公開活動。艾琳和我帶著我們的伴侶，還有菲歐娜和李，一起出席。我大部分都是和巴瑞與衛斯在網路上聯繫，他們也被要求要出席，令我高興的是，我在這場盛大的聚會上親眼見到了他們本人。輕鬆看待的話，議程都是一樣的，遺憾的是沒有風笛手，但是飯店的豪華套房裡擠滿了人。到處都是祝賀聲，他們也告訴大家邀請投資者來，有助於盡快成交。再一次，他們推崇我為一個成功的故事。維卡幣的營運團隊以超高速在運作。這是一個一切都在他們控制之中的夜晚，隨後，傑克．卡德爾邀請我們，包括衛斯和巴瑞，一起到蘇式赫爾街的一家餐廳共進晚餐。我們都用英鎊來為自己買單，但傑克特別點出了維卡幣在未來的消費能力，因為這家餐廳的老闆也是維卡幣網絡的一份子，這家店很快就會接受採用我們革命性的新貨幣進行付款。很快，你就可以透過維卡幣領取支票了。但是，我是那種喜歡確切知道每件事情是什麼的人。如果我不明白某件事或認為它不如往常，我就會質疑它。有人告訴我，這讓我被貼上了「難相處」的標籤。這讓我有點不快。我是一個熱切的信徒，我只想有些地方需要澄清。難相處？我？我聳了聳肩。當我們參加線上說明會時，我們總是會注意到哪些人是仇恨者，即維卡幣的毀謗者。這些人被貶低為失望的比特幣投資者，或那些錯過了茹雅博士精彩的理念的人。他們只是在嫉妒她驚人的成就。而最大的罪則是購買比特幣或任何其他的數位貨幣。這是對維卡幣的背叛。沒有任何維卡幣家族的成員，尤其是茹雅和所有閃閃發光的鑽石領導者，會去投資比特幣來貶低自己。維卡幣常用的說詞是，不要問問題，否則你的帳戶——也就是我的四萬八千英鎊，可能會被凍結。更糟的是，你可能會被踢出維卡幣。我第一次看到這樣的事情發生在某人身上時，我很震驚，並詢問為什麼，他們僅僅因為問了一些在我看來合理的問題，就受到了懲罰。他們的回答是，他們不是真正的投資者，而是網軍、是仇恨者，這就是他們被踢出維卡幣的原因。

這對我來說很可怕，因為我的維卡幣帳戶就代表了我的家族。這樣我就會孤獨地度過我的餘生了。我不想有任何差錯，不想再次孤身一人，也不想失去父親的這筆錢。這就是為什麼，當我們的領導者要求我們參加二〇一六年九月的維卡幣「培訓」週末研討會時，我和艾琳高興地坐上火車，去了倫敦。我們仍然興奮地說個不停，討論著我們所做的這件改變人生的新冒險。當艾琳以高得離譜的利息，取得她的貸款時，她手上多了幾百英鎊可以支付她去倫敦旅行和住宿旅館的費用，維卡幣團隊希望訓練我們賣出更多的維卡幣。在星期六的是規模較小的一場活動，由我的直接聯絡的「同事」傑克．卡德爾和詹姆斯．史東以及哈利．史東主持，他們像是凱旋歸來的將軍一樣被介紹到舞台上。他們的工作是誇耀維卡幣所帶來的財富。他們穿著合身剪裁甚至到刺眼程度的閃耀西裝，滔滔不絕地談論著每個月賺到好幾筆六位數的收入。他們也談到了來自亞洲的「查法爾 Zafar 博士」，他以他的「鑽石俱樂部」為基礎，在英國開始進行業務，培訓維卡幣的推廣人，並招募投資者。他為了我們所有人而非常努力地工作，且據說一天就可以賺七十四萬九千美元。所有的推廣人都會重複說茹雅的那套說詞，即維卡幣在全球擁有超過三百萬名投資者。我們被告知，整天的時間都要花在試著找到潛在的投資者加入，也就是那些還沒有投資過維卡幣的人。這是同樣的一套推銷說詞，動機也相同，雖然不是完整的茹雅式的煙火，但仍然是在推銷一個夢想。對於我們這些維卡幣的擁護者來說，這就像是一劑腎上腺素。我們也再聽了一次，史東堂兄弟從一無所有，到變成百萬富翁的故事。

我喜歡的其中一位早期加入的維卡幣擁護者，是我所認識的「荷蘭人」，他很善於交際，且行事風格很浮誇。但是在這樣的形象的背後，他是一個非常有效率的人，他為他自己和茹雅博士的帝國，帶進了幾百萬、幾百萬的財富。他推銷維卡幣的銷售方式，好像維卡幣只是洗髮精或是減肥藥一樣，而且和這些商品不同的最大優勢是，維卡幣還不需要花錢買包裝的外盒。

結果證明，他是一位多層次傳銷的天才，透過維卡幣，他每個月的收入超過兩百萬美元，而其中有三分之二都是現金。他在那個週末，也熱情地把我們介紹給艾德·哈特利 Ed Hartley。艾德·哈特利完全符合我對美國業務員的想像。他是非常好相處，有種友善的特質，我覺得他彷彿應該在總是掛著愉快微笑的臉上戴上一頂寬邊帽一樣。他立刻給我留下了深刻的印象，我覺得他是那種可以像魔術師在變魔術一樣，讓任何讓你擔憂的事情都消失的人。我喜歡他推廣維卡幣的方式：你知道他在賣東西，但他表現出的形象是一個相信自己產品且誠實的經紀人。那個星期六對我們來說是挑戰性的一天。我們被要求要走出舒適圈，去向大家宣傳維卡幣的好處，這讓我們覺得很有壓力。艾琳仍在等待她的移植手術，她的腎功能只剩下十％或更少，她拄著拐杖走路，而且很容易疲倦。她很辛苦且奇蹟般地維持著精神，正如我所說的，我們兩人對此仍是充滿期望。大家的注意力幾乎都集中在艾德·哈特利備受推崇的演說上。對他的期待讓我們維持著精神。

艾德．哈特利無疑是個能夠成功在舞台上賣出商品的人。他從事銷售工作已經超過三十年，是網路行銷產業中前面收入最高的那一%的人之一。他管理著四萬人的團隊，創造了超過六百萬美元的收入。我可以理解為什麼茹雅博士要大力地捧他。他才剛剛加入維卡幣，而他的名聲如此遠播，以至於他選擇訪問英國，並執行他的第一次維卡幣的任務，對我們來說是一件大事。他非常內斂，但是他有一些特質，讓人們最終會站到椅子上聽他演說，他是一位勵志演說家，而且他在激勵人心這方面確實做得很好。

他真的提振了房間內的氛圍，而最後當離開時，大家的臉上都掛著笑容，氣氛是一團愉快。他可以激勵大家，很溫和且身高很高，是一位高大且令人印象深刻的人。活動持續了好幾個小時，等到一切終於結束時，已經八點多了。艾琳和我都筋疲力盡，但我們繼續停不下來，一直在討論艾德．哈特利以及輪到他演說時的那一段活動有多精彩。我們真的太累了，沾枕即眠，隔天還必須早起參加週日的訓練。那是他們第一次為維卡幣和維卡幣同好大會OneLife 編了歌曲和舞蹈，內容都和教育有關，因為「利潤」和「投資」現在是禁忌的詞彙。我以為我聽到的是英國前首相東尼．布萊爾 Tony Blair 在唱著教育、教育、教育。講師們依序上台，不變的是他們一再強調教育的重要性。我記得看著艾琳問她：「這是怎麼回事？」當他們訓練我們，並激發我們對銷售、銷售、銷售產生興趣時，他們解釋說，這是為了符合法規。這對我來說似乎不對，因為之前的宣傳內容一直都是以投資和利潤為主軸。我的理解是，以「教育」所包裝的投資方案才可以繞過國際法和外幣兌換法規。他們教我們這套說詞的方式，讓我們覺得這只是一種可以規避繁文縟節的無害作法，可以幫助那些通常沒有銀行帳戶的人，有機會改善他們的生活。在書面形式上，會寫下他們「購買」了教育方案，然後隨方案可以免費獲得維卡幣。

這是一個漫長而疲憊的星期日。我們在中間只有兩次十五分鐘的休息時間：這是為了賺輕鬆錢而必須做的辛苦功課。我們被不同的講師轟炸，他們都在教我們如何推廣維卡幣，這一切都是針對那些已經在英國投資過的人。他們非常重視這類的培訓，而且每次都是花上好幾個小時的時間。這讓人頭腦麻木，然後艾德·哈特利在大約下午四點時再次出現，他再次用自己的能量提振大家的士氣。

他一走進來，笑容就籠罩了整個房間。他讓整個房間裡，到處都是笑聲，在他走進來之前，大家並沒有太多的笑聲，我們聽到的是讓人昏昏欲睡的沈悶內容。他讓我們振奮起來，也讓我們相信，他可以改變我們的生活。他談到那些對自己有信心的人們，他們有著夢想並為其而奮鬥。他講述了鼓舞人心的故事，還附送他的微笑，以及魅力與影響力。

我從我的維卡幣直接聯絡人那裡感受到了壓力。他們覺得我不是一個團隊合作者，不滿我這一點。我和米切爾·湯姆森鬧翻了，因為他對艾琳很沒禮貌，而當我們大家在談一些愚蠢的事情，像是某個維卡幣的標誌時，我不得不避開談話。「我再也不想見到那個人了。」我這樣對艾琳說，而我確實再也沒見他。

莎莉和約翰在我問問題時總是會對我皺眉，所以我的心有點向著艾德。我想：他是一個高尚的人，就就那種值得你去追隨的人。我知道他很忙，但我有問題時，會向他求助。也許，有朝一日他可以成為我的導師，成為引導我在維卡幣的世界中前進的嚮導。我這是為了我的投資下線著想，因為我們都沒辦法在約翰或莎莉身上問到任何問題的答案，我就和他們斷了聯繫了。艾琳和我覺得他們兩人都不告訴我們真相，他們很狡詐。當時有些事情感覺不太對勁，所以我們開始不信任他們。那時我對他們太反感了，艾琳只能變成我們的中間人，但她在處理問題時不像我那麼積極和直接。我需要與某人建立連結，以獲取最新的資訊。而在他們這些人當中，我覺得我可以信任艾德，也許他就是那位身穿閃亮盔甲的騎士。我後來寫信給他，他在二〇一六年十一月三日就立即回信給我，說他人在亞洲旅行，但會盡快與我聯繫。他很樂於幫忙。我期待著與他再次見面。

雖然我們盡心盡力、努力出席參加「培訓」活動，但當我從倫敦回到家時，我再次聽到

「我很難相處」的風聲。莎莉把「照顧」我的哈利．史東變成我的聯絡人以向我施壓。他告訴我，想送我一份「禮物」，他會買另一套大亨方案給我。當我問他這樣做的原因時，他說是因為當我加入時，莎莉和約翰在他們的人脈網絡結構中把我歸的錯誤位置，也就是說，我被放在他們的「純投資者」這一塊，而不是他們結構中的「人脈網絡」這一塊。這也代表著，當米切爾．湯姆森在我的下線，盡力拉攏他的人脈加入時，約翰、莎莉、詹姆斯和哈利．史東都未能拿到人脈架構中他們可以拿到的高額佣金。

我加入的時候，我說我只想投資，所以他們就把我歸類在他們佣金拿比較少的這一塊。（這套結構有兩側，左側和右側，其中一側稱為「弱側」，另一側則是可以領獎金的「帳面價值 BV Business Volume 側」，也就是可以帶來佣金的那一邊。）哈利希望我換到他們的 BV 架構中，他說：「珍，這是我特別送給你妳的禮物。這是可以作為妳和你的家人，未來的財務保障的大亨方案。這是一種祝福，而我希望妳能接受。這對每個人都是好事，這是一個雙贏的局面。」

我的直覺告訴我，感覺不對。我對他說：「哈利，謝謝你的好意與安排，但我需要考慮一下。我會在明天早上給你答覆。」整個晚上我都在想這件事，以及他對我說的話為何讓我感到如此不舒服。到了早上，我仍然有種害怕的感覺，覺得這件事情不對勁，而且我也不認同，所以仍然對他表示感謝，但拒絕了他的提議。在一小時內，莎莉就發訊息給我，雖然我發誓再也不和她說話，但我還是要求她和我用 Zoom 視訊會議。

我想在我們說話時同時看到她的表情。她的臉閃了一下，然後就清楚地出現在我的電腦螢幕上。她的雙眼裡有著火焰。我確認了已經成功連線，然後就等她說話。

我聽到她的聲音傳過來很大聲，而且很清楚，而她所要表達的訊息是，我的行為很卑鄙。每個人都在努力遷就我，而我所做就是無中生有、製造問題。我很難以相處。她告訴我，我不接受哈利的禮物，是多麼背信忘義的一件事。我直視著她在虛擬會議上的雙眼，直白地告訴她，我對她的看法。

我說，我覺得她和她的搭檔約翰都對我不誠實。我都沒有收到任何維卡幣的最新消息，我們都不知道發生了什麼事。我告訴她，我知道她暗中進行的狡猾舉動，她想讓她和其他人也可以拿到米切爾．湯姆森所帶進來的佣金。我說，我會一直繼續問問題。我在意的是在我的下線的所有其他投資者，他們和我一樣，一無所知。而且她什麼也沒做。她才是那個難以相處的人。她把目光從螢幕上移開，什麼也沒說。

我說：「我想我們現在已經說清楚了，對吧，莎莉？」

我關掉了 Zoom 會議，那次談話就是結束在這裡，那些人之中的任何一個人都再也沒有提過所謂的要送我禮物。這代表著他們無法得到他們非常想要的那些佣金。你可以想像，在那之後和他們溝通就不是那麼愉快了。我以為他們只是貪婪，如此而已。

我無動於衷地離開那次視訊電話。艾琳和我在彼此身邊，而且我們會鼓勵彼此以擺脫疑慮，反正我們是贏家。艾琳仍然需要進行洗腎，她的指數降到六，這代表著她的器官幾乎無法正常運作。然而，不管我們的那些健康問題，我們都活在愚蠢的夢想之下，我們都相信維卡幣為我們提供了一個可以擁有新生活的重要且安全的一個財務機會。令我驚訝的是，原來我是重要人物。米切爾．湯姆斯已讓她自己轉換到維卡幣的多層次傳銷系統，這樣他就可以賺佣金，而且現在他還會帶來一堆錢——但他還是在我的下線。所以在無意之間，我的狀態就變成是會被招待在曼谷的一家五星級旅館免費住三個晚上。這讓我覺得很榮幸，

雖然榮幸，但是這也不是什麼慷慨招待。我仍然需要購買往返泰國的機票，並支付一百英鎊才能參加在二〇一六年十月一日舉行的維卡幣兩週年紀念活動。我想帶艾琳一起去，但她的醫生說這樣旅行風險太大了，所以我決定自己一個人去。我不停自責，給自己很大的壓力，擔心我和莎莉．羅莎、約翰．穆內羅和哈利．史東之間所發生的事情，想著我因為不接受哈利餽贈而被說是「難以相處」。我之前擔心著是否有乳癌，但是檢查結果顯示一切都正常。不過，我的舊疾正在復發。我到底要怎麼去曼谷待上三天，然後再回來？我連收拾行李

的力氣都沒有。我承受著痛苦，全身的肌肉都筋疲力盡了。最後由於我的健康狀況，我的醫生也不建議去旅行。我只能躺在床上，等待我的狀況好轉。

我最近因為維卡幣而結識了一位名叫克拉拉．塔芬 Clara Tuffin 的女孩。她非常有創業家精神，而且她喜歡維卡幣。我熬夜好幾個晚上，聽她向我傾訴她的家庭問題，我盡可能地給予同情和建議。因為我也曾經歷過這些事情。她一直在談曼谷的那場活動，她特別想去。我省吃儉用，為克拉拉存了三百英鎊的旅費，並把我的機票讓給她，作為回報，為了我們這群投資人，她會告訴我資訊和最新的消息。

她需要重辦她的護照，而我也為她付了護照錢，然後她就去了冒險旅程。她知道我受夠了米切爾．湯姆森、約翰和莎莉，也知道我很難從他們那邊獲取資訊、了解投資狀況。她很樂意，並爽快答應會為團隊做這件事。在她起飛前，她發了一段她去機場的影片給我，臉上滿是微笑，並表示感謝。但是當她的雙腳踏上往曼谷的飛機時，一切都變了。我沒有收到任何消息，最後我在我的電腦上看到她與約翰、莎莉和米切爾的合照。我沒有收到任何關於活動的資訊。在背地裡，她離開了我的團隊，加入了約翰和莎莉的團隊——就像他們試圖招攬我，以便從米切爾的業績中獲利一樣。我不敢相信我竟如此天真。我為她那樣背叛我而感到傷心，她把我當成傻瓜一樣耍得團團轉。

她在泰國的第四晚，也是她在那裡的最後一晚，是她的五十歲生日，因為她的新夥伴都離開了曼谷，所以她獨自一人。她從這座城市最時髦的一家旅館發了一條影片訊息給我。她拍下了她的豪華房間，吹噓一切是多麼華麗，她度過了多麼美好的時光，以及她在如此奢華的地方度過了愉快的一晚，她有多享受其中。我從病床上看著這段影片，我不敢相信她竟然有膽在獨自一人時發給我這段影片。前幾天她在我們的對話都非常令人不快，這段影片就像不知從哪裡來的一道閃電一樣擊中我。這段影片真的像一把匕首一樣，刺中了我的心，這件事至今仍讓我感到非常氣憤。我從來不知道有人竟然可以這麼徹頭徹尾的壞心眼。在我加入維卡幣並遇到掌控著核心的所有這些可怕角色之前，我確實很天真。

在影片中，克拉拉說話的背景是五星級飯店的奢華環境，是真正的天堂，與她的家庭環境相比尤其是如此。在她道晚安之前，她告訴我，她用我給她的錢付了這間房間的費用。

第五章 國殤紀念日

我對克拉拉在曼谷的行為很惱怒，但這種失望並沒有影響到我對茹雅博士的觀感。我躺在床上看了她在一場維卡幣演講的直播。賽巴斯欽熱情洋溢地介紹她，群眾也熱情地回應，她在歡呼聲中走上了舞台，身穿紫色的拖地洋裝，看起來光彩四射、華麗燦爛。她宣布，即將要發生足以寫下新歷史的事情。

現場聚集了非常多人，茹雅博士告訴這些大聲呼喊的群眾，他們是自穴居的人類開始以物易物以來，最偉大的金融革命的一份子。茹雅就算只是念出電話簿的內容，也會獲得掌聲的，因為每個都非常狂熱。

再加上她創造的這些討論聲浪，以及那些讓人迷惑的數學算式，都是她用她的詭計在蒙蔽我們，向我們承諾了不可能的事情。她在舞台上透露，將會出現一套全新的區塊鏈，這會讓可取得的維卡幣數量從二十一億增加到一千兩百億，這項資訊也投影在一個巨大的數位投影螢幕上。她說，她發明了一種新的演算法，讓維卡幣可以成為歷史上最大的區塊鏈！然後，在她演講的第二十一分二十秒，茹雅大張旗鼓地宣布這個新的區塊鏈已經啟動。在一片歡呼聲中，她接著說，每位投資者的維卡幣都會翻倍。我幾乎可以感覺到，這件事情所帶來的純粹喜悅，以及我的整個團隊都因為這項消息的鼓動。變成雙倍！對我自己個人來說，這等同於價值九萬六千英鎊的維卡幣。真是快樂的日子。在曼谷，和這項消息相關的防護措施都十分嚴密。活動開始前，維卡幣的領導高層都被邀請到一個大會議室與她面談，但是現場的保鑣卻拿走了他們的手機。茹雅花上時間與他們對談，也與全球的銀行家進行深度的對話。她還表示，一旦完成適當的文書申請，他們就會進入美國市場。我們這些維卡幣人 OneCoiners 原本以為我們將會主宰這個世界。我覺得，她在舞台上看起來有點緊張，但是如果是要宣布這麼驚人的突破，誰不會緊張呢？我們也聽說她要生孩子了，雖然我沒有看到她的肚子有出現代表懷孕信號的可愛隆起。

我被影片的內容深深地吸引住了。每一件事情似乎都非常上軌道。但我在我的螢幕上，收到了幾則訊息通知，內容是某個瘋狂的美國貼文，這篇貼文的內容稱維卡幣是一個騙局——這就是我們被警告要封鎖的那種人。我也曾經碰過銀行帳戶被關掉，然後只能取回一些現金，但是這個傢伙完全瘋了。他是該死的公害，他只是另一個嫉妒維卡幣及其投資者成功的人。後來，在看到他丟給我的那些他的瘋狂主張後，我想起了這位令人矚目的黑粉是誰了，他就是提姆．泰順 Tim Tayshun。這時的我完全被洗腦了，我還沒有準備好要理解他所說的話。他們告訴我要將像提姆．泰順這樣的人拒之門外，因為他們是精神有問題的黑粉。我或許對克拉拉在曼谷的奇怪言行算是感到不快，但是我那時稱呼這個傢伙的話卻可說是非常毀滅性。我非常生氣。他遠在五千多英里以外的加州，在洛杉磯以南的海灘社區聖璜卡匹斯川諾市。提姆．泰順對他在二〇一六年六月在溫布利舉行的維卡幣秀上所看到的一切感到震驚，而當時我的名字被宣佈為一個幸福且成功的故事案例。還有其他人和我一起接受表彰，但提姆只挑出幾個名字，記下這些人，然後找時間發起攻擊。他在二〇一六年三月開始研究維卡幣，巧合的是，那也是我第一次投資維卡幣的時候。因為他是一名熱衷加密貨幣的人，有一位想要投資維卡幣的人透過 Facebook 聯繫他，請他幫忙確認維卡幣的可信度。他幾乎立刻就確定這是一場騙局，他聲稱：「我知道這將是世界上最大的騙局。」

他認為維卡幣是假的，他直言地說，像我這樣的投資者和邀請其他人加入的人，就是一群他媽的騙子。現在，如果我想要，我也會咒罵維卡幣，但我對提姆的第一反應是：「你竟然敢這樣講？我才不是騙子。」

他一開始是透過 Facebook 找到了我，然後並發訊息給我，因為我一直在臉書上宣揚維卡幣——我沒有留下他發的訊息，因為 Facebook 把這些訊息刪除了。在過去的八個月裡，他一直在網上大聲呼籲維卡幣是不合法的。正如他所說，他一直在惹怒、對抗和破壞維卡幣的全球營運。

就像他在曼谷活動現場的直播期間所做的，他的策略就是貼出會傷害維卡幣和茹雅博士名譽的資訊連結，茹雅博士是我們有如布狄卡[7]的領導者，對我們許多人來說，她是我們這些數位貨幣門徒的女性解放者。

他竟然敢這樣說？「妳他媽的就是個騙子。」

「不，我不是。」

「妳真噁心，妳是騙子。」

這一切都發生地太突然了，我完全沒意料到，在二〇一六年十一月十一日星期五的深夜，他突然出現在我的 Facebook Messenger 上。那是一個寒冷的夜晚，我仍然可以感到那晚的寒冷，而那是一場地獄般的漫長周末戰爭的開始。我記下了那天的日期，那天也在我的腦海中留下了時間戳記。我嚇壞了。我告訴他，「你根本不認識我。」

他繼續用訊息轟炸我，說他可以證明這一切都是騙局。他傳送資訊給我，但這時候我腦

7 Boudicca，是英格蘭古代愛西尼不落的王后和女王，是英國重要的文化標誌。

子裡一片天旋地轉，我連看都不敢看。我直接上床睡覺，第二天早上我起床時，提姆還沒有睡——加州的時間——他還在線上，並用訊息攻擊我。他整個星期六都這樣，然後他就去睡了，當他再次醒來時，我這邊是星期六晚上，對他來說是中午過後，所以他又開始攻擊我了。他不放棄，他就像咬著一條骨頭的狗。我甚至給艾琳打了電話：「我週末過得很糟，這個傢伙突然跑來針對我。」我真的無法和解釋太多。我對於這種來來回回的訊息感到很緊張。我非常不安，對他很生氣。

當我星期天早上醒來時，他又開始了。他寄來了資料的文件，但我什麼也看不進去，這時對他來說已經是星期六深夜了，他又丟給我更多的訊息。我受夠了他的這些訊息，這樣來來回回變得非常煩人。

我再發訊息過去：去他媽的。我受夠了。我想在Zoom上和你面對面說清楚。這是連結，歡迎你上線，我會在線上。

提姆的臉躍進了我的視線中，填滿電腦螢幕，他是一個魁梧的美國男人，聲音低沉：「茹雅博士是個騙子。她過去曾經犯下欺詐罪……」然後他繼續說。「這是一個罪犯。妳明白我說的嗎？我不是一個混蛋，好嗎？我明白我在說什麼。我調查了維卡幣。我對維卡幣的了解超過百分之九十九點九九九的成員。」

我非常生氣。這是胡說八道，我問他：「你叫什麼名字？是提姆嗎？是提莫西嗎？你是叫提姆．泰順嗎？你正確的姓名是什麼？」

「提莫西．格倫．克里 Timothy Glenn Curry。」

我處在暴怒中：「你為什麼用提姆．泰順這個名字發訊息給我？」

「這是我使用了二十年的綽號。」

我們的對話一來一往。我告訴他當我在三月加入維卡幣的那時，我就知道他了。我現在對於那時的爭辯感到尷尬——我把這次對話的影像都錄下來了——但當時我的語調聽起來很蔑視他。我看了一些他的資料，他表示，他預測之後有人會因為維卡幣而自殺。我告訴他，這種想法很噁心。但他很有耐心，他試著向我解釋。

當你和我進入加密貨幣的世界時，我們是出於同樣的原因：加密貨幣可以為沒有銀行帳戶的人提供銀行服務，為超過二十五億沒有辦法獲得銀行服務的人，提供銀行般的服務。我向你保證。你只需要一台手機。現在，維卡幣是一家自己生錢的公司。世界上沒有任何政府會允許一家公司這樣做。維卡幣在世界各地都未以貨幣服務產業註冊。為了自己生出錢來，你必須擁有貨幣傳輸許可 MTL，money transmitter license。

一般來說，加密貨幣之所以能夠做到這一點，是因為它去中心化的機制。加密貨幣不會是一家公司，不會有執行長，也不會有任何員工，在全球上沒有任何加密貨幣是這樣，除了維卡幣。

這讓我很心煩意亂，無論如何都讓我很緊張。我那時很擔心時間，因為我必須趕去格拉斯哥參加一場迎嬰兒的受洗儀式。我看著我的電視，電視是靜音的，但上面顯示著時間，正在播出的畫面是國殤紀念日的遊行。我已經遲到了，但是這些資訊重創了我。我解釋說我有肌痛性腦脊髓炎，我只能一點、一點地消化這些資訊。

但這也讓我有機會用關於比特幣被駭客攻擊的問題反駁他，但是這反過來又讓他重新發起攻擊：比特幣從未被駭客成功攻擊過——只有交易所與持有數位貨幣的虛擬銀行曾被駭客成功入侵。比特幣作為一種協議，從未被駭客成功入侵。提姆很直白但耐心地解釋，就像是在和一個幼童說話一樣，他解釋了加密貨幣銀行應該或不應該具備的特質。

我很驚恐。我大聲告訴他：「我選擇使用一種中心化的加密貨幣，因為我對於我的錢去哪裡覺得很安全。」

「妳太愚蠢了。對不起，」他回答，「但茹雅是個罪犯。」

我回他：「你知道你發給我的那些訊息都是對我的辱罵和騷擾嗎？」

「我只是想幫妳。」

我的臉頰現在變成燙紅。「你不是在幫助我，你只是在讓我惹火我。我是單親家長。」

「而妳在這上面投資了一萬美元，妳會失去這筆錢的。」

「我對此很滿意。這是我做的決定。如果我是買股票，做任何投資，或是如果我是選擇買黃金……」

「這樣的話，妳賺錢的可能性會更高。這是一場騙局。」

「我不相信。我心裡百分之百不相信這是騙局。所有你寫給我的都是攻擊性的言論和錯誤的……」

「如果我在路邊看到某個女人的錢包被搶，我就會去對付那個搶她錢包的人。我有一顆關心他人的心。我關心每個人——每一個人，而不僅僅是我的家人……妳被職業罪犯、職業騙子給欺騙了。妳必須了解自己被騙了。」

「那你必須了解，提姆，你有你的看法，我有我的看法。」

「這不是我自己的意見，而是事實。」

「那是你說是事實。好，你看，在你昨晚發給我的那份檔案中，你編造了一個關於有特定人數的人會自殺的事實！」

「之後至少會有十幾起因為維卡幣而導致的自殺事件發生。這我可以向妳保證。這是我的保證。我可以向上帝發誓。我可以跟賭妳一千美元，就賭一千美元。」

「你竟然可以這麼說真是太嚇人了。」

「這是目前世界上最大的騙局。妳明白嗎？」

「在我讀到自殺事件的部分後，我就受夠了，我再也看不下去了。那讓我懷疑這些資料的真實性。」

「妳要思考！茹雅博士因二十四項欺詐罪名被判有罪，或者她沒有被判有罪？讓我們從這件事開始。」

「我沒讀到這裡，但讓我告訴你，每個人在人生中都可能發生經營不善，也都可能破產……」

「她是另一場加密貨幣騙局的財務長──那時她騙了五千萬美元，而這次的金額要大得多。」

我感覺更加難堪。「那所有的那些創業家呢？那些我們生活中聽過，嘗試革名性的創舉卻失敗的大人物呢？你要為此責備他們嗎？」

「她是個該死的騙子，她就是詐欺犯。她在保加利亞也沒有連續兩年獲選年度最佳女企業家，這個頭銜根本不存在！她聘請了一位專門從事公關的……聽著，我說的是事實……」

「我要在這裡告訴你：關於茹雅博士，有很多人都會攻擊她——」

「她不是博士，這是他媽的謊言，她根本沒有博士學位。」

「布丁好不好吃，只有吃了才知道，不是嗎？」

他回答說：「妳沒有看著我的眼睛嗎？我們現在不是正在談嗎？告訴我你需要看到什麼，我保證我所說的任何東西，我都有事實可以佐證。我不是什麼部落客。我不會因為寫這些狗屎內容而得到報酬……」

「你這樣做是為了什麼？你為什麼要這麼做？你說你要保護其他人，但是你實際上是在傷害他們。」

「這是我的第三個原因。我這樣做有三個原因。我的第三個原因是為了保護人們。我的第二個原因，是保障自己以後可以做想做的事情。我不是完全無私的，好嗎？第一個原因，是因為這種狗屎會傷害所有加密貨幣的形象，因為監管機構會說維卡幣是一個規模達十億美元的騙局，然後又說維卡幣又很像是比特幣。但是維卡幣才不是加密貨幣。維卡幣沒有區塊鏈的機制，我可以證明這一點。」

我非常肯定地告訴他，「不是的，維卡幣有區塊鏈，提姆。」

「那是怎麼運作的？」

「我可以證明給你看。」

「好啊，證明給我看。」

我停頓了一下。我嚇到了，我必須退出這場對話。「你知道嗎？我得走了。你證明給我看，把資料寄給我，等我回來我再看。你就證明給我看……」

「我絕對會證明給妳看的。」

「你需要停止這樣騷擾別人，你需要停止因為這件事而招惹別人——」

「我也不願意那樣做，是因為你們這些人在騙錢，然後這家公司就快倒了。」

「你太惹人厭了，我從未見過任何人——沒有人像你這樣過分……」

「我不在乎……因為這就是一個該死的騙局。」

「你說話的方式那麼令人生厭。還希望別人認真看待你說的話嗎？哦，拜託。」然後我就下線了。我現在很難打開那時對話的錄影檔。

我怎麼能夠這麼肯定？只因為我想成為那樣的人？那天我穿得像是《復仇者聯盟》的一份子。我記得自己看著鏡子中的自己：我穿著一件黑色高領毛衣，一條黑白相間的裙子，以及一雙黑色及膝的長靴。我看著鏡中形象鮮明的這位堅強、自信的女人。但我卻在發抖，而且現在我分不清我是憤怒還是恐懼。

我的兒媳婦菲歐娜的妹妹今天為小孩辦受洗儀式，我擔心我會遲到。我必須坐火車，但由於天氣很差，叫不到去火車站的計程車。我和菲奧娜的一位朋友傑克Jack一起同行，我們不得不在寒冷的風雨中步行。

在我和提姆的談話花了太多時間了，我太遲了，當我們到達火車站時，因為天氣惡劣，我們的火車已經取消了。那時我真的覺得受夠了。我非常慌張，又很生氣，但是傑克就是傑克，他說：「珍，我們要不要吃點東西？」我們去了我喜歡的Corner House。我邊和傑克聊天，邊吃著肝醬、黑線鱈魚，配上一杯濃郁的卡布奇諾，這正是我需要的。我記得那些用餐的小細節，但對他說的話，或是我說的話，我一個字都不記得。我的心思，我的整個頭腦，都在別處。我的腦中一直在迴響的是：「茹雅博士是個騙子。」

吃完那頓早午餐後，我不得不去艾琳家，那裡距離車站只有五分鐘的步行距離。我打電話給她，說我有很多話要告訴她，叫她「先燒開熱水壺吧」。當提姆第一次接觸我後，我和艾琳談過，她告訴我要封鎖他。她說他很讓人擔心，要我和他斷絕聯繫，因為我不需要這些刺激讓我的身體惡化。但是有些什麼阻止了我這樣做，但我不知道原因。雖然我感到很不安，但我想聽聽他的說法。我確實也聽了，但是我又突然決定要停止與他直接溝通。我一直知道，那一次的視訊對話是我跌入維卡幣的地獄之旅的開始，我所有的惡夢和最害怕的恐懼，就像傾盆大雨一樣澆在我身上。直到後來，當我發現自己對於自己還活著更感到驚訝時，我才真正意識到，我面對的是一個全球性的陰謀，而且這個陰謀的背後是一群犯罪勢力龐大、窮凶惡極且意志堅決的人，這些人來自東歐，他們的名字聽起來就像是衝鋒的騎兵一樣。

第六章　騙子！

我還沒有告訴你高登的事情。他是我之所以還能夠告訴你任何事情的原因之一。二〇一二年一月底的一個星期天下午，我第一次見到——好吧，我第一次聽到——高登這個人。我的姊姊愛黛兒和我們的一些女性朋友認為我應該離開房子，出去走走。那時我的身體狀況好多了，我也學會了面對與控制我的肌痛性腦脊髓炎，以及讓身體發揮功能性。我們沒有去太遠的地方，只去了當地一家有卡拉ＯＫ時段的酒吧。當我聽到一陣美妙的歌聲時，我把頭轉向舞台，高登就在台上，臉上有著燦爛的笑容。

他現在仍然有那樣燦爛的笑容，但是，你也可以想像，他在過去的十年裡一直擺出一副勇敢的表情，這並不容易。高登比我大幾歲，我們認識時，他已經結婚多年，以及分居五年了。他是一個擁有精湛技術的工匠，一個技術高超的木匠，他一生都在努力工作，而在那次酒吧碰到他之後，我們就開始約會。我們有種一拍即合的感覺，他也和我的家人相處融洽。

我和高登認識的那時候，艾麗已經開始會爬和走幾步路了，他成為了這個家庭的一員。在父親快要離世的時候，他幫助我處理和父親有關的一些最困難，也最私密的問題。當他不得不幫助我爸爸上廁所時，他告訴我爸爸：「沒關係，比爾，我以前也做過這件事。」

我爸爸看著他：「不，但是我沒有讓你幫過我做過這件事。」高登一直都在我身邊，但是當我和茹雅博士以及維卡幣有關的夢想開始變質時，我保護他免於這些事情的傷害，我對李和菲歐娜也是如此。我不知道該怎麼想，我也不想讓他們意識到最壞的狀況，尤其是在二〇一六年聖誕節前後那段時間。來自加加州的提姆丟給我一堆資訊，我讀了又讀，拼命想搞清楚到底發生了什麼事情。我無法忽視它們，這是一種折磨。

我試圖保持正向的態度，而維卡幣的領導者一次又一次地反駁我的提問，他們稱提姆是「黑粉」和「對比特幣不滿的人」。當他們這麼說提姆時，我彷彿能聽到提姆的聲音在吼叫和回響：騙子！他一直在說的是，所有合法的加密貨幣都有其區塊鏈。他強行丟給我訊息，但是我很難消化，就像所有不受歡迎的事實都很難接受一樣。他一直說個不停，說著所有交易都需要有不可竄改的電腦紀錄，這樣才能證明貨幣的可靠性。區塊鏈的技術讓人無法偽造新的貨幣，並確保貨幣的流通數量是有限的。若是沒有區塊鏈的安全性，以及複雜的演算法（我希望我之前對這套機制的解釋是正確的），貨幣的價值就可以被操縱或偽造。財富可以一下就憑空出現，或是一念之間就消失，這取決於哪個按鈕被按下了，哪些數字被調整了。

當我第一次投資時，高登告訴他的大兒子小高登這件事，但是他說這可能是個騙局。當高登向我提到他兒子的看法這時，我不相信，我說，我不會被投資詐騙。我？我大部分時間都待在床上，也沒有和高登講過太多維卡幣的事情。但是我現在腦海裡充滿著疑慮。那對我來說絕對是一段痛苦的時光。在家裡，我都把自己隔絕起來，我只有向艾琳傾訴我的不安。問題是，我不希望提姆的指控是真的，我知道你也可以理解這一點，不會認為我這樣想太愚蠢。我也不是拿我父親的錢去賭，而是為了未來而投資。在我經歷了人生的種種困難顛簸之後，維卡幣只能是真的，而且是我可以信任的。而且我身邊也有很多人參與其中，包括巴瑞和衛斯。是的，衛斯。他解釋了後來發生的事情：

我在維卡幣進展順利，組了團隊，我們的成長速度很快，到二〇一七年三月時，我已經為這家公司招攬了很多人。謠言始於，開始有人在說這是詐欺、是騙局，但是我和我的團隊仍一起在 Facebook 上花了很多時間為這家公司辯護。我不知道維卡幣沒有區塊鏈，我只是追逐著被他們說服的那個願景。我只是一心要實現我的目標，卻一無所知地踏進了這個可怕的陷阱。我的伴侶做的是人脈行銷的工作，她試圖警告我，但我沒有聽進去。我沒有聽進任何人說的話。在某一場維卡幣的活動，有人告訴我維卡幣並沒有區塊鏈等細節時，我才開始注意這件事。沒有區塊鏈機制代表著沒有安全閥，全部隨時都可能瓦解。

當我從活動回來時，我真的很擔心這件事，也因為珍是我最要好的朋友之一。而我也知道我們有多堅決在捍衛維卡幣，所以我在想：「天哪，如果我把這件事告訴珍，我可能會因此失去這段友誼，因為珍有這麼多她關心和照顧的人。」但是我必須告訴她。在週六早上七點三十分左右，一大早就打電話給她，我很著急。那天是二〇一七年三月四日。我一開始說：「請妳不要恨我……但我有話要告訴妳。」她聽我說了一陣子後，開始意識到真相，她說：「我需要先泡杯咖啡。我再回電給你。」然後，是的，她也回電給我了。我們兩人都是情緒化的人，最後我們在那個週末都很沮喪。我們要如何告訴團隊成員？我們該怎麼做？我決定要上Facebook直播公開這件事，我對此非常生氣。我決定徹底公開這件事，我做了幾次這樣的Facebook直播，在直播中指出關鍵人物的名字，用這把火燒掉維卡幣所有的說詞和承諾。

幾天後，這個美國人提姆的名字出現在我的收件夾中。過去我一直在站在維卡幣這邊對抗他，但他的來訊並不是為了要幸災樂禍。他發給我的，是一封警告的訊息：

「兄弟，你需要停止你正在做的事情，這樣你會需要小心你的人身安全。」

這對衛斯來說很可怕。且這對我們所有人來說都變得更可怕。衛斯刪掉了他在Facebook

的直播貼文，但我們都同意必須提醒我們的小組。對於維卡幣缺少區塊鏈機制的憂慮，是來自一群藍鑽和黑鑽領導者，所以這是可靠的資訊。雖然這個寶石排名很蠢，但他們是可以獲知情報的高階主管，都是有著幾百萬又幾百萬美元的業績。他們是在亞洲的一場活動中，聽到了這件事。那天早上，在衛斯打電話給我之前，我的腦海裡就已經浮現出危險的警訊，我也告訴他我的擔憂。衛斯繼續透過 Facebook 施壓，而我則是靜靜地待在維卡幣的群組中，看看和聽聽看大家都在討論什麼，艾琳和我開始醒過來了。她成為我們小組的第五縱隊，暗中注意著所有人說的話和提議的事情。我覺得有點像是叛徒，因為我曾相信這些人是我的朋友，這樣的對待朋友是不正當的，但我很顯然又必要要保護那些信任我的人。

這時，我才真正開始質疑茹雅博士的夢幻般的世界。她到底是誰？我回到了我的維卡幣起點，也就是一開始的聯絡人雷克斯．查爾斯。他現在也不是我第一次遇到時的那位自信且自稱是「財富戰略家」的人。他現在也對維卡幣有疑慮，正在減少參與維卡幣的事情。「匿名者 Anonymous」是一個由網路聊天用戶、駭客和社運人士所組成的網路組織，而雷克斯在「匿名者」上看到有人針對茹雅博士和維卡幣生活圈提出問題。維卡幣生活圈是投資人和商家「交易」加密貨幣的網路平台。每次與莎莉．羅莎的通電話，我都差點要抓狂，但為了獲取資訊，我試圖保持專注。我想知道他們知道些什麼。接下來是二〇一七年三月八日那天，我的 WhatsApp 訊息，以及莎莉回覆我的方式：

珍・麥克亞當斯（JM）：我們真的需要知道是否有任何貪污的事實，因為如果是真的，我們不希望牽扯到這之中的任何一部分。雷克斯表示他有疑慮，且將不會再推廣維卡幣了。他說，在詹姆斯和哈利出發去見茹雅博士之前，他寄給他們一份問題清單，他也問過其他人（我從沒想過要問他其他人是誰），但他仍然無法得到任何問題的答案。今天，他說他對維卡幣仍然有信心，但不確定是否要維持與維卡幣的人脈連連結。來自「匿名者」群組說，在接下來的三週到兩個月內，維卡幣生活圈的平台就會被關閉，在英國任何不受監管的加密貨幣也將被勒令關閉。他還談到了其他我無法理解的事情，說已經收到三次死亡威脅（已編輯）。他還表示，倫敦市警方已經調查了好幾個月了，很快就會進行逮捕。我很害怕，莎莉，這或許不是真的，但是我真的為每個人都感到害怕。你對此有何看法？

莎莉・羅莎說，這「真的很令人擔憂」，以及她會試著得到一些答案。她在訊息中親暱地稱呼我為「親愛的」，但這並沒有讓我感到安慰。

JM：好的，我很希望妳可以給我答案，我的電話響個不停，大家都很緊張。我們需要答案，甚至是需要詹姆斯和哈利告訴我們所有這些相關的人，最新的狀況。

她說她第二天會和哈利和詹姆斯碰面，並說，會讓我知道他們說了些什麼。她問我，是否會想要在他們碰面時和他們談談？

JM：如果他們開一場線上說明會，告訴團隊中的每個人最新的消息，我會很樂意參加。如果妳在明天與他們會面後，可以告訴我最新的狀況，我會非常感激。莎莉，謝謝妳回覆我的訊息。

第二天：

JM：嗨，莎莉，有新的消息嗎？

莎莉說，史東堂兄弟遲到了，他們沒有碰到面。她問我：「親愛的，妳有什麼證據可以讓我給他們看嗎？」

JM：妳可以問他們維卡幣有沒有區塊鏈，它在哪裡？他們正在打造新的商業模式，卻可能要關掉維卡幣生活圈，原因是什麼？維卡幣生活圈中有哪些問題是我們這些購買了方案並建立起團隊的人，有權利且應當要知道的？我們現在就需要真實且誠實的答案，這在此時此刻對每個人都有幫助。他們現在最需要做的就是照顧好他們的團隊。是的，我有很多證據支持這件事，這些證據都是我親眼所見或是親耳所聽，但這還沒算上過去五天與我和聯繫過的很多人與許多領導者。

詹姆斯和哈利應該與領導者以及在他們之上的高層領導者對話。然而在此之後，除了轉發了一封來自維卡幣歐洲領導者的語音訊息警告我罷手，莎莉・羅莎不再與我聯繫。她自二〇〇七年在西班牙開始人脈行銷，自稱每個月的收入高達七十二萬五千美元。她與賽巴斯欽關係密切，之前就與他共事過，而且賽巴斯欽的人脈延伸到巴拿馬，維卡幣原本就是計劃透過那裡「入侵」南美和北美。可以說，原本在哥倫比亞的波哥大和邁阿密都將設有分部。我到處在打聽消息。他們告知我，不要相信維卡幣家族以外的人所說的任何事情。我也仍然緊抓著希望，像是一個正在往下墜落的空中飛人一樣抓緊它。

我不斷在手機上收到從整個維卡幣的網絡傳來的警告。從上到下，全都都直接或間接地明確表示，要我非常小心。他們的警告很明確：停止問這些問題，否則你的帳戶就會被凍結。我曾經見過這種事情發生，這是我最不希望發生的事情，因為我的維卡幣帳戶就是我的家人的未來保障。這是一個邪教，而在我心中，我是這個邪教的一份子。我很害怕被排除在外——但是這之中到底發生了什麼事情？這就像一部劇情複雜的懸疑驚悚片，你必須翻到前面的書頁，才能找到你之前錯過的線索。

所有的領導者給我的唯一回答就是，任何質疑維卡幣的神聖性的人，都是黑粉。他們就是這樣搪塞我。讓我氣憤的是，他們高高在上的態度，說「挖礦」的細節是不公開的資訊，像我這樣的投資者「沒有必要知道」。他們也否認英國當局正在調查維卡幣，這些更是無處不在的黑粉所散佈的謠言。儘管如此，我仍然不相信任何事。我唯一確定的是，我很困惑，而且很憤怒。我處在接近歇斯底里的邊緣，擔心所有因為被我鼓勵而買了維卡幣的人，我擔心他們的未來，本來我是相信著自己是在幫助他們創造一個成功的未來。我無法入睡，在凌晨的這些時間，我都在網路上進行研究，試圖找到證據、答案，以及任何可以停止我的精神痛苦的東西。衛斯仍在社群媒體上不斷施壓，但英國的維卡幣領導群卻罕見地發出龐大的沉默之聲。但我確實聽說茹雅博士在生我的氣。嗯，彼此、彼此！

我發訊息給傑克．卡德爾，說這令人無法接受，我想得到有關區塊鏈、運作方式和地點的答案。二〇一七年三月十日，他以語音訊息的方式回覆我在訊息中向莎莉．羅莎提出的問題，首先是：「倫敦式警方正在調查維卡幣嗎？沒有。」然後他提出了這個矛盾的說法：「我們每週都賺了很多錢，但是卻沒有讓任何人知道。我們沒有讓任何人蒙在鼓裡。」然後他以單調的聲音繼續說：「維卡幣有區塊鏈嗎？嗯，珍，是有區塊鏈的。在公司剛成立的時候，就有人問過這些問題了，而且這些問題都已經得到證實。」他說，茹雅博士和她的手下之視這類的資訊為機密，是為了安全考量，是為了保護區塊鏈。

然後傑克．卡德爾的下一句話是他急著用解釋來消除所有的顧慮。他在語音留言中說：

「此外，作為一套應用程式，它也不需要背後有伺服器。因為這就是我們的區塊鏈技術，一個帶有數據庫的 SQL 伺服器。其他的問題，可能就只有茹雅才能回答了。」

他透過語音訊息告訴我，維卡幣是透過 SQL 伺服器運作，這是一個任何人都可以使用的通用數據資訊管理系統。從我過去在 IT 產業的經驗，我知道這個「SQL 區塊鏈」是無稽之談，而我正在和一些可惡的混蛋打交道。我在我的臥房裡——那一刻我才剛下床——聽到這個語音訊息讓我雙腿失去力量，我顫抖著跪倒在地板上。那一刻我就百分百知道，維卡幣是一場騙局，而我們已經賠光了所有的錢。

即使是現在，我的喉嚨和心臟仍然可以感到那股劇烈、沉重且窒息的疼痛。這股感覺仍然非常強烈。我覺得自己是個傻瓜，我很慚愧。

我無法再對自己否認正在發生的事情。我終於明白了真相。透過研究和從提姆丟給我的大量資訊中，了解到正常的加密貨幣需要什麼條件。而維卡幣完全不具備加密貨幣的任何條件，它沒有受保護的第三方演算法可以驗證它是合法的加密貨幣，以及可以驗證它是可以被買賣的東西。茹雅博士創造了一種她認為可以賣出的價格定價的貨幣，但是它卻是毫無價值，因為它根本不存在。你甚至不能用它來玩大富翁。即使是衛生紙也有價值，但是看看我們都用衛生紙做些什麼事情。我說不出話來，有生以來第一次嚐到被嚇呆的感覺。我的狀態很快從極度震驚、難以置信，轉變為沮喪。我說不出話，內疚感幾乎要讓我窒息。我不是很擔心自己，但是我很擔心所有跟隨我加入維卡幣的人。一百萬英鎊的四分之一！在我的世界裡，這就是你用來買城堡的那種金額。也許對於擁有數十億美元的非法資產的茹雅來說，這只是一點點錢，但對我和我周圍的人來說，那是一大筆財富。令人憤怒的是，我無法從所有這些告訴我他們永遠都會是我最好的朋友的維卡幣人那裡，得到任何回應。

衛斯和我針對缺乏區塊鏈的問題與他們對質。他們無所謂。我們向幫助維卡幣進入英國的詹姆斯·史東和哈利·史東施加壓力，在有人回答問題之前，我們打算動搖領導層。我立即警告在我的維卡幣世界的人，與此同時，莎莉·羅莎、約翰·穆內羅和史東堂兄弟繼續宣傳著維卡幣，並稱其為最賺錢的數位貨幣。我在自己的內心深處發現了一些東西，我知道，我無法接受這種胡說八道。我覺得我需要對所有投資者負責任，尤其是那些縮衣節食或出售資產，以籌措資金購買維卡幣的投資者。我現在已經冷靜下來了，我要安排一次吹哨者線上說明會。這是我可以一次就提醒我所有的人脈網絡的策略。我負責自己的團隊。我也請衛斯邀請他的小組成員到線上。我們有訊息要告訴大家。

我聯繫了米切爾·湯姆森，並告訴他，他不能再繼續推廣和銷售維卡幣。我們必須拉響警報。他告訴我，我是一個可怕的且不願看到他成功的人。我從他那裡得到的只有惡毒的訊息回覆：

我原本可以隸屬在像是莎莉這種真正關心且以無私的方式幫助人們的領導者下，但是我的大亨加值方案的錢卻是算進了你們這些人的直接銷售收入，這讓我感到非常難過。莎莉幫助了我和克拉拉．塔芬。妳對莎莉非常不尊重，我認為妳需要去好好照照鏡子。妳為什麼不去花一些妳的維卡幣，在世界的另一端買一棟漂亮的房子，或者，如果妳現在想要一些法定貨幣，妳就給自己買一輛賓士，然後賣掉它。

他說，他現在與約翰．穆內羅和莎莉．羅莎合作，並叫我不要再聯繫他。他說我令人不快，說我這樣、那樣的。從那以後，我再也沒有見過他，也沒有和他說過話。面對這個爛攤子對我來說已經夠困難了，但不斷地被拒於門外也刺痛了我。情況並沒有好轉。我注意到哈利．史東將我從 WhatsApp 的領導小組中退出了。我立即在傑克．卡德爾的小組發了一個訊息，告訴成員我在週末發現的問題，我的擔憂，以及最讓我震驚的是缺乏區塊鏈機制的這件事。我必須快點行動，因為他們打算讓我變成一個隱形的女人。對他們來說，我是個異教徒，而在地平線上，部隊正在集結。

衛斯上線說他一直在與加密貨幣愛好者兼法規專家提姆，亦即提姆．泰順．克里討論。我失神了一下，「哦，天啊，衛斯，我必須告訴你，我在十一月時封鎖了那個人，他是一個瘋狂的美國人。」但是事實證明，他並沒有那麼瘋狂。他是一個誇張而有趣的人，但最重要的是，他是加密貨幣的忠實信徒和粉絲。我對維卡幣運作方式的了解，大部分都來自提姆給我的資料和檔案，我花了三個多月的時間研究和消化這些檔案。他決心要追查任何濫用和威脅數位貨幣未來發展的個人或公司。他在聖胡安卡皮斯特拉諾經營一家酒吧餐廳，從我們之前的爭執中，你應該已了解到，他並不是羞於挺身而出的人，我們兩個人都是如此。但在我們上次的爭執後，在我發現了關於區塊鏈的真相時，我猶豫是否要再次聯繫他，衛斯幫我打破了僵局。在我不知情的狀況下，提姆一直在與林德爾．愛丁頓 Lyndel Edgington 說我參與維卡幣的事情，林德爾．愛丁頓是一名詐騙計畫調查員，他先後在加州和亞利桑那州經營老鷹研究協會。作為一名積極份子，林德爾在打擊詐騙界被稱為「老鷹1號」，他和美國聯邦調查局合作超過二十幾年了。他在美國及其他地區的警察大會上演講，當我重新與提姆的聯繫上時，他們兩人已經計畫要打倒茹雅博士和她所有的同夥了，他們一直都與美國聯邦調查局以及英國詐欺小組保持聯繫。我原本以為在倫敦的所有警務工作，都與倫敦警察廳有關，但倫敦市警察局在很大程度上是由他們自己獨立運作。倫敦市警察局離聖保羅大教堂不遠，步行即可到達泰晤士河，他們負責追查白領犯罪，因為金錢也是流經倫敦的另一條河流。提姆在市警局的聯繫人是基倫．沃恩警探 Kieron Vaughan。提姆給我他的詳細資訊後，表示在我聯繫之前，他會先照會一下情況，這一切都很出乎我的意料。我過去的人生動盪不安，但那是家庭生活——我從來沒有報警，更不用說和聯邦調查局扯上關係了。在這一切之前，我與政府當局最密切的聯繫，只不過是找管理公共住宅的部門來修理水管。我感覺就像《綠野仙踪》裡面的桃樂絲，我才剛離開我的舒適區，一個邪惡的女巫就緊追著我不放。

我祈禱沃恩警探可以拯救我。他也努力了，但他仍必須遵循程序，而這套程序所規定的行動，我到二〇二二年仍然無法理解。

我在二〇一七年三月二十七日發了訊息給他，得到了積極的回應，但我們沒有立即聯繫彼此。我們用電話玩了幾天的捉迷藏，然後，你可以從這封電子郵件中感受到我的沮喪，因為我試著催促他：

嗨，基倫，我現在的情況是我下面有一個團隊，他們也需要知道最新的狀況，因為我已經告訴他們我對維卡幣的擔憂。這些都是我也支持過的人，而且他們有些人的投資都超過兩萬英鎊。我非常希望可以提供他們更新的資訊，因為現在我們不知道下一步該怎麼做。

第二天，我們談了大約一個半小時。他證實，英國正在將維卡幣列為犯罪企業進行調查。他告訴我，他們認為這是一個龐氏騙局，建議我不要再投資，並告訴其他人這件事。他沒有說有多少決心要深入調查，當時，我不覺得有需要問這個問題。顯然，美國的當局也在調查茹雅博士和維卡幣，且聯邦調查局也參與其中，那代表著維卡幣大勢已去。我迫切需要向我的團隊解釋這一切，我需要警告他們。我盡可能地和任何人說，包括一位我認識在英格蘭營運著另一個大型維卡幣集團的人。他也很擔心，但就像許多投資者和招募人員一樣，他也不想接受事實。衛斯和巴瑞都通知了他們的聯絡人，巴瑞也向英國的「行動對付詐欺」投訴。我也如我所承諾的，向沃恩警探提供了更多的資訊。最重要的是，我宣布將在倫敦時間二〇一七年四月五日晚上九點，召開緊急的線上說明會：

!!請分享並邀請任何購買了維卡幣方案的人，尤其是在英國境內的投資者。在上週與倫敦市警察局欺詐調查組通話了九十分鐘後。我可以確認在英國有一個大規模的警察欺詐小組正在調查，他們也認為維卡幣是一個大規模的龐氏騙局！！！！他們還與其他外國的警察欺詐調查部門合作。上週與基倫．沃恩警探的電話通話內容，將在線上說明會上分享，還會分享其他更多的資訊。這非常嚴重，每個人都需要立即致電英國警方的欺詐調查部門！

當然，我決定在維卡幣小組中保持沉默，希望藉此盡可能收集更多的訊息，但艾琳只因為問了幾個技術問題，就被告知她將被封鎖，她受到了不合裡的對待。這對投資者來說是非常可怕的，因為如果他們被從群組中移除，他們就失去與他們的投資的連結，也無法獲得相

關資訊。維卡幣的營運團隊沒有聯絡電話，也很少回覆其電子郵件。投資人能夠獲得資訊的唯一途徑，就是待在團體內。所以這些群組就是維卡幣用來過濾的錯誤資訊的平台，這是洗腦發源地，也是恐懼籠罩你的地方。這也是財務夢想慢慢變成財務惡夢的地方，而至此已經太晚了。但是這也是我打破茹雅的維卡幣泡沫最完美的地方。我必須要快，因為我知道只需要幾秒鐘的時間，他們就會把我踢出去了。我仍然處於非常震驚的狀態，你可以在那次線上說明會的影片中聽到我結巴，這是我永遠不會忘記的一個事件，我也永遠不會忘記那一天，我還是不敢相信我竟然做到了。

在我在線上說明會成為徹底的吹哨人之前，提姆一直有讓林德爾（老鷹1號）了解情況，而他正在向聯邦調查局說明正在發生的事情。林德爾後來告訴我，提姆和他談過，並且質疑我會如何反應——我是否會繼續進行這場線上說明會？他想知道我是否「有膽量」。提姆曾與像是被維卡幣洗腦的這類人打過交道，但不知道我是否能應付得來。林德爾則說他相信我不會被嚇倒，因為我有膽量。

他是對的——我再也受不了了。但到目前為止，我對正在面對的狀況只知道冰山一角。提姆同意和我一起參加線上說明會，並分享他的見解。在我不知情的狀況下，他邀請了另外兩位加密貨幣專家，挪威的比約恩．比耶克 Bjorn Bjercke 和來自芬蘭的「CryptoXpose」，他們在公開場合都和「匿名者」的成員一樣，隱藏了自己的身分。那場線上說明會有很多人都躲在幕後。約翰．穆內羅和莎莉．羅莎等領導者都在場，我相信茹雅和賽巴斯欽也參加了，因為他們想知道發生了什麼事，他們從英國拿走了超過一億英鎊。這筆錢與他們從美洲和亞洲拿走的瀑布般的現金相比，只能算是小錢，而且因為我開始惹事，他們未來有數十億可能都拿不到手，茹雅博士當時拿了超過兩百億美元。

那天晚上，維卡幣的世界變得天翻地覆。在我們開始之前，在依序加入的與會者中，我注意到某一個男人跟著線上說明會的背景音樂旋律點頭，那首歌是山姆和戴夫的《堅持住，我來了》。我清楚記得那一幕，因為它讓我的臉上出現了我非常需要的微笑。我播放了沃恩警探說話的錄音，告訴我英國反欺詐單位正在對維卡幣進行犯罪調查。在整個線上說明會中，我都可以看到比約恩一直在點頭，我認為他是一位想要發言的受害者，我打開他的麥克風，他解釋了他是誰，以及為什麼他認為維卡幣是一個加密黑幫網絡。那是我第一次聽到「犯罪組織」這些詞，這讓我感到害怕。我不知道我是怎麼保持冷靜的。我因恐懼和驚嚇而無法自已。在他講話時，我注意到許多沒有在這場線上說明會上表明自己身分的人都正在登出——也包含我認為是茹雅的人。

因為她知道比約恩．比耶克是誰。我的 IT 背景足以讓我意識到 SQL 伺服器連僅十分的錢都無法保護，但比約恩不同，他是一位世界級的專家。這是一個曲折的故事：他是位IT天才，茹雅博士曾經試著招攬他來為維卡幣打造一個遲來的區塊鏈，以使其合法化。比約恩很快就教會我，如何認識我的敵人。他為我上了我的第一堂偵探課。

第七章　戰鬥崗位

在線上說明會之前我就睡不好了，但是天哪，在比約恩出面揭露之後，也沒有好轉，即便我睡著了也是陷入惡夢中，夢裡沿著小巷往下跑，逃避蒙面的歹徒。我也會夢到邪惡的怪物徘徊跟著我，然後突然在顫抖中驚醒。他們會撕下面具，原來他們是我的維卡幣領導者，他們咆哮著指著我，尖叫：「黑粉！」

清醒的時候，我會坐在床上，打開筆記本電腦，拿起手機，然後用它們來聯繫在世界各地的受害者，時差對我來說沒有任何意義。每一次收到訊息提醒、每一次震動聲、收到問題、苦苦哀求的求救，我都醒著。清醒著，聽著這些令人憤怒的故事本身就像是一部恐怖片。其他受害者也各自經歷了他們的惡夢。他們感到沮喪和擔心，尤其是在比約恩透露了據說黑手黨在茹雅背後撐腰的事情之後，人們更擔心發聲的後果。一些人說他們會從這整件事中抽身並保持沉默，不管他們的損失了，正如一群義大利黑手黨會說的那樣——緘默法則 omertà。

許多人警告我，就將維卡幣視為一次糟糕的經驗就罷了。面對由騙子和歹徒組成的集團，我們這些小人物能做些什麼呢？其他有些人因為參與欺詐而感到尷尬，向自己承認這一點已經夠難的了，更不用說向別人承認了。許多人都選擇不告訴他們的家人、朋友或職場的同事。我們都在問自己，我怎麼會這麼傻？

維卡幣不喜歡我攻擊他們，很快就開始追殺我。一位維卡幣的鑽石領袖在 WhatsApp 網絡上宣告：「我聽說珍在第二十九區。穿白袍的人很快就要來了。」這次的抨擊是諸多指控的開端，他們說我瘋了，說根據英國的《心理健康法》我應該要被關起來。

我確實是瘋了——但以一種好的方式。我氣瘋了，我無法對於我的信任被濫用「不加理會」。我們這些受害者自成一個群體，我們都感到很震驚，但也有一種偏執的同志情誼，相信我們可以互相幫助。我成立了一個 WhatsApp 維卡幣受害者支持小組，但它的人數很快就滿了——WhatsApp 的群組上限是二百五十七人，但是帶著不幸和災難的故事而來的人越來越多。

於是我成立了更多的小組。我們損失的不僅是投資和金錢，還有我們的生活，而有許多人甚至是失去了自己的人生。我當時是勉強支撐著，但我不能忽視我所感受到的承諾。我很虛弱，但即使睡著了，我手裡也拿著手機，如果它響了，我就會看一下。我了解到，即使只是我從在蘇格蘭的一個小角落所說出的一句好話，也可能挽救一條生命。受害者似乎可以認同我，因為我也是其中之一。有時候，我不知道與我聯繫的受害者，最後是否有倖存下來，這也讓我感到很痛苦。在那次四月的線上說明會之後的某天深夜，我的電腦螢幕上跳出了一封某個男子自印度南部寄來的訊息。他和另外三十二名受害者正在計劃要集體自殺。他們把未來賭在維卡幣上，然後輸了。他的聯繫電話號碼也出現在螢幕上，所以我試著撥電話。電話響了又響，我整晚都在打這支電話，後來又打了好幾天。從那時至今，我一直都沒有得到答案。我仍然每天都會想到他們。我所能做的，就是盡量多收集關於茹雅和維卡幣的資訊，然後提供給還在投資這個龐大騙局的人看。資訊和社群媒體就是我自己、提姆、比約恩和CryptoXpose僅有的武器。

有些人賣掉了他們的房子，賣掉了他們的土地，為了購買維卡幣陷入一輩子的負債。維卡幣一直等到烏干達的農民賣掉了他們的牲畜和莊稼後，才去說服他們拿出這些用來養家糊口的現金。我從來沒有聽過這麼多苦難，而這些希望破滅的故事常常讓我淚流滿面。比約恩總是叫我要慢下來，但他很快就發現，我其實從聽到的每一個受害者故事中，獲得了更多的能量。他告訴我，即使在那場線上說明會之後，我也算是經歷了一段自我實現的過程。我和他談了好幾個小時，他說，大多數處於我位置的人，都會陷入否認的狀態並最終變得漠不關心，我的反應卻恰恰相反。我同情所有因為茹雅而人生擱淺的人，尤其是在我的網絡中的大多數人。隨著這些痛苦累加，我的工作也隨之增加。我很樂於整天工作，我每一天，經常都是待在床上做著阻止茹雅的事情。

有些人對我們予以回擊，他們在受害者支持小組的網站上發布色情圖片。我所看到的圖片都是令人作嘔的圖像，但它們卻如維卡幣那批人所願，嚇到了那些尋求幫助的人，尤其是年長和比較虔誠的受害者，他們因此而不安。因為他們無法忍受這些褻瀆和墮落的色情圖片就離開了論壇。你需要忍耐力極強，才能夠忍受這種骯髒的東西。我無法向你詳細敘述這些圖片，因為我沒辦法承受向任何人描述這樣的圖像。使用 WhatsApp 時，您可以刪除冒犯他人的帳號，但他的訊息本身還是會保留在原地。我聯繫了 WhatsApp，提報了發生的狀況，但他們從未回覆。而一個 WhatsApp 帳號也無法容納全世界的受害者，所以我及時開設了一個 Facebook 群組，讓成千上萬的受害者可以在這個平台上得到支持。我們為各個大陸和國家都開設了群組，包括美洲、亞洲、澳洲、紐西蘭、歐洲、非洲、巴基斯坦和印度，我管理著所有的這些群組。

請求幫助的呼喊來的很快，幾乎和對我的死亡威脅一樣快。我向蘇格蘭警方通報了其中的一些威脅。警員們來拜訪我，但我認為他們目前不了解正在發生的事情的規模。住家附近會發生的犯罪行為都屬於輕型犯罪，大多是週六晚上喝太多酒後的任性行為。這段時間我忍受了卑鄙的言語性虐待恐嚇，以及強烈的人身恐嚇。我很沮喪，但我有什麼可失去的呢？他們已經奪走了我的一切。我擔心我的兒子和他的家人，擔心著他們可能會受到傷害，或是被用來對付我。我告訴我的兒子我的擔憂，他告訴我：「媽，這就是妳。不要停下來，繼續戰鬥，妳已經走到這一步了。不要停下來，媽媽，繼續戰鬥。」我很高興聽到這段話，但我認為李或我們之中的任何一個人，當時都不知道邪惡的力量已經來到我們家門口。後來，李和我坐在他的車裡，收音機裡播放著佛利伍．麥克 Fleetwood Mac 的《夢想》時，我們誰也說不出話。淚水溢滿了我的雙眼，我感受到我兒子的痛苦，他的夢想破滅了。之後，他給我發了一封沒有任何文字的訊息，只有一個連結，連到有著拉尼．加德納 Lanie Gardner 美麗封面的《Dreams》版本。是的，就像歌詞所說的，只有在下雨的時候才會打雷。

我努力讓自己對不斷出現的那些「他媽的，詛咒你死去的老爸，還有他的那筆該死的錢」這類的訊息免疫。但是強暴威脅和諸如「妳不會活太久」之類的文字，永遠都令我不安。我把我最深沉的恐懼都隱藏起來，不讓家人知道，並儘我所能地掩飾它們，但在這樣做的過程中，我又更加折磨自己，因為我自己承受了太多情緒。比約恩監督著這一切，並說他擔心我的安全，也擔心提姆，因為提姆的身分也比他或 CryptoXpose 更公開。

雖然我們廣大宣傳維卡幣是騙局，但它並沒有被關閉。我感到很沮喪、憤怒和生氣。我一想到所有其他的受害者，尤其是那些想自殺卻不發一言的人，我就感到噁心和難過。我認為我們永遠不會知道維卡幣的受害者實際上所承受的痛苦程度。但是我們所知道的就已經夠嚇人了。我開始熟悉於伸張正義這項使命，我並不是自願要變勇敢，但是沒有其他人站出來，而我不打算讓茹雅逍遙法外。我成為一名欺詐調查員，我透過我的床、我的筆記型電腦和我的手機進行調查——好吧，是好幾支手機，我不得不常常更換我的手機，因為我把它們用到壞掉了——這也是我打算對茹雅做的事情。

衛斯和我在 Facebook 上攻擊維卡幣，而他們封鎖了我們；在 WhatsApp 上攻擊，他們封鎖了我們；在 Telegram 上攻擊，他們也封鎖了我們。衛斯也成為被辱罵的對象，而在這一切事件中，他二十一歲的兒子必須接受心臟移植手術。所以我可以理解，他必須逃離維卡幣的這團混亂。但讓衛斯告訴你，他當時的看法：

> 當我放下這一切不管時，珍仍然繼續往前，而且她不停地往前、再往前進。我不知道在維卡幣的任何人，是否有關心過她的感受，但她仍在奮戰。她受到死亡威脅，但她仍堅持奮戰。還有那些邪惡的訊息。我在 Facebook 上有很多來自世界各地的追蹤，當珍和我在二〇一七年三月到四月那段時間敲響警鐘時，出現一篇關於我是戀童癖的貼文。我和我的另一半

剛在一起，所以這影響了我們的關係，讓我無法接近她的兩個女兒，她們當時分別是十四歲和十六歲。我的收件夾滿是來自維卡幣追隨者的死亡威脅，他們無法接受茹雅博士的任何壞話。他們想讓我們閉嘴，只要透過在大眾的眼裡摧毀我們，就可以做到這一點了。當我退後一步後，在我兒子的手術成功的過程中，珍一直陪在我身邊，有幾個晚上，我們都哭到紅了眼眶，而我也鼓勵她也退一步。

這是非常、非常危險的，考慮到珍發生的所有事情，我懇求她停止去對抗維卡幣。但是她永遠不放棄，她完全是無私的。我對於珍是如何在那時堅持住，並且成為維卡幣受害者的強大發聲者，仍然感到驚訝和印象深刻。她付出生活中很大一部分，來為所有被背叛的人做這件事，但是我認為她也需要有人照顧。

衛斯是個好人，而他是對的，因為在我與沃恩警探談話，以及執法部門正式稱維卡幣為東歐犯罪網絡的組織的一部分之後，我確實需要被照顧。我用全力踩下油門，去尋找答案，但我停止了傾聽自己的身體，我忘記要控管我狀況了。

在某一天下午我的胸部疼痛之前，我都躲過了復發。那天，高登下班回家，發現我幾乎無法呼吸。他不知道發生了什麼事，這次讓我很震驚。我站著，但是痛苦一直在。當我手裡的電話響起時，我正把頭靠在廚房的流理檯上。來電的是艾琳，「我沒辦法說話，」我對她說，「我好痛。」

她喊道：「我過去了！」而她，就像是第七騎兵團Seventh Cavalry[8]一樣。幸好有她，她叫了一輛計程車到達我家時，我的疼痛讓我不得不彎下腰，在每一次呼吸我的胸口都感到極度疼痛，她撥了「九九九」叫救護車。

急救人員就像特警隊一樣趕來，替我打了嗎啡止痛，但並沒有效，所以他們給了我更強的劑量，這減輕了我的疼痛，讓我可以去醫院。醫生排除了心臟病發作的可能性，說這是胸腔壁上的纖維肌痛，造成類似心臟病發作疼痛。醫生問我是否承受著壓力，我心想：「壓力？如果你知道我現在承受的壓力就好了。」但是我沒有這麼說，是因為害怕他不相信我。他們可能認為我精神失常，精神狀況不佳，才會想像著這些不可能的事情。醫生說，這種情況很可能會再次發生，要我記得要叫救護車。我需要嗎啡來止痛——而且你永遠不知道，心臟病發作也可能會來真的。那是一段辛苦的時期。我無法停止尋找有關維卡幣的真相，但我知道，如果我把自己逼太緊，就會有健康的風險。

我很幸運高登、李和菲奧娜在我身邊。高登總是在陪著我，為我泡茶、為我做飯，給

8 愛爾蘭哼酒歌，被引用為行軍歌曲。

我力量繼續戰鬥。我的家人知道我的身體出現強烈的反應，但我沒有讓其他受害者知道這些事。

也許這就是讓我繼續前進，讓我活著的原因，讓我可以把注意力從不太健康的身體狀況上移開。我被困在床上，無法下樓梯，並且只能依賴他人，這讓我非常沮喪。我知道他們很愛我，這對他們來說不是什麼麻煩的事情，但我還是會自責。我也不敢告訴他們黑幫的背景因素，因為他們可能會認為艾爾．卡彭 Al Capone[9] 會來撞開我們家的門。

很多人都想知道，既然維卡幣背後有那麼多的犯罪關係，為什麼我不乾脆放手不管維卡幣和茹雅，為什麼要讓自己承受這些心痛，而且就我而言，還真的是讓我的胸腔疼痛，我為什麼要這樣？他們問：「妳不害怕嗎？」答案是，肌痛性腦脊髓炎幫助我做好準備。當你日復一日、月復一月臥床不起、被囚禁著，且身處極度痛苦中，過了一段時間後，就沒有什麼可以嚇到你了。當你不得不問自己，是否還能再次離開床時，想到茹雅和她的手下威脅，就沒那麼可怕了。這我來說已經是私人恩怨了。因為茹雅，我回顧了自己的人生，發現自從我還只是個蹣跚學步的孩子以來，我就一直在逃避。我決定把那個小女孩抱在懷裡，告訴她，「親愛的，我們不會再逃了。」我厭倦了躲避那些想要傷害我的人。

9　一名美國傳奇黑幫老大，芝加哥犯罪集團聯合創辦人。

我現在完全意識到，維卡幣造成的現像不過如此：螢幕上的數字，是玩大富翁的玩具鈔票，只能在玩具城裡面買維卡幣方案。真正的錢藏在別處。這筆錢肯定沒有付給投資人。備受矚目且承諾投資人已久的交易所開放，雖然可以讓維卡幣轉換成現金、美元、歐元、英鎊，但這件事仍「延遲」了。即使是更忠心的維卡幣投資者信徒，也對此感到不安。

當我正在呼籲反對茹雅博士的抵制運動時，她正在世界各地兜售她對未來的新銀行產業的願景，她從紐約到倫敦，再從澳門到杜拜再到新加坡，她在一個個滿是參加者的活動會場，吸引新的投資者，維卡幣仍在快速成長。

茹雅博士和其他在維卡幣高層的人都賺了很多錢，他們不得不將這些現金堆放在保加利亞、香港、杜拜和韓國的辦公室和公寓裡面，準備透過美國和歐洲洗錢。茹雅曾吹噓自己往返五大洲，在一百九十幾個國家都有營運，這一次，她說的是實話：全世界都是她的目標，全世界都是她的洗錢地。我們的這些錢，有很大一部分的最終目的地是國際銀行的天堂，那裡的產業和銀行都絕對會為你保密，你只能聽到一片寂靜。銀行帳戶沒有編號，而是網路編碼。和大多數人一樣，我的錢可能旅行了很長一段路，可能是透過行李箱或是銀行轉帳，透過紐約和加州的銀行，以及透過歐洲、東南亞、印度和波斯灣洗錢。這裡洗幾百萬，那裡洗更多的幾百萬。

有時，錢會在歐洲的銀行之間流通，以小額鈔票的形式提取，然後存入西聯匯款的辦事處，透過這裡轉送到地中海，由杜拜的中介機構以現金形式接收，最後直接存入維卡幣生活圈的乾淨帳戶。那就是錢真正流去的地方，然後這筆錢再透過新加坡和香港進入美國，在從東岸到西岸的美國銀行間移動。沒錯，這是一部金融版的肥皂劇，而美國就是茹雅的洗錢廠。

這一切似乎都超出了我的世界觀，暴力歹徒捲入的這項可怕消息，是我最大的擔憂。我和艾琳談過這件事，但她是個火爆的小人物，不接受被任何人欺負。她像是任何優秀的蘇格蘭步兵一樣，已經準備好要戰鬥。高登很支持我，但他的注意力一直都放在我和我的身心狀態上。有時我認為整件維卡幣的事情都超出了他的腦袋可以理解的範圍——或者這就是他想要的處理方式，因為這是他得以日以繼夜面對圍繞著這房子的狂亂，唯一的一個方法。但是我的兒子和菲歐娜，還有他們的孩子呢？

某一天下班後，我約了李去喝茶聊天，誠實地告訴他所有維卡幣的危險。我解釋，如果繼續與茹雅和她那些卑鄙的朋友正面對抗，我會擔心他的家人的安危。但他的反應，就像他知道黑手黨介入之前一樣。他再次安慰我：「哦，媽，妳就去做吧，」他說，「妳現在也無法停下來的。除了妳，沒有其他人站出來承擔這樣的責任。請妳務必小心，但我知道妳是沒辦法罷手的。」

某一天晚上，當我正唸著要花幾天時間休息，暫時不管這些小組時，收到一條轉貼的文字訊息，顯示有一名年輕人有自殺的傾向。我不顧一切地試圖聯繫這位穆罕默德 Mohammed，他是隸屬於亞洲德維卡幣投資群組的成員。他在這個群組內寫下：

我拜託大家做點什麼！不然，對我來說最後的選擇是自殺。我知道沒有人會因為我的不在而受到影響。

另一位投資人回答說：

哈哈哈，你安息吧，我們會好好花你的維卡幣的。

我試著加入穆罕默德的小組，但因為我是珍．麥克亞當，我是在維卡幣世界中被厭惡的人，也是一個禁忌，所以我還沒來得及發訊息給他，我就被踢出去了。我在自己的社群上發布了一篇訊息：

你說你想要自殺。可以請你和我談談嗎？我明白你的感受。穆罕默德，請和我談談。拜託，你並不孤單，即使你可能在此時此刻自己在思考時，覺得自己是孤單的。但是我們有許多來自世界各地的維卡幣投資者，都和你有同樣的感受，而他們在維卡幣的受害者支持小組中找到了支持的力量。請不要因為維卡幣而奪走你自己的生命。他們已經拿走了我們的錢，但他們不配得到我們的生命。

時間過去，我試了又試，還是聯繫不上他。那時已經是深夜了，上帝保佑他，高登也很擔心，因為他知道壓力很容易且很迅速地就可能引起肌痛性腦脊髓炎的攻擊。我有稍微打一些瞌睡，但很快就又醒來，然後就又開始用手機。高登一直叫我試著再入睡。他對我低聲說：

「珍，妳救不了所有人。」

「但是至少我可以試著救他們。」我回答道。

第八章　華爾街女巫

在我的這些新朋友的幫助下，我開始與有關當局交換資訊，包括倫敦市負責欺詐案的警察和聯邦調查局。我們的團隊包括提姆、比約恩、CryptoXpose 和我自己，我們一起承擔所有的事情，這也包括我們都受到死亡威脅。其他三個人幾乎是就在我身邊，我從一開始就依靠著他們，而現在我仍然依靠著他們，因為戰鬥還沒有結束。我們一直自己擔任偵探小隊，而且提姆在比我晚八小時的時區工作，所以我們這個小隊可說是全天候工作，都睡不好覺。

在我剛開始與茹雅博士對抗時，有太多的資訊需要去理解。細節就像飛來飛去的子彈一樣，某個惡行的證據會引導我了解的到另一個惡行，而我開始清楚意識到，我的經濟損失在這場跨國和跨各大洲之間持續不斷的欺詐行為間有多麼微不足道，這些使我痛苦的人是多麼地老練與人脈有多廣。由一位英國記者與瑞典妻子所生下的賽巴斯欽與跟茹雅博士都被揭露是職業詐欺犯，維卡幣不是他們的第一個場牛仔競技演出，他們的任務似乎就是一直騙過所有人。而他們確實騙到我了，我為他們如此巧妙地做到這一點而感到震驚。

在美國致力於打擊詐騙的林德爾・愛丁頓的大力幫助下，我得以拼湊出茹雅博士是什麼樣的人。她是一個有著鋼鐵之心的堅強女人，她唯一弱點是，如果事情沒有所想的發展，她很快就會變得慌張。像是為她上酒時用錯酒杯，或是給她的是可口可樂而不是百事可樂這類的小事，或反之亦然。也就是真正自以為是的女人會有的行為。我研究了很多茹雅的影片，看到她在舞台上、在遊行中、在無休止的胡說八道的影片，我想我已經了解她的這些言行舉止。她有一些習慣性的動作：在她以緩慢單調的語氣說出另一個彌天大謊之前，她會先撫摸自己的頭髮，然後稍微停頓片刻。在曼谷活動的影片中，她的這個習慣性動作對我來說最為明顯，或許是因為她那時正在說謊：我們啟用了全新且改進過的區塊鏈以及硬幣拆分機制，將讓所有維卡幣投資人的財富翻倍。

二〇一六年十月時，比約恩已是世界知名的區塊鏈專家。就在茹雅在曼谷的活動上胡說八道的前兩天，她透過日本的某家獵人頭公司聯繫上比約恩。在第一通電話中，他先接受了這份職位的資格測試，而測試結果他顯然非常適合這份工作，對方沒有告訴他公司的名稱，只告知他這是一家已經經營了兩年多的加密貨幣。在下一通電話中，他們就給了他全球首席技術官的職位，年薪超過二十八萬美元，會在保加利亞的索菲亞和倫敦買房和買車給他，比約恩還以為自己是中樂透了。他告訴我他非常樂於接受這份工作，然後最後他被告知這家公司是維卡幣，以及他們希望他將他們的 SQL 伺服器轉變成區塊鏈，他立刻就知道這是一個騙局——「你不可能在 SQL 伺服器上營運加密貨幣，這需要去中心化。」他堅持這一點，並且要求給他一個週末的時間考慮這個提議。

他在星期一打電話拒絕了這項提議，但沒有收到任何答覆。再也沒有人回電話給他，他就把這一切擱置一旁不管了。直到二〇一七年二月，當時他看到維卡幣的那群領導者吹噓著他們將讓維卡幣取代比特幣，成為世界第一的加密貨幣。

比約恩在網上發表了評論，寫了他被茹雅要求打造區塊鏈的這個新聞，且最重要的是，維卡幣是在 SQL 伺服器上運行。林德爾立即發現了這篇評論，令比約恩大吃一驚的是，林德爾在他發表評論後十分鐘之內就與他取得了聯繫。林德爾解釋說，維卡幣騙局欠缺的關鍵拼圖就是證明其區塊鏈並不存在。他讓比約恩與在加州的提姆取得聯繫，提姆維持著他一慣的作風，為了測試比約恩對區塊鏈技術的了解，他與比約恩講了三個小時的電話，提姆終於滿意後，他告訴比約恩，他正在與美國當局和歐洲警方合作，包括德國的警察，而他希望比約恩可以和他們談談。此時，一切開始變得很像詹姆斯．龐德的〇〇七電影劇情，比約恩很樂於告訴我他如何以無人知曉的方式入境德國。德國警方很想找他談話，所以他們幫他買了一張電子機票，並告訴他，他們會在杜塞道夫的機場接他，杜塞道夫也是德國金融欺詐調查總部的所在地。他被告知，他只要搭上飛機就好，當他在二〇一七年三月的一個星期二降落在杜塞道夫時，當時所有的乘客都被告知要留在座位上，警察就在門口等著。比約恩本來沒想過這與他有關，但有一名警察大步走進飛機，並徑直走向他的座位。

便衣警察出示了他的證件，然後就護送比約恩下飛機，直接進入機場航廈，立即走下樓梯踏上柏油路面，然後進入一輛等候他、車身沒有任何標記且帶有深色窗戶的汽車內，比約恩略過了移民和海關的程序。他在那天晚上七點到了一家旅館，他被指示要待在房內好好享受客房服務，並在第二天早上準備好於七點出發。他們向他介紹給一位警察，這位警察整晚都會坐在他的旅館房間外面。第二天早上，在沐浴和刮鬍子後，比約恩打開房間的門，發現是另一位新面孔的警方護送人員。這位警方人員打了一通電話，然後在他們經過旅館接待處時，黑色寶馬的後座車門已經為他打開好了。比約恩說，這棟十五層樓高的灰色和棕色相間的杜塞道夫警察大樓就像是五角大樓一樣。他們駛過巨大的大門，大門在他們身後自動關上，然後車子在另一組大門前停了下來。神奇的是，所有的門都同時打開了，另一名警察隨扈站在那裡等著他們的車向前開。比約恩說他覺得自己像個冷戰時期的棋子，但他很樂意告訴我這段經歷。尤其是他穿過迷宮般的走廊，然後穿過一道道門，然後這些裝有電子鎖的們嗖地一下在他身後關上。然後他終於走到了審訊室。

他被問及茹雅博士和她的弟弟康斯坦丁、賽巴斯欽以及一群世界級的騙子，而德國警探向比約恩明確表示，這些騙子都關係密切，這讓我感到震驚。因為我的維卡幣上線往上追溯是英國的哈利．史東和詹姆士．史東，到在歐洲管理他們的主管，再到掌控著這場全球騙局的那些人，也就是前面提到的世界級的騙子，而我，就隸屬於他們直接管理的這條線上。

他的訪談進行了一整天，中間還吃了一頓咖啡和三明治的午餐。德國人不願向他提供太多關於他們目標的線索，但為了從他身上得到答案，他們也不得不分享這些資訊。

而他們給他的主要訊息是，維卡幣是一個龐大的全球騙局，而且其中的參與者，有一些人已是世界上最成功的騙子。因此，德國當局才需要冒著風險將比約恩偷偷帶入他們的國家。那天下午五點，他們開車把他送回機場，而且是直接開到停機坪上。他在那裡的所有時間，都身處於他們的控制之中，或者，可以說比約恩從來不曾去那裡。也就是說，他不曾到這個國家。

德國人會想要宣稱自己不知情，因為他們無權問訊比約恩。他就像希區考克電影中的某個無辜者，就只是一位不小心捲入國際陰謀的普通人。他在此行了解到並且很快在我的線上說明會揭露的這些內容，是我們這些受害者已經深入地捲入了黑幫參與的欺詐。因為比約恩非常了解牽扯在其中的危險人物，所以他很保護我，他會一直打電話給我。他和其他人也學會從我的聲音中聽出恐懼。天哪，我很需要他們的支持和照顧，但有好幾次比約恩都很害怕我會想自殺，但同時他也認為我有被謀殺的危險。從他的角度來看，我承擔了對維卡幣對幾十萬受害者犯下的錯誤撥亂反正的巨大責任，而且我正在動搖茹雅極大化獲利之賺錢機器的基礎。

茹雅博士有辦法，也有人脈來制止我們。我們四個人都受到了威脅，而且在網路上出現了向維卡幣成員散播的大量關於批評者和黑粉的資訊，也包括我、提姆、比約恩和CryptoXpose。許多我試著要幫助的人，卻都開始攻擊我們，我被告知茹雅親口表示要針對我。所以我需要知道關於她的一切，這需要花一些精力去挖掘，也需要大量的幫助，但茹雅以極其浮誇的風格作為維卡幣的門面卻留下了一長串被暫停的銀行帳戶。如果可以的話，她也喜歡讓人心碎。我了解到她需要控制她的男人，就如同她需要控制她的賺錢帝國一樣。她反覆無常的行為就像是維卡幣的故事一樣，飆升到令人眼花繚亂的高度，然後以各種方式爆炸——而碎屑就傾倒在她所有的受害者的生命中。

「茹雅只愛自己。」我在IT領域認識的一個人這樣說。我找到了這個人，連同其他主要的消息來源，並請作家兼記者道格拉斯．湯普森 Douglas Thompson 當見證人。我們希望可以進一步證實這些消息來源。我決定打電話給這位在新創電腦領域工作的弗拉德 Vlad，當時他知道我們錄下了二〇二一年時的 Zoom 對話，並且只在我們不公開透露他的身分的情況下，才與我們交談。德國的詐騙偵查小組也曾與他接觸過，但由於他們不同意讓他匿名，他不敢與他們合作。為什麼？他聲稱：「茹雅與保加利亞真正的大黑手黨和重要的黑手黨人物有關係。」弗拉德提供了以前不為人知且值得注意的細節，以及他對茹雅和維卡幣傳奇故事的深刻見解。

這些細節填補了我正在整理的文件檔案的空白。那些人無法根據我的證據採取行動的理由，一直都是因為我缺乏證據，但是天哪，有幾百萬人都被搶了。另一個則是沒有管轄權——但這場騙局就發生在他們的眼前。我為有關當局和受害者支持團體收集資訊，因為我知道，如果天意許可，我們或許能夠及時為正義而戰。我希望你也可以盡可能地了解茹雅——至少可以了解我在過去五年所發現的事情。這是為了讓你了解我所對抗的人是誰。茹雅比我小十歲，她的生日是一九八〇年五月三十日，出生在保加利亞北部的普列芬索菲亞省。她是羅姆人的後裔，她的父母普拉門．伊戈納托夫 Plamen Ignatov 和維絲卡．伊戈納托娃 Veska Ignatova 在一九九〇年與茹雅和比她小六歲的弟弟康斯坦丁一起移民到德國。他們定居在巴登－符騰堡邦黑森林工業區的一個小鎮「施蘭貝格」。茹雅在學校很努力，並於二〇〇五年在鄰近的康士坦大學獲得了法律學位。她的哥哥為斯圖加特附近的一個保時捷的物流廠開堆高車。他說他過著「小人物的生活」。康斯坦丁喜歡德國啤酒、紋身和享樂。茹雅則在欺騙的行為上找到樂趣。

她畢業四年後，德國南部瓦爾滕霍芬村的一家鋼鐵鑄造廠陷入財務困境。Gusswerk Waltenhofen GmbH 這家擅長汽車和金屬業的重型鋼模具鑄件的公司，正面臨著破產為危機。有整整一百四十個工作職位都處於危險之中，而管理層對於如何挽救這些工作和他們的業務感到不知所措。一位救世主奇蹟般地到來並給出了答案。茹雅博士在附近的城鎮長大，擁有法律和商業領域的經驗，最重要的是，她有足夠的現金進行投資，她的父親普拉門是一名金工，熟悉鋼鐵產業業。工人們於是全力投入生產，為了他們救世主一樣的新老闆加班。工廠的業務興盛了一段時間。然後突然，利潤就不見了。茹雅支付給她父親，以及她父親支付給她的諮詢費都很龐大，工廠的前景因此而被一把抹去。茹雅的父母悄悄溜回了保加利亞，而她則從工廠消失，帶走了超過一百萬美元。有工人出來示威，但隨著他們的示威活動繼續，茹雅就以遠低於市價的價格出售了這家公司。她沒有將出售公司所賺到的錢分給其他人，相反，她還欠了債務人另外的十六萬美元。被這些手段耍了而買下公司的新老闆，在兩年內就破產了。

這家公司的文書資料也隨著茹雅和她父親一起消失了。德國法院於二〇一六年四月審理了茹雅和她的父親，當時他們被判犯下二十四項欺詐罪，她被罰款兩萬美元，並被判處兩個月緩刑，她的父親普拉門．伊戈納托夫則被罰款將近一萬四千美元。對我來說，這似乎是很輕微的懲罰，但這是法庭記錄的內容。法官似乎很迷戀茹雅，並將她描述為「我認為這位年輕女性在社會上擁有正面的未來」。她就是那麼有說服力。

這個東歐的金錢世界就像東歐這個地方，對我來說都很陌生。在這裡似乎是就算偷了夠多的錢，也只會被輕輕打手心一下。但更令我震驚的是，每一位參與其中的人都是貪污腐敗的。據大家說，保加利亞是一個歐盟國家但是成為了歐洲和亞洲之間的橋樑，並充當了黑市交易、洗錢和將資金轉移到離岸帳戶等非法交易的完美國家。在保加利亞列出經營許多公司的人時，你會看到一份有趣的清單。我在英國經歷種種文書工作的麻煩才打造了我的一個小IT業務，這花了我非常多的時間。但是當你查看茹雅的公司陣容時，你會看到一份大張旗鼓的清單。

保加利亞商業登記處將她列為三十家公司的執行長，和另外五家公司的擁有者。反過來說，這些公司都是Clever Synergies投資基金的一部分，這是一家私人投資集團，由茨維捷琳娜．鮑里斯拉沃娃 Tsvetelina Borislavova 所打造和負責營運，她是被和黑手黨有關係的傳聞纏身的保加利亞總理博伊科・鮑里索夫 Boyko Borisov 的前女友，但她與維卡幣並沒有關聯。我查了一下他，他聽起來就像是狠角色。這些人的從事的工作就是精心包裝你無法拒絕付錢的東西，這也是茹雅大展長才的環境。茹雅從索菲亞這個安全地帶著她扭曲的野心上路，幾乎立即就遇到了一個旅伴，也就是友善但腐敗的賽巴斯欽・格林伍德，他後來成為了全球的詐騙大師。他一個以詐騙藝術著稱的人，因為他可以鎮定自若地讓受害者拿出他們手邊的資產，以及讓他們賣掉或是抵押一切身家。

終極的騙子賽巴斯欽很貪心，他想要的不僅僅是金子，他還想要可以撈出金子的金礦池。而茹雅博士和賽巴斯欽就是從事非法的完美夥伴。賽巴斯欽的父親泰瑞・格林伍德 Terry Greenwood 曾在《南倫敦觀察家報》擔任記者，他在西班牙度假時結識了賽巴斯欽的瑞典母親麗莎。這對夫婦從未公開談論他們的兒子和維卡幣，泰瑞・格林伍德告訴朋友，他不想講電話因為他確信他「被聯邦調查局竊聽」，這對夫婦沒有捲入任何不當行為，他們先是住在倫敦南部郊區，然後搬到瑞典，在瑞典他們建立了家庭，並在斯德哥爾摩的瑞達加坦創立了一家新聞和公關公司，名為格林伍德廣告公司，這家公司和維卡幣並無關聯。賽巴斯欽就是在這裡初試啼聲。他吹噓自己負責十五個國家的業務，而他確實也做到了——他在整個東南亞和非洲都留下了讓人痛苦的足跡。

這幾個大洲都都有數以百萬的受害者受騙於他越來越巧妙的騙局，他進行這些騙局的方式是以他迷人的方式加上微笑，再加上完全缺乏真誠。當你審視卡爾・賽巴斯欽・格林伍德胖乎乎的微笑背後，並剝去偽裝時，你會發現在下面只有更多的偽裝。

茹雅很愛他。

在二〇一三年初的幾個月，賽巴斯欽和茹雅就一拍即合。他創造了 Loopium，這是一個以 PayPal 為主並針對東南亞和非洲的電子騙局。他將其宣傳為「一種創新的全球收款和匯款方式，適用於那些一年三百六十五天、每週七天、一天的二十四小時都需要可以替代銀行業務的服務方式的人」。然後這會連到一個名為 Wave Crest 的平台。兩名和維卡幣無關的挪威人，受僱吸引投資者將資金電匯到一家偏遠的挪威銀行和一家美國空殼公司，他們兩人都不清楚實際上發生了什麼事情。賽巴斯欽聘請茹雅博士擔任 Loopium 的法律和財務顧問，她用令人質疑的專業知識來創造出一套法律架構，讓他們可以在直布羅陀和賽普勒斯尋找現金的「避風港」。她安排從瑞士和香港的帳戶轉賬，一次金額通常都超過五點七五億美元。除了新的犯罪夥伴茹雅博士和賽巴斯欽之外，每個人的錢都變成泡沫。

Wave Crest 和許多其他的公司都稱它們在消失的付款中被騙了幾十萬歐元。二〇一四年四月八日，茹雅清算了 Loopium 在直布羅陀和賽普勒斯的「資產」後，這對詐騙夥伴就留下了拖欠的帳單和工資消失了。而在兩週前，她才使用相同的虛假地址在直布羅陀註冊了Zooperium顧問諮詢服務公司。最好的解釋是，這些公司就像俄羅斯娃娃一樣，一個娃娃在另一個娃娃裡，然後打開又是另一個娃娃。你如何解開這些藏在全球避稅天堂的假公司謎題？

事實證明，你需要的是毅力，還有跟著錢的流向。跟著錢走也是茹雅一生都在做的事情，而她和賽巴斯欽很驚嘆於中本聰於二〇〇九年所開發的比特幣的成功故事。有一個YouTube影片，在我第一次看到時大吃一驚：茹雅和賽巴斯欽一如既往地在一起介紹他們令人驚嘆的加密貨幣產品「BigCoin」，當你很快地唸出這種加密貨幣的名字時，它聽起來就像是比特幣。這段演說的影片是於二〇一四年七月在香港香格里拉飯店拍攝的。影片裡不是我現在熟悉的，有著豪華排場的茹雅，這是一個害羞的茹雅，留著直髮，化著淡妝，穿著簡單的洋裝站在一個小型舞台上，面對著一小群人。

然而，影片中的行銷手法是我很熟悉的。引起我注意的是一張有著一枚巨型金幣的海報，金幣的中間有著字母「B」和「貨幣的未來」的文字。BigCoine給Prosper Club會員的優惠是，他們可以立即購買兩千美元、三千美元和五千美元（美國）的方案。潛在的投資者很快就意識到，BigCoin的價值不會變得更「大（big）」。茹雅博士和賽巴斯欽無法掩蓋，而 BigCoin 也無法為他們爭取時間。

但是無論如何，這對他們來說都是一場勝利，是有著五千萬美元利潤的一場演練。BigCoin 經歷了大幅度的蛻變後，變成了維卡幣 OneCoin。直布羅陀公司註冊處的文件顯示，二〇一四年九月一日，前身為「Zooperium Consultancy Service Ltd」的「CoolsDAQ Limited」公司正式更名為「OneCoin Limited」。透過「Prosper Ltd」，CoolsDAQ 原本是茹雅和賽巴斯欽為 BigCoin 開發的內部交易平台。而直布羅陀的「OneCoin Limited」只有一個股東，即杜拜的「OneCoin Limited」。我們只要一直丟出各種文件，就會出現越來越多家公司的名稱，但我們不用這麼做，因為你已經懂了。這一切都是精心設計的局，而且律師的費用還是用其他人的錢付的。

直到許多年後，不僅是我，還有政府的監管機構和調查人員才明白，維卡幣不僅僅是一個牽涉到數十億美元的騙局。他們將騙局偽裝成「教育方案」，而不是「千載難逢的投資機會」。我和其他受害者所奉獻的金錢、期待和希望，只是維卡幣的虛飾。二〇一四年初時，茹雅博士在保加利亞的一間小辦公室裡面工作。而那位我所聯繫的保加利亞 IT 開發人員弗拉德接到了聯繫。弗拉德經營著一間只有幾名員工的小公司，他說茹雅他們只出了很少的錢，讓他建一個網站，網站的目的是為了推廣加密基金。他接了這份工作，心想這「沒什麼難的」。他說話的時候很小心，在講述他與茹雅合作的那段「瘋狂時光」的回憶之前，你彷彿可以聽到他在說話前都需要思考過。聽他講述歷史上其中一個最大騙局一開始草草創立的故事，也很令人意想不到。他的第一手故事反映了我們所有人的可能性，無論是作為人民或是政府，並揭露了為什麼維卡幣荒謬的財務手法可以成功，他提出了一些驚人的指控：

我是從她的私人助理那裡聽到茹雅這個人，對方說她是一位創業家，是一位聰明的女企業家，也是一位受過良好教育的女士。我對此印象非常深刻，因為當我走進她的辦公室時，到處都是文憑和證書。她說她正在找投資人，但她自己並不那麼在乎錢。這就是為什麼我們只能低價承接這個案子。我們達成了協議，而一切都是從零開始，所以她的加密貨幣平台的第一段軟體程式碼是由我的公司所編寫的。當她請我幫她用 IKEA 的家具佈置第二間辦公室時，我想她一定很節儉。我們坐著我爸的車去 IKEA 買家具，在某處還留著一張我爸爸和我的照片，在照片裡，我們在辦公室裡把未組裝的家具推放在一起。這之後，她要求我全職為她的公司工作，我們在這個專案上花了幾個月的時間，但我一直都處於緊繃的狀態。因為茹雅不斷拖延付款給我們，並與軟體開發人員為敵，強迫他們如果想獲得報酬就必須每天工作十四個小時。

當我向她討錢時，她試著讓我成為她旗下眾多公司的其中一家公司的執行長，她還想要給我一百萬個可以換取貨幣的代幣。甚至在一開始時，她就在保加利亞註冊了大約二十家公司；但是從一開始，她就從未被政府單位檢查或審計過。這就是為什麼她在這裡（保加利亞）開始，而不是選在其他也對這種骯髒生意開放的地方。憑著她在保加利亞的人脈和關係，她可以做任何她想做的事。我可以告訴你一個非常小的例子，賽巴斯欽．格林伍德沒有駕照。茹雅打了一通電話，第二天他就拿到了駕照，第二天！他的駕照放在漂亮的奶油色信封裡送來的。茹雅和賽巴斯欽有這種本能，知道該怎麼做這些事，而且他們是不知羞恥的。

然後他繼續提出指控，雖然之前已經發生了所有的這些事情，但這些指控還是讓我震驚。這些都是真的嗎？他接著說：

茹雅告訴我：「這些人都很愚笨，我要拿走他們的錢。他們都很愚蠢，他們會投資的，他們會把錢給我。」她越來越愛這樣自誇，尤其是因為她也喝很多酒，每天早上，對她來說在十一點就已經喝完一瓶酒好像是很正常的事。是的，有幾次我們去辦公室後面的一個地方吃午餐，茹雅會喝兩瓶酒，然後回辦公室後和晚上，她又會繼續喝。她會付錢買春，還有那些派對。派對都是性工作者和瘋狂的事情，賽巴斯欽和那些芬蘭人也都參與其中。有幾次我的年輕團隊來到辦公室時，都發現地上躺著許多宿醉的人。茹雅也未試著隱藏任何這些事。

我認為她背後的金主一開始並沒有給她那麼多錢，但是至少給了她足夠的錢去支付這些開銷和酒錢了。當她開始和我爭論金錢和付款時，這讓我變得更為難。有一天晚上，和我公司的律師一起，我們三個去吃晚餐並解決問題，但是都還沒來得及談到問題，她就喝了太多的紅酒而無法交談。對我來說，她不是策劃者，她只是門面。她在Facebook上貼了她哥哥和父母的照片——每個人都知道她。她不是來自首都，而是來自省區。她有那種省區人的性格——類似英語中的鄉巴佬，就是不甚高雅的意思。

當我問她，她要求我做的事是否合法時，她告訴我，「你的工作不是問問題，你的工作是做這件事。」

在保加利亞，你可以花錢讓政府和警察無視正在發生的事情，他們都是「有關連的」，而且是在這個詞的每一種意義上，都是如此。

她的弟弟康斯坦丁為她工作，每個月拿幾百美元，他在索菲亞擁有價值約五千萬歐元的幾棟建物。在保加利亞沒有任何人檢視這一點，也不會有任何人去檢查。你知道，這就是我不聲張的原因。每天都是一件醜聞，每天都會出現問題。她的助手會向我扔鍵盤，且總是一直對我大叫。她也會對軟體開發人員大喊大叫，這只是她的消遣。她也不在乎對人說謊，她用維卡幣方案所售出的書籍和教材，是從網路上複製貼上的資訊；如果你打開她賣的這些書，並用 Google 搜尋，你就會找到原始的資料來源。她也不在乎這些。作為資訊性教材販售的書，紙花三、四個小時就編完了。我幫她找了一位女孩，她的工作就是瀏覽網站，找到有關加密貨幣的資訊，然後複製和貼上文字和格式，讓內容看起來很專業。這些書是價值幾千歐元、美元或英鎊的方案的內容物，而這些書是由這位僅獲得五十英鎊工資的女孩所編寫的。茹雅把五萬英鎊花在某種貴賓服務上之後，就被授與了年度保加利亞女商人的頭銜。

茹雅最喜歡的電影是《華爾街之狼》。我不是在開玩笑，她看了一遍又一遍。她想成為李奧納多．狄卡皮歐的那匹「狼」。

在鏡頭前，弗拉德讓我們看了他為茹雅服務的電子郵件截圖、文件副本和其他文書資料。他告訴我們的這些話，肯定會讓保加利亞那個圈子裡的人認出他來。他說，這不會是問題，因為他沒有透露任何犯罪行為的證據。但因為我一直在敦促他，他不得不提供給我，他說：「只要沒有人說話，就不會有人知道了。」

但是讓我停下腳步的，就事論事來說，是我意識到我已經可以接受這段對話，這些關於犯罪和貪腐，以及問題「被消失」的話題。就在五分鐘之前，這對我來說還是一個陌生的世界。我不會說我很快就接受了，但我是一個沉著的人，我會收集資訊然後看讀到可以理解它、直到我沒有任何問題為止。但我仍然有一個很大的問題：這一切是怎麼發生的？這個龐大的金融組織，居然是建造在還沒組裝的 IKEA 家具之上。當我購買維卡幣方案時，也許也幫助茹雅擴大了維卡幣的營運規模，也許我的錢也花在索菲亞的豪華新辦公室上。在我投資三週後，她和一百五十名辦公室員工搬進了位於斯拉維科夫廣場靠近市中心和塞爾迪卡地鐵站附近的一棟經過改建和翻新的六層樓房屋。有一位助理卡非常事必躬親，對辦公室和空殼公司投入很多心力，她就像蜘蛛一樣，不停在網中織新的網。那裡有彬彬有禮的警察，還有致命的時尚：茹雅那些永遠跟著她且衣著光鮮的保鑣，不能合法攜帶槍支，所以將武器藏在身上背著的 Prada 風格男士包中。在二樓，茹雅坐在井然有序的辦公室裡，而在她旁邊，在另一個單獨的辦公室裡，是一位擔任秘書工作的同事，她也負責在索菲亞的幾家銀行之間當信差，管理為了掩飾這些銀行所有資金來源而設的數十家公司的帳戶。這一位助理，似乎是茹雅隨傳隨到的洗錢女工，在三樓，她的辦公室旁邊，是茹雅的財富——她的保險箱。辦公室的規矩是，當茹雅在辦公室時，保險箱必須塞滿現金。這個龐大的鋼材質保險箱和我家裡的一個小房間一樣大，但隔音效果更好，地板更厚，還有一扇防盜門。裡面放著架子和另一個保險箱，這個保險箱的大小如同超現代的冰箱那麼大。裡面放著她計劃要轉成冷錢的幾百萬熱錢。

在宣傳影片中，在辦公室開幕的橋段，茹雅拿著一把金色剪刀出現，並剪開一條繫在門上的紅色緞帶。她的工作人員在後面排成一排。大門打開，歡迎大家來到致富的世界。房間裡是白色的皮革家具和大理石地板、反射嵌入式燈具的大面鏡子、牆壁上裝著智慧電視，以及寫著「全球」、「成長」、「永續性」、「安全」、「強大」、「區塊鏈」「忠誠」、「能力」等字眼的標語海報依序排列。一張牆壁大小的照片內容是一個礦坑，還有礦工鮑勃 Bob the Miner 的卡通圖案，他的頭盔上有著維卡幣標誌。這種誇張的展示顯然是為了釣到大魚。在開幕當天，她們為中國市場量身制訂了特別的優惠方案，內容包括價格超過兩萬一千五百美元的終極方案 Supreme Package 和價格超過兩萬六千美元的超限量超級組合。他們售出了一千一百九十一套這些方案，價值超過一點六億美元。方案的贈品是筆身帶有白色維卡幣標誌的黑筆，免費索取。在所有這些可購買的方案中，我聽到的是，至少便宜的鋼珠筆是可以寫的。

第九章　認識這幫人

當我還是追著茹雅跑的追星族時，我把這種展示財富的行為視為是成功的證據，有點像是大老闆和自稱大亨的人出現時總是抽著大雪茄走來走去的樣子。無論茹雅本身的能力和技能如何，她都會透過周圍的人來強化它們。大家都喜歡法蘭克・施奈德 Frank Schneider，他是公認的骯髒手段的專家，也是她必找的「搞得定」先生。他是一名間諜，曾在盧森堡的中情局之類的情報機構擔任行動負責人，也是財政灰色地帶的另一名成員。他是一個在世界各地都有人脈的人：他曾和歐洲刑警組織、倫敦警察廳，以及美國的聯邦調查局和中央情報局合作過。他知道如何獲得權力以及如何運用權力。對我來說，更貼切的描述是，他是秘密情報行動和竊取情報方面的專家。乍看之下，你看不出法蘭克・施奈德是一名擁有令人不寒而慄名聲的情報員，他為雇主清理可怕的爛攤子，讓像我這樣的人的生活變成一場惡夢。法蘭克・施奈德是個矮個子、面部肥胖、髮際線後移，戴上眼鏡時，他看起來就像是個單純的老師。

我很快就會發現，法蘭克・施奈德的行動有多快。他不得不這樣做，因為在他背後出資的茹雅非常著急。她花別人錢的速度，永遠都不夠快。她和施奈德主要聚焦在倫敦和紐約展開計畫，她們洗錢洗了幾百萬的維卡幣周轉資金。茹雅的計劃是搬家到倫敦，並打造一個洗白的「家族辦公室」，我了解到，這是為了規避監管機構並為那些錢多到不知怎麼花的人挪動資金和進行投資。

二〇一六年四月，在她位於索菲亞斯拉維科夫廣場的新辦公室「幸運地」開張的同一個月，她在倫敦騎士橋一號的地址簽了為期三年的租約，作為「家族辦公室」的總部以及另一家公司 RavenR Capital Ltd 的所在地。在離肯辛頓宮不遠的肯辛頓有一棟同樣高級且適合她的住宅。

在慕尼黑送來的兩千三百萬美元的資助下，她花了一千八百二十萬美元買下了這套頂樓套房，還有專屬的訂製室內設計，以及一座游泳池。室內設計是由坎迪兄弟 Candy Brothers[10]——尼克和克里斯丁所打造，這個地方的前身曾經發生火災，當時的屋主是歌手黛菲 Duffy。律師質疑起兩千三百萬美元的來源，但茹雅博士提出的證據和回答令他們滿意，所以這筆交易就完成了。當艾琳和我正在擔心我們什麼時候可以兌現一些我們的維卡幣時，

10 英國知名的房地產富豪。

老練且生活充裕的茹雅正穿著游泳浮袖在英國皇室隔壁的游泳池裡撥水。她確實是加密貨幣女王！她在倫敦的據點放了一些令人印象深刻的藝術品，包括安迪．沃荷 Andy Warhol 的《紅色列寧》。其中有好幾幅畫都來自位於倫敦梅菲爾區的翡翠畫廊。該畫廊的所有者是埃胡德．西爾格 Ehud Sheleg，他曾擔任保守黨的財務主管八週，當時他也被列在英國首相德蕾莎．梅 Theresa May 的英國首相卸任冊封名單中。埃胡德．烏迪．西爾格爵士 Sir Ehud Udi Sheleg 是這家畫廊的董事，該畫廊一半由他在英屬維爾京群島的家族信託所掌控。據報導，埃胡德爵士在二〇〇八年至二〇一六年擔任倫敦市長期間，向保守黨捐贈了兩百七十萬英鎊，並為英國首相鮑里斯．約翰遜 Boris Johnson 籌集資金。有一段時間，茹雅博士都身處在《紅色列寧》和 Halcyon Gallery 的其他藝術收藏品中。她喜歡倫敦的生活，在所有的時髦餐廳都能看到她的身影。她的座右銘是「如果你有它，就炫耀它」。有一場盛大的慶祝活動，是我說過的，在維多利亞和阿爾伯特博物館的三十六歲生日派對，這個場地從她的頂樓公寓只需要步行即可輕鬆到達。事後看來，茹雅這場成功的展示錢花得值得，就像她透過保加利亞的《富比士》雜誌購買的廣告區塊一樣：透過一些數位上的修改，它經過茹雅的行銷手法，神奇地轉變為可信的美國《富比士》雜誌的採訪，她在行銷簡報上展示給大家看的是她出現在雜誌的封面上，內頁還有兩頁她的專題報導。她也在其他不為人知但光鮮亮麗的財經雜誌上用過同一套作法，都是幫維卡幣花錢買炫目的廣告。她確實很努力做這些「請讓我更富有」的事情，而且依賴的是不斷湧入的新資金。而她的財富讓我們看到另一種生活的希望，引誘了我們這些數以百萬計的人。

我以代理維卡幣為榮，數百萬的其他人也是如此。她是茹雅博士，而我們則用拇指和食指做出了一個「O」形的維卡幣手勢向她致敬。我現在看到我這樣做的照片時，感到很難堪。我的那些笑容和大大的「O」手勢是多麼愚蠢。尤其是自從我知道「O」的手勢也因被信仰撒旦的邪教和白人至上運動所使用而被歸類為仇恨符號。那時我完全沒有考慮過這些，這種財富和過多的魅力，是她帶來的那些積極的推銷員努力行銷的一種形象。當我開始提問時，一位資深的美國推廣者和維卡幣銷售員攻擊了我。他大聲喊著「維卡幣是合法的」，而像我這樣的人都是騙子。他是其中一位最熱情的維卡幣捍衛者，他發布影片將我、提姆、比約恩和 CryptoXpose 定義為瘋狂的黑粉。在我看來，他是個善於操縱和有反社會傾向的人。當他意識到我們的論點是事實時，就舉起雙手投降並訴求他個人是清白的。我在二〇二〇年發一封 Twitter 訊息給他：和我一起回溯記憶。我找不到太多關於他的快樂回憶。只記得一件重大的事件是，他在針對窮人的投資人進行詐欺獲得了七百五十萬美元的的高息貸款後，被判入獄近十年。這名美國人在二〇一五年加入茹雅的維卡幣時，還處於假釋狀態。在一個物以類聚的世界裡，他去和「查法爾博士」一起共事，這個人在英國與詹姆士和哈利・史東一起經營維卡幣時，吹噓自己是維卡幣賺最多錢的其中一個人，每個月可以賺九十萬美元。你應該記得，艾琳和我第一次聽說這位非常成功的「巨星」，是在我們去倫敦參加我現在認為是洗腦活動的會議時。「查法爾博士」在維卡幣的世界裡是一個無意義的頭銜，他的任務就是在返回亞洲之前，讓一億英鎊從英國消失。

查法爾和史東兄弟是英國最大的推廣者，而查法爾也是亞洲最大的維卡幣推動者之一。他是一個令人憤慨的人，會剝削他遇到的任何人，他可以去任何有商機的地方販售維卡幣。據稱，他在某一次愛爾蘭之旅，旋風般地從愛爾蘭騙走了超過兩百萬英鎊。據稱那時他先在都柏林的旅館進行了推銷活動，並安排了後續的研討會心懷不滿的投資者被告知，不要亂說話。但一位受害者，來自提珀雷立的愛德華・奧蘇利文 Edward O'Sullivan，確實把狀況說了出來。他說維卡幣團隊表示，他們有兩千個人，平均每人投資一千英鎊，而且他們在會議上也一直強調了這項成果。奧蘇利文說，在會議上遇到的人都是五十到六十五歲的男性，而維卡幣的這些人對這些參加者說：「我們歡迎各位湯姆來參加會議。」奧蘇利文問：「你所說的『各位湯姆』是什麼意思？」他們回答說：「我們想要邀請那些會信任你、正在尋找機會，並且有錢的人加入。」奧蘇利文承認失去了自己的錢，包括他最初付的九百一十英鎊，以及為他的家人們購買的七套一百一十英鎊的維卡幣入門方案。我理解這一點，也理解他對於並沒有人受到懲罰而感到沮喪。愛德華在二〇二二年一月我和他說話時仍然感到很絕望，他打電話給愛爾蘭的金融監管機構，但沒有取得什麼進展。美國的金融犯罪執法單位和美國聯邦調查局最終對愛爾蘭發生的事情有了不同的看法，而且也改變了他們原本的態度。但你會發現，這很需要時間。

我一直和倫敦市警察局的沃恩警探保持聯繫，但據我所知，金融調查部門並沒有採取任何行動。他一如既往地非常友善和善解人意，但這是遠遠不夠的。更多的證據顯示，法律和政府的監管機構跟不上像茹雅和她的這幫人這樣的網路行銷強盜的步調，它們總是落後這些欺詐犯一步。我很確定所有的這些挫敗感，我每一瞬間的絕望感，都導致了肌痛性腦脊髓炎的發作，然後再次讓我只能躺回床上，這是一件令人筋疲力盡的事情。我會躺在那裡，試著休息，但是另一個令人心碎的故事又會來到我的面前，沒有一則訊息不令我沮喪。然後當我可以坐在床上上網時，就看到維卡幣正在蓬勃發展。我該做些什麼？我只有一支手機，無法想像那時處於什麼樣的狀態，如果我那時覺得法蘭克·施奈德正在考慮如何讓我閉嘴的話，可能那會是一個沒有那麼血腥，也不那麼正義的故事，我也不知道，我不知道我出現在標題為「問題人物」的備忘錄清單上。

與此同時，因為我對可能的後果太天真，我拚命散佈維卡幣是騙局的消息，也對越來越大力推銷它的推廣者大發雷霆。他們爭先恐後地說他們正在推廣「教育方案」以迴避金融監管，但宣傳活動卻受到監管而不如他們的意。老鷹1號去了洛杉磯市中心東南部城市唐尼的一家旅館參加會議。這不是茹雅最初的計劃，她想進軍好萊塢和比佛利山莊並靠明星帶來「明星收入」，但美國證券交易委員會的規定讓她必須在美國低調行事。當老鷹1號到達會場時，他發現會議擠滿了人但是卻很安靜。他很快就找到了原因：維卡幣的領導者們正在向當地的聾人社群推銷產品。老鷹1號也假裝是聾人，直到手語譯員開始「說話」，他才開始做筆記。這些方案透過翻譯員、手語譯員而售出。維卡幣在Facebook上建立了自己的美國手語小組，並聘請了一位美國手語流利的人作為美國的推廣員／銷售員。維卡幣對英國中部地區的聾人以及其他可能落入他們圈套中的團體或社區都使用了同樣的策略。在穆斯林區，當地的領袖會得到報酬，並被招募來「推銷」維卡幣對伊斯蘭教教法友善的虛假訊息。大多數目標都是可能被哄騙落入圈套的群體，例如彼此互相忠誠的穆斯林，未能意識到他們所受邀踏入的世界充斥著世俗的危險之東正教猶太社區。欺詐犯沒有任何偏見，他們唯一的神是真實的貨幣。

我承認茹雅和賽巴斯欽，以及瑞典和芬蘭的早期推廣者在時機上佔有先機。加密貨幣是最新的金融趨勢，而全世界都在等著從「新比特幣」中獲利。市場就在那裡。在非洲、南美洲、中東和亞洲，他們都瞄準了許多偏遠和被遺忘的社區。這裡的投資人對英語知之甚少，也很少使用網路。別人賣什麼，他們就買什麼，就像中國超過一百萬的維卡幣會員一樣。請記住，每位成員都有自己的下線，這可能是另外兩位投資人，或是另外兩千位小投資人。還有一些可怕的故事——例如烏干達一位值得信賴的牧師將維卡幣賣給了他的會眾，以換取一輛配備有色窗戶的閃亮黑色 Range Rover 汽車。如果有人提出問題，他們就會被威脅資金被凍結和逐出維卡幣「家族」。越南、巴基斯坦、馬來西亞、台灣、印尼、印度、泰國、哥倫比亞、巴西、澳洲、紐西蘭和太平洋島嶼都是維卡幣早期的業務成長地區。茹雅試圖使用虛擬專用網路 VPN，從後門潛入北美讓投資者支付，這樣美國當局就無法追蹤資金的流向。起初，他們在二〇一五年的獨立日嘗試向美國市場進行前導宣傳。賽巴斯欽然後特許美國的傳銷專家進行銷售，這些傳銷專家隨後在他們的文宣中聲稱：

維卡幣已獲得一百八十個銀行牌照，在我們開展業務的所有一百八十個國家合法擁有自己的銀行、分行和辦公室。所提到的這些國家，其中之一就是美國，對吧？目前，維卡幣正在進行美國證券交易委員會的批准程序，為了取得美國境內的銀行牌照（像是杜拜的 OneCoin Ltd 和貝里斯的 OneLife Network Ltd.）。

這些都是謊言。儘管你會認為，使用加密的網路流量和要隱藏身分會令人卻步，但美國人就和其他人一樣害怕錯失加密貨幣的商機，所以有幾百萬美元因此而給了茹雅。這些巨額的資金來自加州矽谷，這裡聚集了許多科技新秀的企業總部，而維卡幣的市場行銷在這裡加速運作。維卡幣透過線上的影片示範在美國引起轟動，這些影片詳細介紹如何以 VPN 將錢轉到杜拜和東南亞的帳戶。而且這些宣傳素材並不巧妙，都是很強硬的推銷手段。

我觀看了一位斯堪的納維亞推廣人某次會議的影片，這支影片的標題寫著地點在倫敦。這位斯堪地納維亞人是一位經驗豐富的推銷員，他在影片中為二〇一四年在芬蘭舉辦的維卡幣大會感到自豪。這要歸功於賽巴斯欽，他曾在芬蘭南部的坦佩雷居住過一段時間。二〇一四年八月十一日，維卡幣的芬蘭語網站上線了。同年九月二十七日，銷售活動在赫爾辛基的一家旅館展開，當地的觀眾被告知：「我們芬蘭人中了大獎——我們是第一批加入的人。」後來，同樣胡說八道的人會在同一家旅館說：「茹雅把芬蘭視為她的母親一樣，因為這套網絡的第一場活動就是在這裡舉行的。」好吧，她造成了很多的苦難，但你永遠不會預期會看到她最喜歡的斯堪地納維亞招聘人員和推銷員所做的那些行動。我分辨不清在二〇一六年時是在倫敦的哪家旅館，但那天現場大約有一千人，令人印象深刻。一位維卡幣推廣人戴著墨鏡出現在舞台上。說著我以前就聽過的這句話：「你知道我為什麼戴墨鏡嗎？因為未來看起來太光明了。」芬蘭人是維卡幣的狂熱粉絲：他們在十八個月內的投資金額保守估計是四千六百萬美元。

但是和其他許多受害者一樣，芬蘭的受害者也沒有站出來發聲。據當地一家機構的說法，背後的原因是「恐懼」，因為維卡幣禁止投資者與媒體交談，如果他們公開評論公司的行為，會被威脅失去虛擬貨幣。我知道這些威脅不僅僅是威脅讓一個人失去他的錢，因為有許多人的生命都處於危險之中，尤其是在印度和巴基斯坦的蠻荒西部地區。像我這樣可能會把事情說出來的人，不僅有被噤聲的風險，還有被動用私刑伸張「正義」的可能。在我的受害者支持小組的一名成員說了他在巴基斯坦村莊的維卡幣小組如何找出推廣人，「並將他們帶到山上」。墨西哥和哥倫比亞也有其他類似的暴力事件。與此同時，倫敦市警察局的金融調查小組還打電話給美國；他們可能還在等待某個如同漫畫人物狄克・崔西 Dick Tracy 般的天才警探會給他們答案。在虛擬的世界裡我再生氣，實際上也只能對著四周幽閉恐怖的牆壁尖叫，這樣讓我更是怒火攻心。

一如既往，這些都讓我繼續前進，而且我也受到了受害者的啟發。在 WhatsApp 上的國際小組是我成立的第一個小組，最初只有十三名成員，而且這個最核心的小組現在仍然存在。但是我們現在已有數千人，而在 Facebook 的維卡幣受害者小組也很龐大。在 WhatsApp

上的群組一直是最受攻擊的小組，我們在上面收到對我們的惡意辱罵和對生命的威脅。但是我們當我們團結在一起，我們就可以變得強大。早些時候，一名受害者告訴我，「妳所展現的行動主義，讓妳開啟了一場社會運動。」這讓我大為震驚，因為我從來沒有那樣想過。我甚至不確定真正的意思，我不得不搜尋「行動主義份子 activist」這個詞，看看正確的定義是什麼。我現在明白他的意思了，因為每天都有越來越多的受害者踏出了曾經令他們害怕的維卡幣世界，加入了這些團體。我看到也感到受害者的聲音越來越壯大，但是這也讓茹雅更加努力要阻礙我們這批具備「勇敢之心」的軍隊。我帶領著一群裝備不足的普通人，對抗來自世界各地且經驗豐富的金錢操縱者團隊，我們為公平與正義而戰，資源不足的地方就用發出聲音來彌補。就算我癱在床上的時候，也會將資訊複製並貼到電子郵件中，發送給受害者團體，然後將其發佈在社群媒體上。這場戰爭，我們本來就應該沒有機會，但我一直在煩大家，我是一個穿著睡衣的游擊戰士。

我的抗爭活動最終引起了當局的注意，他們現在開始閱讀並承認我所公開的資料，而茹雅和賽巴斯欽一定是很憤慨地發現到，這些無法被賄賂的政府會使他們的偉大計劃受挫。茹雅洗我們的錢的速度總是不夠快。洗錢似乎只能透過合法的金融系統，而她洗錢的工具包括倫敦的頂樓公寓、辛巴威的一家銀行，甚至，可能是馬達加斯加的一個油田。據報導，父親和兄長曾經擔任美國總統的德州商人尼爾．布希 Neil Bush 是 Hoifu Energy Group Limited 公司的董事會成員，該公司總部位於香港，但卻是在百慕達註冊成立的。這家公司是由中國億萬富翁許智銘博士 Dr. Hui Chi Ming 所有，他過去也曾引起爭議——他被指控對石油資源豐富的馬達加斯加造成環境破壞，我驚訝地發現，曾經在那裡，你只需用你的手舀起土壤，即可毫不費力地淘出藍寶石。許博士是這個東非島嶼駐香港的領事，就向總理、總統提出經濟和亞洲事務等相關建議。在二〇一六年九月，在茹雅在曼谷發表瘋狂的區塊鏈演說之前，那時候我還在支持茹雅，而許博士正在進行一項現金投資的油田交易，根據我後來讀到的美國地方法院的證詞，「很大一部分的採購金額是」以維卡幣支付。這位從未被指控有任何不當行為的中國億萬富翁與茹雅合作，他們兩人在香港會見了尼爾．布希。布希先生後來接受了美國聯邦調查局的訪談表示，他是因收了三十萬美元的報酬而出席。這一切都讓我很震驚，茹雅和賽巴斯欽顯然有著驚人的人脈。我查閱了美國聯邦調查局的訪談報告，來確認我所讀到的內容的真偽。報告中也說，「布希回憶起，Hoifu Energy 公司的負責人許智銘博士在馬達加斯加的一項石油交易中收到了一堆加密貨幣。布希對於這筆石油交易中的加密貨幣仍然感興趣。於是布希與許博士在香港會見了來自該加密貨幣公司的茹雅女士。」美國聯邦調查局的文件指出，這位中國礦業大亨告訴尼爾．布希，只要他和許博士達成加密貨幣的交易協議，他將有權獲得十%的利潤。然而，布希拒絕了這個選項，並且沒有投資。他從未涉及任何不當行為。我想茹雅應該不能把這筆交易出錯算在我頭上：我還必須搜尋如何拼出「馬達加斯加」這個詞，然後才能在印度洋區域的地圖上找到它。

但是到二〇一七年四月時，她對我非常憤怒，我的抗爭活動威脅到她所有的國際交易。她花了幾百萬美元來確保自己看起來像是個金融天才，所以她不想讓我揭露她只是虛有其表。我們曾經且現在仍然會收到來自維卡幣領導人內部所洩漏的資訊，他們做出非常嚴重的死亡威脅，因為我們影響了他們的業務並且他們並不歡迎我們在做的事情。鑑於我曾被警告他們與黑手黨及黑幫之間的關係，這在過去是如此，在未來也將持續會是一種連續不斷的恐嚇。我一直都很有警覺心，頻頻回頭確認我的身後，而且我可能永遠都無法不維持警覺。那些「如果……發生了」的想法總是一直存在。更令人不安的是，每次任何和維卡幣有關的人「失蹤」，以及茹雅「失蹤」的時候，因為確實有很多人不見了。我聽說茹雅下定決心要想辦法斷開我和維卡幣內部的聯繫，因為這些內部的人也越來越不抱幻想，並且和我一樣希望看到自封的加密女王被推翻。他們之中的某些人會在受害者的網路研討會開始之前，匿名向我提供資訊。我舉辦網路研討會的數量也越來越多，這些是為了所有需要幫助的那些焦慮的成員提供支持的會議。他們迷失了，完全不知道該怎麼辦。但是我即將被一些超出我舒適區的事情所衝擊。

茹雅指示她的搞得定先生——法蘭克・施奈德來對付我。我有很棒的人陪在我的身邊，但我不喜歡這個狀況，因為法蘭克・施奈德對國際金融和政治陰謀與醜聞並不陌生。作為一名政府特工，法蘭克・施奈德是牽扯到盧森堡秘密情報機構 SREL 之政治風波的核心人物，盧森堡媒體稱這場風波導致時任的首相尚－克勞德・榮克 Jean-Claude Juncker 於二〇一三年辭職下臺，榮克從未被指控犯有不法行為，他作為證人出庭參加了審判，施奈德和另外兩名前特工被指控從事非法的國安機構活動，但是他們在審判中堅稱這些活動得到了榮克的批准，他們被無罪釋放。其中一名被指控的特工，SREL 的前主管馬可・米利 Marco Millie 說，他可以證明榮克批准了二〇〇七年時所進行的竊聽，因為他使用經過改裝的手錶秘密錄下了與時任總理的談話。說他不記得曾經授權「竊聽」的榮克，成為了歐盟委員會的主席，捲入了英國脫歐的漫長談判中。榮克解決了英國脫歐，而法蘭克・施奈德則把焦點放在我身上。他一定覺得我像是他汽車擋風玻璃上的一隻蒼蠅一樣。

他是過去的老兵，他的背後有著世界級的情報單位和最糟的那些壞人。令我驚訝的是，他還是在蘇格蘭上大學的，他和我的距離真的太近了，讓我感到緊張。在他的公司網站上，他被列為 Sandstone 的創始合夥人兼執行長，他的履歷寫著：「法蘭克獲得了愛丁堡大學的經濟與歷史文學碩士學位，並在業界和政府部門擔任過多個重要職位，包括盧森堡情報部門的營運總監。至今，法蘭克仍掌握著全球專業情報聯絡人的人脈網，並每天親力親為管理主要客戶的帳戶。」他在 Sandstone 網站上特別強調了在一五六〇年時伊麗莎白女王一世的間諜組織首腦法蘭西斯・沃辛漢 Francis Walsingham 所說的一句話：「知識永遠不會太貴。」在公共的論壇上，這家公司詳細說明了他們所具備的專業知識，而這是經過編輯的版本：

我們是一支精心挑選的創意分析師、顧問和資訊專家團隊所組成。我們以高檔的操作方法提供合規和訴訟的協助，包括獨特的特定研究資源資料庫，以及具備直接連結的人脈和專業調查人員的全球網絡。我們會講十幾種語言，在政治、經濟、金融、法律和科技領域擁有廣泛的知識基礎。……

作為一家盧森堡公司，Sandstone 在政治和歷史上都保持中立——這是在複雜的國際環境中營運的優勢。我們還受益於該國有利的職業保密法規，這為公司提供了強大的司法基礎，可以盡可能地保障客戶的機密和自由處理權。

每一天，我們都被詢問幫助處理可能有爭議、危險且道德上有複雜性的案件。我們善於處理高度敏感的資訊，且我們常常都在極端的情況下提供建議。但無論我們做什麼，我們都致力於符合最高標準的商業誠信和責任。

嗯，我從來沒有想到會看到這些話。Sandstone SA 公司確實讓自己聽起來舉足輕重。透過法蘭克．施奈德，他們也引進了其他的重量級人物加入公司，包括一家名為 Chelgate 的公共關係諮詢公司，其董事長是特倫斯．費恩－桑德斯 Terence Fane-Saunders，被稱為 TFS，這個名字聽起來像是某一種高級冰淇淋的名字。當我在阻止茹雅的抗爭運動中取得進展時，特倫斯．費恩－桑德斯在他位於南華克、倫敦的 Chelgate 的辦公室負責管理她的名聲。TFS 和 Chelgate 都不曾被指控有任何不當行為。二〇二〇年八月十三日，曾於 Chelgate 任職的西蒙．哈里斯 Simon Harris 接受我和道格拉斯．湯普森的遠端訪談，他曾經與維卡幣這個客戶關係密切，他告訴我們，法蘭克．施奈德每個月支付他的前公司四萬英鎊以負責該客戶的事務。施奈德還聘請了倫敦著名的律師事務所代表茹雅博士和維卡幣，該律師事務所在英國以代理誹謗索賠人而聞名。這場戰爭已經蔓延到我完全沒有經驗的戰場上了。

第十章　推銷員之死

我曾收到過死亡威脅、被網軍攻擊和辱罵，現在這些威脅還來到我家裡，我收到了一封電子通知說我有掛號信，上面的日期是二〇一七年四月二十六日，來自倫敦郵遞區號 EC4 的 Carter-Ruck 律師事務所。當他們的電子郵件宣告對我開戰時，我還不知道 Carter-Ruck 是臭名昭彰的律師事務所，經常在《Private Eye》雜誌上被戲稱為是「Carter-Fuck」，但是我現在知道了。

那一刻我不認為他們代表了世界上最有權勢的人，因為他們在信中寫道：「我們僅代表我們的客戶維卡幣 OneCoin Limited 和茹雅．伊戈納托娃，針對您發表的一系列誹謗我們客戶的言論寄予此通知。」

誹謗？我花了幾個月的時間研究提姆．克里從加州寄給我的素材。他是第一個向我揭露維卡幣是第一個未遵守加密貨幣規則的加密貨幣。他也說服我，只有透過廣泛揭露這些資訊，維卡幣才會瓦解，才能讓更少的人受到傷害和遭受經濟損失。而我已經聯繫了維卡幣中所有我能聯繫到的人。我就像是一名消防隊員一樣，讓人們警醒。當我終於看到曙光時，我又回頭去找提姆，要更多人的聯繫方式，倫敦市警察局的犯罪欺詐專家也告訴我，他們也相信維卡幣可能是，正如提姆說的那樣——「一個該死的騙局。」

在那時，我已經聽到了太多、太多關於印度的某個人、社區、村莊、非洲的鄉鎮以及從美國和從澳洲到太平洋島嶼的弱勢群體，生活於苦難之中的故事。在那些地方，絕望的人們眼睜睜地看著海平面上升，淹沒他們建造家園的土地。這是一個令人不快的比喻，因為那些島民在他們的過去被海水淹沒後，被鼓勵要將他們的未來交到維卡幣和茹雅手中。

綜合以上的這些背景，我認為我所做的任何評論都是有道理的。回想起來，我甚至是太有道理了。我沒有心情管 Carter-Ruck 和他們接下來的信，這封信表達了他們客戶的不滿。

您應該知道：

- 我們的客戶駁斥了所有關於他們經營詐騙、金字塔騙局或龐氏騙局的指控。
- 從未有證據指出我們的客戶有任何犯罪行為，政府當局也未針對我們的客戶有不利或不當行為有肯定的調查結果。我們的客戶將全力配合任何官方的詢問。
- 但是，您所發表的聲明遠遠超出了可能被認為是合法辯論的範圍，並且對我們客戶的業務造成了非常嚴重的損害。因此，我們的客戶別無選擇，只能就這些非常嚴重的問題寫信給您。

在我年輕的時候，我的風格有點像是搖滾女歌迷，而且我喜歡這些音樂。我又看了一遍這封信，心想：「我拒絕接受這件事。」

我從維卡幣的領導者那裡了解到，茹雅博士經常匿名參加我們的某個網路研討會支持小組，因為她想知道發生了什麼事情，想知道我們說了什麼關於她和維卡幣的評論，她喜歡窺探。

她有她保加利亞羅姆人的背景，而我則播放了一首搖滾歌曲來配合我的心情和狀態，歌名是《吉普賽女人 Gypsy Woman》。隨著這首爆炸般的歌，我完全展現我的珍妮絲．賈普林 Janis Joplin 風範，我邊搖擺我的臀部邊走到廚房，抓起一個大玻璃杯，倒了傑克丹尼威士忌。我一口氣就喝光了。我懷疑我是否需要這些勇氣，因為我太生氣了。然後我在網路研討會組上發布了一條語音訊息：

茹雅，妳，別肖想了！

這曾經是一場戰鬥，但是現在這是一場戰爭。

我現在想到那時的行為也有點臉紅，但我那時真的很生氣。在我說話的同時，我還指出這段訊息是針對Carter-Ruck說的。我感到震驚和憤怒，因為我不明白為什麼某個代表東歐犯罪網絡的律師可以讓我閉嘴。在最初的那封威脅我誹謗的信件之後，我再也沒有收到過別封信了。如果他們的策略是要讓我閉嘴，那反而適得其反地燃起我的怒火。當時我還在為相互矛盾的報告和資訊而苦惱，我非常希望所有的這些衝突和不愉快都能消失，讓我的生活恢復正常。我看到我的家人——尤其是我的兒子李——在我身邊小心翼翼，不僅擔心著我的健康，還擔心我會太激動而讓自己陷入狂熱的狀態。每當我感到不知所措時，艾琳總是用一杯茶和一封鼓勵的訊息來拯救我：「讓我們把那些混蛋抓起來吧。」這還已經經過審查版本的文字。這是一股追逐的情緒，尤其是在我看了二〇一七年五月七日，茹雅在澳門積極活動的影片連結之後。

為此，維卡幣將這場活動命名為「澳門活動」，然後她穿著一件蘇格蘭格紋的洋裝。多麼厚顏無恥！我很確信她穿方格花紋只是為了激怒我個人，而且就只是為了激怒我而已。她的大膽讓我想著要走上那個舞台給她一個「格拉斯哥之吻」，也就是頭槌。看著她在舞台上表演，我感到非常尷尬，對其他被嚴重傷害的人來說這更是有種不祥預兆的感覺，這也包括她的兩位執行長。

巴勃羅·穆尼奧斯是住在佛羅里達州的美國公民，他於二〇一六年底成為維卡幣名義上的領袖。所有人都知道他曾是雅芳化妝品的高階主管，他在二〇一三年從特百惠加入雅芳。除了為南美市場做幾場簡報之外，他沒有引起任何大眾的轟動。根據維卡幣的吹哨人網路的資訊，他的合約每年身價近兩百九十萬美元。澳門的維卡幣活動出了差錯，因為在黑社會之間流傳著暗示中國政府將在活動之中進行逮捕的留言。這只是無聊的閒話，但穆尼奧斯這位似乎令人討厭且偏執的紳士，對此感到震驚。但他不想因為沒有充分理由就不出席活動而讓茹雅不高興。

他說他的車在去邁阿密國際機場的路上與一輛水泥車發生交通事故，且他的傷勢嚴重到無法行走。還出現了一張據說是該事故的照片，但很容易就可以發現這張照片是直接從Google上複製下載的車禍圖像。不久之後，他就不再被列為是維卡幣的執行長了，並且再也沒有人聽到過他的消息。

當從未被指控有任何不當行為的穆尼奧斯沒有出現在澳門時，暱稱「皮特」的皮埃爾·阿倫斯 Pierre Arens 就被任命為維卡幣的新執行長。他與弗蘭克·施奈德都是來自盧森堡的銀行家，但他並沒有更多與茹雅共事的好運。維卡幣「家族」內部的八卦是，從未被指控有任何不當行為的阿倫斯自認為是一個圓滑的銀行家，他不喜歡向他的保加利亞雇主報告——而他的雇主給他的合約也是照常兩百九十萬美元，這還只是一年合約的金額——但很快他們就無視他了。他為了宣傳拍了宣傳照。他繼續在辦公室裡大搖大擺地走來走去，表現得像個大老闆，命令四周在辦公室的員工為他準備咖啡。辦公室的員工說，他無事可做。他是維卡幣的另一個「合法」僱員，只是昂貴的門面裝飾。他犯的錯誤在於他開始詢問有關業務的問題，而茹雅不喜歡這樣。他在晚上聽到有人闖入他的花園，這讓他感到很害怕，他也開始相信他在護照檢查通關口時被過於仔細地檢查了。他沒有出席二〇一七年十月在葡萄牙舉行的一次重要的維卡幣週末推廣人會議，他只待了五個月就離開公司了。他要求公司為「壓力、風險和聲譽受損」支付給他雙倍的金額；維卡幣則要求他歸還價值一百二十美元的手機。和巴勃羅．穆尼奧斯一樣，這位銀行家同樣再也沒有任何音訊。

二〇一七年的那個夏天，我原本認為我不會再更震驚和身體更不適了。埃德．哈特利去世了。我和艾琳在倫敦碰到他時，他讓我們如此信服與著迷，他的死讓我的情緒達到了一個不同的高度。發現這個最有魅力的人發生了什麼事情是很痛苦的。我不知道他是否總是像他表現的那樣坦率，但他似乎很在意——他看到了茹雅博士和維卡幣的真實面目。二〇一六年十一月，在我寫信給他後不久，他就離開了維卡幣，幾個月後，他就去世了。

他的屍體是在胡志明市一家偏僻街道的「美容店」裡的美容室被發現的。他去越南是為了宣傳 World Cryptocurrency Investment, WCI，這是他離開維卡幣後成立的公司，當時他表示，事情「開始變得相當模糊」。我不知道艾德．哈特利發現了關於茹雅博士和邪惡帝國的什麼事情，但這足以讓他在成為維卡幣的金童不久就逃離了。似乎和其他人一樣，他也試圖靜悄悄地離開，但他很清楚地看到了行銷數位貨幣的可能性，這就是他在二〇一七年七月十九日去世時正在做的事情。

當我聽說了艾德的死訊時，我內心的恐懼就更加劇了。伴隨著恐懼的，是很多的情緒和心理上的痛苦。除了盡可能地堅強之外，沒有其他的方法可以撐過那段時間。我才又再次看了艾琳和我在現場看到艾德．哈特利被別人所拍攝的影片，這段影片是由傑克．卡德爾 Jack Cadel 在倫敦的活動中拍攝的，你可以感受到艾德與人相處的親和力。我們試圖透過胡志明市當局去了解艾德之死的真相，但似乎陷入官僚作風的回覆。他們說他病了，他在去除臀部周圍多餘的皮膚的手術中心臟病發作。他才五十三歲，幾個月前我見到他時，看起來非常健康，他是一個高大且強壯的人，能夠毫無問題地很好的掌握自己的身體。他留下了了四個女兒，她們都表示他沒有那種整形的虛榮心。而且如果他有某個健康問題，他也應該在他在美國的家中進行任何手術。他的辦公室還說，在他人生的最後一天，他應該是開車要前往胡志明市的新山一國際機場，準備搭乘航班返回洛杉磯。你不會在這種路途上停下來做整形手術吧？

二〇一七年八月四日他的葬禮結束後，家屬還是沒有收到任何關於他死因的官方解釋。一位同事擔心著他的朋友是否發生了什麼事，於是派了一名美國的私家偵探前往胡志明市第十區的 Su Van Hanh 街進行調查。他調查得很徹底，也問了很多問題。也許問太多了，當他坐上返回洛杉磯的航班時，他在越南才待不到四十八個小時。他保留了差旅費，但在道歉並說這件事太複雜且太危險以致他無法繼續調查後，退還了預付款。

艾德的朋友告訴我私家偵探的故事，並說他覺得艾德的「心臟病發作」事件比那些人誤導我們任何人相信的故事版本要險惡得多。我記得當我第一次聽到這些話時，那種令人難受、不舒服的感覺。這很痛苦，彷彿我的生活正在上演一部驚悚片一樣。但是這些事情一如既往地令人震驚且真實，而且仍然是非常地驚人且再真實不過，所以從以前到現在，我有很多次都問自己說：「這一切怎麼可能是真的？」艾琳和我來自蘇格蘭的一個勞工階級的小鎮。然而我們卻在這裡，每天都生活在連小說家都寫不出的瘋狂故事中。

茹雅最強大的武器從過去到現在一直都是恐懼。維卡幣就像是一個狂熱的邪教一樣，以至有於許多投資者都害怕自己表現不當。在我二〇一七年成為「惡棍」之後，法國的記者馬克西姆．葛藍伯 Maxime Grimbert 找我進行採訪，因為他在法國找不到願意公開發言的受害者。他在整個歐洲也都遇到了同樣的問題。他告訴我，大多數人都說受訪的風險太大了。他對於我願意與他對談，並且允許他可以引用我的名字表示驚訝。他向我引述了一位受驚的受害者的話：「一位高級的招聘人員……建議我照顧好自己和兒子的健康。」

在馬克西姆聯繫我之前，我已經非常偏執了，而他說的這些恐嚇的故事只是加劇了這種情況。他說，當他開始調查維卡幣和背後的洗錢活動時，空殼公司的名單放滿了他的辦公桌，然後是放滿了一整面牆，然後是他辦公室的所有牆面都放滿了空殼公司的資料。他每一次進行詢問，都會收到威脅作為回應。他要求來蘇格蘭和我談談，我們一起度過了四天，從早上七點到晚上。他對此很堅定，而我欣賞他這點。他帶了一個名叫克萊門特的人同行，但是我不知道該不該信任他。他們想來我家找我，但是當我被這麼多可惡的威脅轟炸後，我太害怕了。艾琳插話說：「把他們帶到我的地方——這是這整件事情開始的地方。」當時我的神經隨時都處於尖叫的狀態，每當我去某個地方時，我都會鎖上我身後的門。當我們一到達艾琳的家時，我也是這樣，我用鑰匙鎖上了前門和後門，然後插上了門閂。我們四個人在艾琳的客廳裡，這裡也是她和我第一次認真討論維卡幣的地方。兩個法國人坐在樓下臥室門邊的一張沙發上，我和艾琳則是坐在對面的沙發上。馬克西姆提到了黑手黨和死亡威脅。

克萊門特用奇怪的眼神看著我們。我還在消化有關歐洲幫派的所有資訊，而艾琳看起來則像是坐在什麼尖銳的東西上一樣坐立難安。當時氣氛很緊張。這時，有一個人影從臥室門衝進來，發出一聲嚇人的尖叫聲。我在空中跳了起來，艾琳就像一隻被燙傷而受到驚嚇的貓，馬克西姆倒吸一口涼氣，而那位克萊門特卻一動也不動。我猜，他應該是個多疑且堅忍個性的人，因為艾琳的小兒子羅根根本沒有嚇到他。這個傢伙被鎖在門外，而我們又沒有聽到他敲門，所以他從臥室的窗戶爬進來。他聽到我的聲音，以為只是我定期去看望他的母親而已，然後，典型的羅根就是如此，他總是會嚇我們一跳。當他看到屋子裡原來還有其他人時，他的表情也是一絕。當我們終於重新回到正題時，有種因為這件事破冰而鬆了一口氣的感覺，但我們的談話仍然繼續圍繞著令人不寒而慄的話題。

馬克西姆有好多資訊要跟我們分享。一名受害者讓他看，他收到的一張食指被切斷的手的照片，伴隨著一張他的伴侶的照片。馬克西姆寄給我一份他的文章，其中包括他針對一名匿名交談的受害者所寫下的評論：

在維卡幣人的世界裡，請保持沉默的訊息非常明確；他甚至低聲說出某位在可疑情況下死亡的該組織前高階主管的名字。沒有任何確切的證據支持這些傳言，但它們滋養了緘默法則。

但是我有離我家更近的證據，就是對我和我周圍的人的死亡威脅。美國的提姆·克里從一個名為維卡幣大軍 OneCoin Army 的 Twitter 帳號那裡，收到了一張斷指的手的照片。另一個帳號貼出了他的家人和他們家的照片，搭配的文字是：「你想念他們嗎？」比約恩到二〇二一年時已成為全球刑事調查人員最常諮詢的加密貨幣專家，但是他二〇一七年時曾被維卡幣在挪威提出誹謗訴訟，而遭受到他們的霸凌。他最終打贏了官司，但是這也打亂了他的個人生活，律師費花光了他所有的積蓄。所以比約恩也成為了維卡幣的受害者，但他打了一場勝仗，並且仍繼續在戰鬥。在我們透過訴訟和整個騙局瓦解而得到更多資訊之前，馬克西姆·葛藍伯是第一位開始全職對維卡幣進行調查的記者。

我認為，我詳盡的維卡幣故事就像是一桌義大利肉餡羊肚（義大利麵和醬汁與我們蘇格蘭的傳統菜餚有關）的晚餐一樣，讓他感到非常驚訝，當然，我會認為晚餐的選項是更迷人且更容易消化。當我聽到他所整理的那些令人厭惡的維卡幣報告時，我氣得渾身發抖，這些報告也證實了我每天都收到的大量的舉報的真實性。他和他的團隊曾與世界各地的受害者和招募人員談過，其中包括一位「狂熱的奈及利亞基督徒」，他承認讓他的數百名鄰居投資「這種神蹟般的貨幣」。他給我我看了來自這位宗教領袖的 Instagram 訊息：我自己從來沒有在這種貨幣上花過錢，因為這與我讀到的聖經背道而馳。但是我被招募去演講，並說服其他人投資。馬克西姆做了很多的工作，並且手上有很多的案例。其中也不乏平凡的人，比如美國的家庭主婦布麗，她投資是為了向她成功的丈夫證明她也有商業頭腦。還有一些是令人震驚的案例：有成千上萬的法國家庭被說服放棄他們的積蓄，以換取更美好的未來。然後是像維克多這樣無辜的有有志者，維克多是一名烏克蘭人，他認為如果他的國家沒有加入歐盟，那他也可以透過維卡幣成為「國際金融精英」的一員。

這個騙局的影響力無遠弗屆，這讓我感到很悲痛。茹雅的影響力是無邊無際的。我想到的是像我這樣，不得不辛苦賺錢的人，我仍然記得躲著煤工和他的帳單、湊錢只為了買尿布的生活，而在我買不起尿布的時候還用煮過的廚房布來擋，我們這種人都在茹雅的靶心裡。我們一生都生活在希望之中——希望明天一切都會好轉。然後當機會出現的時候，對於想要在財務上更有保障，且希望不再只是捉襟見肘地每天端出三餐個人或是家庭來說，這當然很有吸引力。而這些騙子很無恥，他們奪走了這些人的最後的一分錢和他們的希望。對許多人來說，這就像二戰後的日子，「收養老金的人」每週都會來跟工人收幾便士，說是為了這些工人的未來——但是維卡畢的破壞力又更大。茹雅吹噓維卡幣有五萬個「建立了個人信任關係的經銷商」。實際上，維卡幣的領導人就像過往一樣收集現金，然後透過銀行帳戶網絡曲折地把錢向上、向下、透過掛名公司，以繞圈子的方式洗錢。洗錢的路徑和參與者越多——有數百人——當資金來到遙遠的海岸時，要追蹤資金就更不可能了。

在美國，其中一個技巧是使用西聯匯款，讓受害者把現金匯給阿拉伯聯合大公國的某位隨機的人（通常是移民工），這些人會從中賺一小筆錢，然後他們會前往維卡幣的杜拜辦事處把錢存入。不需要任何身分證或其他文件。當投資人回到美國或任何非法的地時，他們的帳戶上將會以電子的方式存入完全無用的維卡幣。只要投資者表現出一絲興趣，他們就會找到將這些人的錢送到茹雅博士手中的方法。有四個主要的維卡幣網絡在法國和比利時營運，在法屬玻里尼西亞也設有分支機構，但是令我驚訝的是，在南極也有分支機構。在任何地方，一定都會有人願意「經銷」，馬克西姆．葛藍伯也鼓勵我研究洛朗．路易斯 Laurent Louis，他是一位前比利時政治家，在二〇一六年成為維卡幣的「經紀人」。你可能還記得，他就是宣傳維卡幣是「魔鬼的硬幣」、是「撒旦的純粹產物」概念的人。二〇一〇年時，他被選為人民黨的聯邦代表，但在六個月內被取消資格。在與茹雅簽約成為一名業務招聘人員之前，他一直爭議地在不同的政治團體中從政。而他做得很好，吸引了許多投資者帶著他們的幾萬歐元加入。這些錢被匯到外國的帳戶。「事情過後，人們有權利對維卡幣不滿」，這是洛朗．路易斯為自己辯護的方式。儘管他在法國和比利時握有三千名成員，但他從未受到任何指控，並表示自己「只是一條小魚」。他堅稱自己沒有做錯任何事，也沒有被指控犯下任何罪，而比利時當局卻稱維卡幣是一個非法的龐氏騙局。又是一場僵局，這是熟悉的挫敗感。每當我們設法在騙局前進的道路上設置柵欄甚至是堅固的路障時，他們就會跳過它或巧妙地繞過它。他們仰賴那些清白的人，而我對此我也深感內疚。我沒有考慮到英國金融行為監管局於二〇一六年八月發出的警告，當時我是茹雅其中一位最狂熱的粉絲。我怎麼會知道？像我這樣的人並不會每天早上都像查看天氣一樣地去查看金融世界的警訊。大公司也許都知道，但他們並沒有提醒我們。當我確實發現這樣的警告時，維卡幣的領導又告訴我這是黑粉捏造的，不具有任何意義。當我對茹雅施壓時，這個警示確實讓茹雅感到不安，因為她指示施奈德想辦法將它撤下來。他被告知要解決這個警示——還有我這個人。

二〇一七年夏天，艾德．哈特利去世時，茹雅正過著她的生活，數著錢環遊世界。她還在索佐波爾的黑海度假勝地打造了一個避暑的渡假地；這是保加利亞海岸區域一個受歡迎的夏季旅遊勝地。但是茹雅不想和庶民混在一起。她自吹自擂地宣布，她價值三百萬美元的「度假屋」設有「私人海灘」和「私人葡萄園」、「巨大的游泳池」，以及滿是「從德國進口且極其昂貴的訂製家具」的內部裝潢。她還買下了隔壁的三層樓旅館，做為招待所，在這兩棟建物還有一大片區域預留為「兒童遊樂場」。我想，整個遊樂場都是為她的女兒戴維娜所準備的，她在二〇一六年底時讓全世界看到了她的女兒。但是二〇一六年十月，當我和艾琳看到茹雅身著合身的紫色洋裝在曼谷的舞台上表演時，她看起來一點也不像是懷孕了。那麼，戴維娜又是從哪裡來的呢？她聲稱她創造了財務的奇蹟，但是這個女孩呢？茹雅在一隻宣傳影片中表現出她是一位溺愛孩子的母親，向她的追隨者介紹這個嬰兒，還說她想花更多的時間陪伴家人。她的生活可忙著呢。當她在索佐波爾的豪宅為女兒舉行洗禮派對時，我很感興趣地看到她無恥地與維卡幣的關鍵洗錢白手套吉爾伯特·阿門塔 Gilbert Armenta 在游泳池的周圍消磨時間，他是她所迷戀的情人。他看到自己為茹雅所做的事情，就像「一個巨大的黑影」一樣跟著他。她視他為一生的摯愛，然後他們一起在游泳池邊擺姿勢，一切都顯得很和諧。在好幾張照片中，她都與她過去的愛人德國丈夫——律師比約恩·施特雷爾 Bjorn Strehl 依偎在一起（他沒有捲入任何犯罪行為），他是從她在法蘭克福為他買的房子過來這裡做客的，她可能已與他正式離婚，也可能並沒有正式離婚。我有很多這場活動的照片，都顯示出茹雅明目張膽地炫耀自己的財富。她的父親普拉門也在，但我沒有看到她的母親維絲卡，維絲卡很少離開她在索菲亞的辦公室。然後她的弟弟康斯坦丁也在。她當時心煩意亂然後突然解雇了她的私人助理丹妮查·戈德瓦 Denitza Godeva（她沒有被指控犯有任何罪行），因為有人告訴茹雅她與賽巴斯欽有染，而茹雅也相信了。她想要找一個她可以信任的人，而康斯坦丁就是她的家人。在德國工作了五年後，康斯坦丁辭去了他每個月三千美元薪水的工作，成為他姊姊的私人助理，每個月的收入只有略高於兩百美元。

茹雅就是喜歡這樣，一切都按她的方式去做。在索菲亞的辦公室以外的地方工作時，康斯坦丁的主要任務之一就是確保茹雅買的所有物品都被送到正確的地址，誰叫她有那麼多的豪宅！顯然，有一座豪宅的家具被放到另一座豪宅裡，然後有一輛 Cheyenne Turbo S Class 的車不見了。只要他犯了錯，她就會大發雷霆。如果健怡可樂不夠涼，她就拿飲料罐或手邊的任何其他武器扔向他，同時破口大罵。南非人鄧肯・亞瑟被茹雅招募時，正在為一家受人尊敬的美國金融機構北方信託工作。他說，茹雅迷惑了他，消除了他所有的疑慮。鄧肯告訴我：

她對康斯坦丁很反感，她過去經常對他進行人身攻擊。

她真的是一個徹頭徹尾的惡女人。她確實也很有魅力，以至於她可以說服我任何事情。她非常能言善道，這很了不起，因為英語是她的第三或第四語言。當我第一次見到她時，她竟然知道我的一切，這令人印象深刻，我也感到受寵若驚。她知道一切問題的答案。她絕對是非常專業的。

毫無疑問，她非常、非常的聰明，也有著難以置信的機制。自 Google 以來，再也沒有人能像她一樣，組織起如此龐大規模的計畫。這是一個邪教，這絕對是一個邪教；當你一被包圍，你就會永遠被包圍著。她從一開始就後悔招聘我，因為我會問問題又不服從規矩。我不知道是不是因為這樣，但康斯坦丁和我從一開始就關係不錯。我們都很喜歡武術，而且康斯坦丁很有幽默感。

我會讓康斯坦丁告訴你，他姊姊的處事態度是怎樣。他在紐約的法庭上作證說：「我必須確保一切順利：例如酒店，必須確保她的晚餐已經訂位好了，而且車子總是得預備好等著接她。我還負責提著她的購物袋——購物袋和手提包。有時我不得不擔任她額外的保鑣。茹雅旅行時總是會帶著兩到四位保鏢隨行。」

但是，他說，在戴維娜於二〇一七年七月八日受洗後，他的姊姊就獨自去旅行了。她飛往中亞的吉爾吉斯首都比斯凱克。回來後，她告訴康斯坦丁，她買了一本假護照。當他詢問原因時，「她說她身邊的每個人都有一本假護照。［在法庭證詞中］吉爾伯特．阿門塔和賽巴斯欽以及她說，法蘭克．施奈德告訴她，擁有一本假護照未來可能會派上用場。」

透過私人飛機或商務航班去國外旅行，對茹雅來說總是很容易。與約恩．施特雷爾的婚姻給了她另一本德國護照，這只是增加了她的國際文件收藏，她還有包括烏克蘭和俄羅斯護照，以及在二〇一四年某項引人注目的金融融資交易中獲得的阿拉伯聯合大公國外交證書。

茹雅認為自己是不可動搖的。她的人脈關係，以及她為某些人——甚至是某些國家——所賺的幾十億美元推著她前進，讓她只得不不斷地展示自己有多成功，並在停靠在索佐波爾一艘名為戴維娜的遊艇上，舉辦各種派對。這些活動很顯然都是為了讓大家看到她的生活而舉辦的，在二〇一七年的那個七月，她還請來了美國格萊美獎得主碧碧蕾克莎 Bebe Rexha 為她的客人提供娛樂表演。這位歌手兼詞曲作家——阿姆的《怪獸》一曲——受到人群和茹雅的熱烈歡迎，照片中的茹雅看起來充滿派對的興致，沈浸在她的明星表演者帶來的派對氛圍中。當阿爾巴尼亞裔的美國歌手碧碧蕾克莎在遠眺大海的茹雅的豪宅花園裡，站在為了她而訂製的舞台上，為茹雅的晚宴唱歌時，我卻成為了 Chelgate 擬定的一項國際待辦事項清單上的主角：

和［已編輯］[11]會面

二〇一七年七月十八日

1. 調查正在進行中
2. ［已編輯］
3. 他們會在七月二十一或二十二日回覆
4. 德國——申請執照
5. ［已編輯］
6. ［已編輯］

11 因本案的國際訴訟仍進行中，所以案件中特定事件、名稱需進行保護處理，本書以〔已編輯〕呈現。

7.［已編輯］

8. 印度——IMA凍結了帳戶——可能對R提出指控

9.［已編輯］

10. 麥克亞丹——蘇格蘭律師提供COLP（City of London Police，倫敦市警察局）建議

11.［已編輯］

12.［已編輯］

13.［已編輯］

即使拼錯我的名字，但是看到我的名字仍讓我感覺很害怕，吹哨人告訴我，這是一份Chelgate和特倫斯．費恩－桑德斯需要處理的國際問題清單。我從未能百分百地確認這份文件的真實性，但我相信對方給我這份文件是出於幫助我和其他受害者伸張正義的善意。我知道這份文件的來源，所以我完全相信它是真的。在馬爾他記者達芙妮．卡魯阿娜．加利西亞Daphne Caruana Galizia於二〇一七年被汽車炸彈殺害後，這家公司收取馬爾他政府費用，幫助政府維護該島的聲譽。Chelgate的強項是「在Chelgate董事長特倫斯．費恩－桑德斯的個人監督下從事危機管理，而這家公司還為英國公司Harley Facades提供服務，Harley Facades負責

為倫敦的格倫費爾大廈安裝外牆層板，但這棟大廈於二〇一七年發生大火，造成七十二人死亡。Harley Facades 堅稱他們沒有責任，也沒有任何人因為這場悲劇而被追究責任。Chelgate 的公司網站引用費恩－桑德斯的理念：「不支持任何從事蓄意不法行為的企業，且我們絕不故意撒謊或誤導。簡單來說，這對生意有害。」

我不知道我對他們的生意是好是壞。這份敏感的備忘錄在「洩露」給我時，上面有些項目被編輯過了——不是由西蒙．哈里斯，而是匿名給我的。當我知道這件事時，你可以想見我的想像力開始無限延伸。

因為茹雅認為，只要我不大聲引起關注，她就可以繼續不受法律規範的約束。顯然有人給了她這樣的建議。倫敦泰晤士報在二〇一九年十一月二十五日的一篇文章只能「主張」茹雅指示倫敦市的霍根路偉律師事務所在二〇一六年對其家族投資公司 RavenR Capital Ltd. 進行合規審查，因為律師事務所不願承認這件事。根據報導，霍根路偉「認為在為期八個月的審查中發現了一些問題，但表示這些問題是可以解決的，並說維卡幣並不是金字塔式騙局」。

BehindMLM 於二〇二〇年四月發表的另一份線上報告則指出，有文件揭露了給茹雅的詳細建議。茹雅從她得到的這些建議中得出結論，只要她的受害者沒有損失太多錢，她在英國可能不會受到太多的審查而可以逃脫。

二〇一九年十一月六日，在美國紐約南區的特許法庭證詞中，康斯坦丁·伊戈納托夫說，他的姊姊告訴他，「她透過與〔已編輯〕發生性關係獲得了法律建議或執照，我想不起來完整的內容了。」《泰晤士報》的那篇文章還報導說，一位受僱經營「家族辦公室」的銀行法專家表示，二〇一六年九月金融行為監管局發布關於維卡幣的警示時，茹雅告訴他要指示 Carter-Ruck 和 Chelgate 這兩家公司去處理。

有趣的是，該文章還報導說：「Carter-Ruck 未對其代表 RavenR 這家公司的說法發表任何評論。公關公司的董事長特倫斯·費恩－桑德斯則**否認與 RavenR 公司或伊戈納托娃女士有任何關聯。」**（粗體是我標示的）。

但是我知道 Carter-Ruck 為誰做事：我手上有我的信。只為 Chelgate 工作了幾週的西蒙·哈里斯也握有電子郵件、訊息和 WhatsApp 上的短訊做為證據，證明這家公司為茹雅、維卡幣和法蘭克·施奈德工作。他在二〇二〇年將他所知道的一切都攤給我們看，到了那時，大眾對茹雅博士這個現在惡名昭彰的加密貨幣女王都已經有很多的認識。但那之前的三年前，我就像是在荒郊野外一樣找不到任何前進的方。提姆、比約恩、CryptoXpose 和我自己的重點，只是要讓更多人知道這件事。但是似乎沒有人真正關心這件事，沒有人在聽我們說的話以及幫助我們。在那個階段，這是一場極其令人焦慮、孤獨、艱難、精疲力盡且身心俱疲的戰鬥，我們希望提升人們對這件事的意識，但卻似乎繼續無濟於事。這也包括金融行為監管局 FCA 和倫敦的警方，都沒有對任何相關人士採取行動。只能這樣說，如果西蒙・哈里斯有早點騎著他的白馬出現就好了。與此同時，Chelgate 正在與他們老闆說不是他們的客戶的客戶合作。他們最大的努力是讓 FCA 取消針對維卡幣所發出的警示，為了達成這項目標，在 Chelgate 和 Carter-Ruck 的兩家公司之間建立合作關係，並由法蘭克・施奈德同時與兩家公司打交道。

西蒙・哈里斯在某些令他不安的事情發生一段時間後，於二〇二〇年八月寫信給倫敦的公共關係與傳播協會 PRCA 投訴 Chelgate 的行為。這封信的某一部分（未經編輯）暴露了不少事情，令我震驚的是，一家頗負盛名的英國公司竟然為了穩固茹雅博士周圍搖搖欲墜的鷹架而付出了這些努力：

我在二〇一七年八月一日開始加入 Chelgate，然後在九週後離職。我的直屬主管是副總監羅伯特・溫斯坦利 Robert Winstanley。一開始的工作其中一項是每天更新一份 word 文件，找出維卡幣在全球所面臨的法律問題和監管問題。這份文件放在網路上——不是我上傳的，所以我沒有保留副本。如果我沒記錯的話，它列出了維卡幣在三十七個國家都有碰到麻煩。

我從網路上把這份文件截圖了。它的日期是八月十一日，並且當時我負責更新這份文件，我不記得我有寫上關於警察的評論，但我確實加上了有關 FCA 的評論。每次 Chelgate 與 Carter-Ruck 或法蘭克會面時，都必須備好這份文件。法蘭克偶爾會來 Chelgate 的辦公室。那時我還很菜，所以我沒有這段時間的書面證據。但我確實有一封 WhatsApp 的訊息，是在我離開公司很久之後收到的，這封訊息和這件事是相關的。附上螢幕截圖。

二〇二二年一月時，他告訴我他沒有收到對針對西蒙・哈里斯投訴信的回覆，當他詢問原因時，也沒有得到任何回覆。（二〇二〇年八月時，Chelgate 在一份聲明中承認維卡幣和茹雅博士是慷慨支付費用的客戶，這顯然與特倫斯・費恩－桑德斯在二〇一九年十一月二十五日在泰晤士報上的引述相矛盾。）也很讓我感到不安的是，他們成功讓 FCA 在二〇一七年八月一日成功取消了警示，這讓茹雅和維卡幣有機會以「合法」的說詞行銷自己。

茹雅付費請的公關人員得到了他們的結果。根據西蒙・哈里斯的說法，特倫斯・費恩－桑德斯公開表示，他很高興 FCA「投降了」。

西蒙・哈里斯告訴 PRCA，費恩－桑德斯在 Chelgate 的辦公室求他幫忙，並表示 FCA

撤銷了在二〇一七年七月對他造成困擾的警示，這證明了維卡幣是一家真正的企業——茹雅和維卡幣也立即在積極的行銷活動中宣傳這件事，她們幾乎是在大喊：「看吧！我們是合法的。」這就足以在全球吸引更多人投資維卡幣，尤其是在亞洲和非洲。Chelgate 像是挖到銀礦一樣。西蒙・哈里斯說，Chelgate 和 Carter-Ruck 同時寫信給 FCA 和倫敦市警察局——兩者都在各自的網站上公告了關於維卡幣的相同警示。他們所謂的「撤銷」的信件來自 Chelgate 的羅伯特・溫斯坦利和 Carter-Ruck 的克萊爾・吉爾 Claire Gill。FCA 一直否認「提供幫助」，並向任何詢問他們為何取消維卡幣警示的人發出統一聲明：「我們應倫敦市警方的要求於二〇一六年發布了消費者警告。撤除警告是與正在調查此事的倫敦市警方共同做出的決定。我們的警告主要是為了提醒消費者注意公司在沒有獲得所需的 FCA 授權的情況下卻進行了 FCA 監管的活動。但是 FCA 不監管加密資產，因此無法進一步處理此事。」好吧，確實沒有什麼維卡幣加密資產——它們都一文不值。但是，他們難道不能監管茹雅用她的龐氏騙局賺來的錢所做的事情嗎？我不想再挖更多 Carter-Ruck 的事了，但我在二〇二〇年八月十三日讀到了安德魯・彭曼 Andrew Penman 在《每日鏡報》上關於 FCA 行動的報導：「我聯繫了 Carter-Ruck，這家公司不僅似乎以代表維卡幣為榮，而且認為它的行動有助於撤銷 FCA 的那則警示。該律師事務所的一位發言人告訴我，『我們代表我們的客戶向 FCA 就發布該消費者警告一事進行了法律陳述，隨後 FCA 通知我們，該警告將被撤銷。』」

我感覺自己就像愛麗絲夢遊仙境的主角一樣，所有這些大量的素材和自相矛盾都像撞進了我的生活，我在一個又一個兔子洞裡奔跑，卻發現到更多的素材和矛盾。西蒙・哈里斯與羅伯特・溫斯坦利關係融洽，並表示當 Chelgate 執行長連恩・赫伯特 Liam Herbert 祝賀團隊撤除了在網站上的警示時，他也在場。他說，「索菲亞那邊很高興。」

西蒙・哈里斯寫給 PRCA 的內容還包括：「在討論中真正被指是惡棍的是一個叫基倫・沃恩的人，我聽說法蘭克正在『調查他』。」連恩離開後，我問法蘭克是誰，他們說他是維卡幣的「執法者」。我們還拿《教父》電影開玩笑，我稱法蘭克為「那位教父」。我問我的同事，維卡幣是否合法，他說：「不，但這份合約特別『有利可圖』，這也讓我深感擔憂……。」

嗯，如果他感到擔憂的話，那數百萬個生活被茹雅和她的維卡幣騙子大軍掠奪的人，感覺又是如何呢？

西蒙・哈里斯還向我展示了他與一位同事的一系列 WhatsApp 訊息，他將這些訊息附上做為他投訴的證據。當然，這些是他們的私訊，所以我不能透露內容，但是這些內容讓我覺得很不安。這些訊息揭露了在 Chelgate 和 Carter-Ruck 所發生的事情。我一直覺得那些人是在試圖恐嚇我的人，但是現在看來，他們似乎是在嘲笑這個情況，這讓我很震驚。

這對我來說很沈重，這些資訊顯示有這麼多的人在為拯救茹雅的帝國而奮鬥，但是似乎沒有任何當局人士試圖幫助她的受害者。這場戰爭的雙方就是他們和我們，而欺詐所得的收入，被用來支付保護欺詐者的費用。西蒙·哈里斯分享了他與羅伯特·溫斯坦利的「對話」，這些對話顯示出茹雅和維卡幣的受害者在他們的眼中一文不值，就與維卡幣貨幣對企業的世界來說同樣毫無價值一樣。

第十一章　茹雅輪盤

隨著二〇一七年可怕的那幾個月過去，家裡的氣氛還是很緊張，因為我全神貫注於在和茹雅對抗，並且試圖安慰受害者，協助追蹤他們的錢的流向——在盲目的樂觀中，希望有一天他們會可以拿回其中的一些錢。我幾乎沒有時間關心其他事情以及我所愛的人。我對他們隱瞞了很多事情，因為我知道讓高登知道這些只會讓他的腦海中出現種種戲劇性的場面。他擔心我的抗爭運動，但因為他也非常了解我，所以也不會阻止我。這件事情一直需要我花時間，所以總是會打斷我在白天和黑夜的每一個時刻。那麼我又有什麼時間和高登說話呢？他總是那麼關心我，尤其是當我肌痛性腦脊髓炎復發時，總是慷慨付出他的時間和同理心。我因為佔用我生命的這些事情，而無法讓我的生活環繞著他轉而感到內疚。高登自己也有健康問題，而我以我自己的方式說我是在保護他，以此為自己開脫。他什麼也沒說，但他一定很氣我經常以我和艾琳的戰術會議為藉口而逃開。在那艾琳家，我們會坐在她的小客廳裡直到凌晨，用手指敲打著筆記型電腦的鍵盤。

哎，有時我很想忽略電話、訊息和電子郵件，但我從來沒有勇氣冒這個風險去承擔後果，因為如果我的疏忽導致任何人對自己造成傷害，這件事就會和我自己一起存在。我覺得我在和茹雅決鬥，且我永遠不能放鬆警惕。而且每當我有片刻的猶豫，維卡幣的那些無恥的操控者會立即把我變回復仇者。茹雅綁架了我的生活，這讓我變了一個人。我仍然關心和在乎別人，但我更加憤世嫉俗，深切地意識到生活的黑暗面，並且發現幾乎不可能信任其他人。對我的惡意和威脅一直在持續，而且他們很少是委婉的。我並不感到驚訝。這些混蛋讓人們失去所有、生病、變得絕望——然後這些混蛋就帶著他們所得到的一切離開了，毫不愧疚，甚至看都不看他們的受害者一眼，對他們來說，這些人只不過是一種商品。

我正在與一場牽涉到幾十億美元的全球性欺詐抗爭。從都柏林到杜拜的銀行之間，似乎都無法將茹雅透過這些銀行的帳戶所轉移的現金合理對上。這是一個充斥著國際歹徒與聰明且惡毒的敲詐勒索者的世界，他們透過欺騙幾百萬個只是想要更好生活的人，來賺取數十億美元。透過我的受害者支持小組和維卡幣的吹哨人，我不幸地了解到反對茹雅帝國的可怕後果。當這些威脅變成現實時，許多人都遭受痛苦折磨。那些親近我的人都不斷輕聲對我的耳朵訴說，告訴我在征服惡龍女王的過程中要放慢我的速度。他們知道，我需要與茹雅戰鬥，但由於我的健康狀況，他們希望我放慢腳步。

然而我怎麼能放慢我的腳步呢？我學到了，只要一句善意的話可以挽救某條生命或某個人的理智。維卡幣洗劫了一百七十七個國家，這些來自維卡幣目標國家的受害者，我都以某種方式跟他們交流過。這包括花了無數的時間在Google翻譯上，試圖用受害者自己的語言與他們交流資訊。我理解這些痛苦，理解他們所處的這種可怕的地獄。他們又能做些什麼？我的恐懼感不斷攀升。在我打亂了維卡幣的世界之後，不安的想法就開始淹沒我。摸黑穿越黑暗是很可怕的，但我相信只要有光，哪怕是只有一絲微光，就有希望。我相信這一點。海倫·凱勒她先天失聰又失明，後來卻成為了一名教師和作家，她的故事從小就一直激勵著我。她曾經說過這段令人印象深刻的話：「世界上最美的東西是看不見也摸不著的，只能用心去感受。」

有許多個凌晨三點鐘艾琳和我都裹著毯子坐著，當時如果我們知道茹雅在紐約遭受的「苦難」，想必我們會非常高興。還有就是，美國人即將拯救我們離開這樣的生活。為了鑽那些禁止洗錢的法律的漏洞，茹雅和賽巴斯欽聘請了專業的美國財務顧問和律師，來打造富有創意和精心設計的計劃。他們押注在他們盜來的幾十億美元的轉盤是如此迅速和巧妙，以至於全世界的金融警察可能都會錯過這筆錢。當茹雅在洗錢時，美國聯邦當局也正在追蹤犯罪的線索。

即使在我花了那麼多年與茹雅和維卡幣糾纏，提供資訊給美國聯邦調查局、英國和歐洲負責欺詐的警探等當局，儘管他們公布了細節，以及在紐約法院和大量銀行官方和政府文件中所披露得資訊，我仍然認為這塊拼圖還有遺漏。然而，我所了解到的東西也足以讓我氣到嗆到吐出好幾杯茶，以至於我需要買一張新的地毯了。因為我的肌痛性腦脊髓炎，我聽了很多的有聲讀物，但是我想不出有什麼虛構的故事比這件事更我曲折和更讓我感到震撼。這些背叛和邪惡就像是聖經的故事般。

一開始，茹雅和賽巴斯欽創立了維卡幣。而維卡幣現在已被全球的有關當局都視為是以賺錢為目的的全球性欺詐行為，這遠遠超出了他們兩人有的最瘋狂的夢想。二〇一四年六月十一日時，茹雅發給她的聯合創辦人賽巴斯欽·格林伍德一封電子郵件：

> 它可能不能說是很乾淨的手段，或者不是我通常從事的工作，甚至不是可以引以為豪的工作（除了我們兩人在私下賺到錢的時候）——但是……我特別擅長處理這些非常邊緣的狀況，在這些情況下事情都在灰色地帶。你是神奇的銷售機器，而我是真正可以處理好數字、法律並以良好和專業的方式在背後支持你的人——我們真的可以讓它變成一番大事業——就像是多層次傳銷遇到華爾街的婊子一樣 ;-)。

她解釋了他們將如何使用維卡幣，以為我們這些受害者提供不斷升級的回報，來吸引受害者投資。所有那些後台辦公室、鑽石級領導者、硬幣和分割的廢話，所有那些巧妙包裝的胡扯，都是幻覺的一部分，讓你在光天化日下被搶錢時視線卻看向另外一邊。二〇一六年六月，茹雅私下向她的新兵說明了她的工作計劃：「我們可以模擬一些波動和盤中價格來操縱交易，並永遠都以高價收盤……建立信心——我們以更好的操縱來讓他們快樂。」

「他們」指的就是受騙者，像我這樣的小老百姓，我們這些人相信維卡幣正在挖礦更多的硬幣，而他們其實只是在他們想要的時候發行更多的硬幣而已。茹雅和她的大多數同謀都同樣使用加密的 Protonmai 電子郵件、俄羅斯手機以及拋棄式手機，但儘管她們採取了這些預防措施，美國聯邦調查局還是追蹤到她的足跡，因為從古至今一直都是追著錢的流向就對了。喔，而且他們確實憑空變出了錢來。這些錢似乎是在一瞬間憑空變成了龐大的全球貨幣數字。在二〇一六年的某個時刻，繼茹雅之後，成為維卡幣世界中對我來說最舉足輕重的賽巴斯欽，從韓國首爾的維卡幣辦公室「提取」了超過一億美元的現金為了個人使用。每當出現提錢的這個想法時，茹雅也會幫助自己兌現。她很明顯是瘋狂地愛上了自己，整個人都飄了，甚至沉醉於自己的聰明才智，這對她造成很大的影響。

在二〇一七年拜訪維卡幣在香港的辦公室時，茹雅在西九龍的五星級麗思卡爾頓飯店的房間入住，當時她希望她的下屬稱呼她為「殿下」Her Royal Highness。她叫來了一名面帶關心微笑的員工、一名助理、兩名保鏢和一個裝有超過一百萬港元（十萬美元）現金的背包。她想要「買點東西」，於是和她長隨在側的兩名俄羅斯保鏢一起出發前往座落於國際購物中心平台之上的圓方購物中心。一如既往，她在商業大街上買了你不會看到的名牌買昂貴的衣服和小飾品，與她在杜拜某個「瘋狂的下午」所購買的價值超過一百萬美元的珠寶鐘錶的花錢路數不同，當時她在杜拜買下了她的第八座豪宅，這是以高達價值兩千萬美元的金額特別為她建造的豪宅。她的勞斯萊斯停放在那裡，賓利和 Lexus 裝甲車與幾輛裝有客製車牌的「性能化」保時捷如 911 GT2 RS 等車則是在索菲亞。警察經常兼職從機場接送茹雅的賓客，而杜拜成為了她的鍍金棲息地，她通常搭著私人飛機，一下就從杜拜到了歐洲和美國。

她在二〇一七年夏末的任務，是透過將這些錢變成無法追踪的商品、財產、基金會和像矽谷新創公司這類的「乾淨」投資，讓她從我們所有受害者那裡偷走的幾百萬美元變不見。長期以來，她一直擔心著大量湧入的現金。二〇一五年八月六日，她發給賽巴斯欽一封電子郵件：

這和四週前的大熱銷有關。十三（億）個假幣。我們完蛋了，這太出乎意料了，現在我們需要很認真、非常認真地思考。

這十三億枚假幣價值一兆又久千零三萬億美元。難怪她會說他們完蛋了。數學困住了她。她太快就變得太富有了，一切都快得離譜。

這是真正的錢，而且這成堆的現金需要一個安置的家。許多保護他們盜來的財產的計劃都是有預謀的，所以我並不認為茹雅和賽巴斯欽一開始對於湧入的大量現金有感到驚慌。我認為他們是理智和感情在拔河，擔心一切過於美好。讓他們感到驚訝的是賺錢的速度帶來了配置的問題。中大獎讓他們被沖昏頭，而如果出現問題，茹雅的誓言與哲學，就是跟小偷的哲學如出一徹。她在二〇一四年八月九日寫給賽巴斯欽的電子郵件中寫道：

拿了錢就跑，然後將錯推到別人身上……

這種逃避策略的基礎，始於維卡幣創建之時。除了在保加利亞，茹雅也計劃將在倫敦以及阿拉伯聯合大公國大展拳腳，因為阿拉伯聯合大公國的引渡條約有限，而且與美國之間沒有引渡條約。在我第一次與倫敦市警方接觸時，我就破壞了 RavenR Capital，這是她為了將資金從她俯瞰倫敦海德公園的市場上最貴的辦公室中分散出來，以「家庭基金」的手法所成立的。在基倫．沃恩警探禮貌地要求她去警察的總部接受訪談後，她就放棄了這項計畫。就是在這個時候，茹雅開始對我很憤怒。她非常生氣。她不喜歡計畫受到影響，但她有一個後備的避風港，因為她在杜拜有著多項光榮交易的成果。在冠狀病毒大流行期間，杜拜是世界上仍允許騙子舉辦現場銷售活動的其中一個地方。

而茹雅早在冠狀病毒大流行之前，就帶著她自己的瘟疫般的品牌去了杜拜，還帶著一千六百萬美元的現金，去買了阿拉伯聯合大公國的銀行牌照。Prosperia FZE 是一家空殼公司，二〇一四年五月在阿拉伯聯合大公國成立，一個月後，又有另一家空殼公司 OneCoin Limited 在阿拉伯聯合大公國成立。在 Mashreq 銀行開戶時，這兩家公司的營業內容都是「管理諮詢」業務。

OneCoin Limited 似乎沒有和太多的管理諮詢有關係，而銀行的行員在現金開始以電匯方式匯入時很謹慎，這金額比公司告知他們的金額要多得多。一開始是一筆維卡幣空殼公司超過兩億美元的轉帳，從洛蒙德湖到倫敦，再到拉合爾，再到洛杉磯的受害者，然後再加上再繞一圈的受害者，都為了購買他們的入門S方案或大亨方案而以現金轉帳付款，而這些款項主要是從香港的帳戶匯到 Mashreq 銀行（沒有涉及任何不當行為）。

在我看來大錯特錯的是，美國當局在二〇一五年時第一次對維卡幣和茹雅起疑時，那是在我甚至還沒有我父親的錢可以投資，當時杜拜的犯罪調查總局就針對這些可疑的帳戶上發出了洗錢活動的警示。當 Mashreq 銀行的行員看到該帳戶的資金來自保加利亞、吉隆坡、愛沙尼亞、香港、越南、柬埔寨、墨西哥、美國、直布羅陀和澳洲的個人和小公司的匯款，且全部的名目都是「用戶名稱」、「行銷和教育方案」、「設備款項」或「教育用花費付」時，銀行行員就開始提出疑問。當被問及轉出資金（更多的洗錢活動）的原因時，維卡幣出示了合約發票，表示他們正在大量進貨「Flash 遊戲」，這是曾經流行過的網頁瀏覽器遊戲，例如 Bowman、The Impossible Quiz 和 Max Dirt Bike。你會認為，這些遊戲以及維卡幣在帳面上以市場價格的十倍價格購入與管理諮詢完全無關，這是很值得懷疑的。

根據美國的法庭文件，Mashreq 銀行的一名行政人員有一位維卡幣聯繫人的聯絡資料：卡爾・賽巴斯欽・格林伍德。據報導，他給了這名員工一份五十萬迪拉姆（阿聯酋迪拉姆）的「結婚禮物」，價值超過十萬美元。他和茹雅在有關透過阿拉伯聯合大公國的銀行進行嚴重欺詐和洗錢的信件中被提到名字。儘管有一些銀行工作人員表示懷疑，且他們認為同事們也串通參與了洗錢，以及一封正式的警示，但杜拜當局並未對維卡幣或賽巴斯欽和其他人採取任何行動。如果他們有，也許這麼多的苦難就永遠不會發生了。迄今為止，在阿拉伯聯合大公國還沒有任何人被追究責任。

然後是另一個令人驚訝的事情，接下來發生的事情無論是在過去和現在，都很令人難以置信。當茹雅和她的公司透過 Mashreq 銀行愉快地洗錢洗了數百萬美元時，該國的警察局長扎希・哈爾凡・塔米姆 Dhahi Khalf Tamim 收到了科威特內政部透過信差送來的訊息。科威特政府的文件稱茹雅和 OneCoin Ltd. 公司可能一直在資助全球的恐怖主義。

該國的國安負責人阿布杜・哈米德・阿布度・拉希姆・阿瓦迪少將 Major General Abdul Hamid Abdul Rahim Al-Awadi 發出警告，表示茹雅正在為「支持恐怖主義的國家」工作。他們沒有找出罪魁禍首，但報告說茹雅正把錢送往阿富汗、巴基斯坦和葉門，並使用外交護照和私人飛機，攜帶大量現金旅行。即使當局有對這些警訊採取行動，卻沒有對茹雅採取任何行動的跡象，她反而還透過 Prosperia FZE 公司取得一棟阿拉伯聯合大公國的住所。她似乎被這些石油資源豐富的國家非常親切地接納，並舒適地被提升地位為阿拉伯的茹雅 Ruja of Arabia。這個故事還有另一個聳人聽聞的轉折，儘管茹雅打造了一種不接受加密貨幣支付的加密貨幣，她卻成為比特幣的第二大所有者，僅次於這種合法數位貨幣的創造者中本聰。當我得知這一點時，我唯一一直重複的反應是「天哪！」這太不可思議了。我覺得自己像是身處在一部《不可能的任務》電影中，人就在懸崖的邊緣。我對所有這一切的虛偽都感到很憤怒。奇怪的是，儘管茹雅犯下了所有嚴重的犯罪行為，但最讓我怒火中燒的是，她總是炫耀人類尊嚴最簡單的規矩——就是得體的舉止，她所做的事情明明就很不雅！

她和她的手下警告我和所有受害的投資人，如果我們購買任何其他的數位貨幣，我們的帳戶將被失效、收回。她的論點是，這就像可口可樂的卡車司機在工作中喝百事可樂一樣。

二十四小時都在伸張正義的林德爾．愛丁頓，他也是我在美國非常依賴和信任的老鷹1號，他發訊息給我，說透過他的一位聯繫人所提供的資訊，他認為美國聯邦調查局正在逼近茹雅和賽巴斯欽，而且聯邦調查局正在與海外政府合作。我對此感到很興奮，但我沒有告訴受害者的小組，因為我不想驚動茹雅，我們所有的聊天室都被竊聽了。茹雅吹噓說，法蘭克．施奈德身為一名前國際秘密警察，「到處都有人脈」，令人惱火的是，此時我們還不知道，他從美國執法部門收到了類似的內部消息，稱某一個調查小組正在調查茹雅和維卡幣。

他們需要努力去尋找那個寶箱，但是茹雅仍然對洗錢有信心，她相信這一大筆錢已經被吉爾伯特．阿門塔和一位吃得很開的佛羅里達州律師馬克．史考特 Mark Scott 徹底洗乾淨了。馬克．史考特又是另一個對遊艇和保時捷充滿熱情的人。這些詐騙犯好像都是賺了幾百萬後，就買跑車，再賺幾百萬後，就買遊艇。有人告訴我，有些人稱這種行為是「保時捷更年期 menoporsche 或中年危機。茹雅付了馬克．史考特五千萬美元，以幫助他緩解更年期的潮熱，法庭文件上還說：馬薩諸塞州科德角的三棟價值數百萬美元的海濱住宅；一艘五十七英尺長的 Sunseeker 遊艇；一輛二十五萬美元的法拉利 599 GTB 2011；以及三輛保時捷，總價值將近七十萬美元。史考特的一些「玩具」是用源自愛爾蘭銀行的 Fenero Tradenext 帳戶的資金所支付的。Tradenext 還幫忙支付了他的遊艇的一百三十一萬美元，這筆錢由 Nautikos Sunseeker Group 遊艇公司在不知情的情況下收下。當我想到這些極端放縱所花的錢背後是來自那麼多的痛苦代價時，這一切都讓我的大腦快要爆炸了。茹雅博士在選擇身邊的人時很謹慎，但黑社會的人脈並不能和忠誠度和品格劃上等號。

因為正是在法蘭克．施奈德的引介下，茹雅透過美國的法律事務所 Locke Lord 與馬克．史考特搭上線，這家公司也曾就被我所破梗的倫敦房地產投資向她提供建議。史考特於是放棄了與該公司的股權合夥關係，並從二〇一五年底開始從他位於佛羅里達州克拉蓋柏茲的家中經由法蘭克福往返索菲亞。在他第一次拜訪保加利亞時，他享受了一流的待遇，在早期的會議時，維卡幣辦公室的二樓特別為他空下來，讓他和茹雅可以有私下進行顧問諮詢的空間。

他們有很多要談的，也有很多、很多現金要處理，因為他一開始工作時，經證實的銷售收入數字是三十八點五九億美元。那是美元的金額，但這筆錢的數字如此龐大，即使以英鎊或歐元計算，我也無法將之換算清楚。我無法想像這麼多的錢，你會怎麼處理？尤其是如果這筆錢有很大一部分都是你從世界上最貧困地區的窮人那裡所偷走的，你又會怎麼處理？我明白你會想要將它們清洗乾淨，並且掩蓋髒污的蹤跡。馬克．史考特就擅於此道。吉爾伯特．

阿門塔也是，他在床上讓茹雅滿意之餘，也參與了幫她搬錢的工作。這兩位美國律師成了她的商業夥伴和洗錢同夥。對我來說，查清他們用盜來的資金做了什麼事情，就像是一腳陷進流沙一樣。我不得不深吸一口氣，擔心自己會淹沒在他們為掩埋茹雅的財富所擬定的精巧計劃的深處。她在保加利亞、香港、杜拜、韓國、倫敦和紐約的辦公室和公寓裡都堆放著成捆的現金。當我在酒吧的吧台後面工作時，總是會碰到工作人員偷走幾磅或找不到某瓶威士忌這類的小問題。當我在一家銀行工作時，如果發現透支了五英鎊，我們就必須在下班後花費好幾個小時，在無止盡的帳戶中尋找未付的款項，直到找到不見的這五英鎊的錢為止。但是對於維卡幣來說，「輕度竊盜」的金額往往是高達數千萬美元。

茹雅不得不讓我們的幾十億美元的投資回到她和同謀的手上，但她們無法以透明的匯款方式來收到這些錢。如果透過這種方式，銀行會對她發出可疑交易警訊，這會讓她自己和維卡幣成為反欺詐警察所關注的標記。反之，只要有馬克．史考特的計劃，錢就可以像是馬達加斯加的油井一樣源源不絕。在阿布達比那裡，有著純種賽馬的馬廄。在吉爾伯特．阿門塔飛到里約熱內盧和波哥大進行交易的時候，馬克．史考特則在英屬維爾京群島設立了假的投資基金。資金被投入這些可憎的一系列基金中——也就是 Fenero 基金——號稱來自富有且尊貴的歐洲貴族家庭。我想這個作法的概念是，如果這些人是上流社會的人，他們的錢就不會被聞到臭味了。起初，全球各地的銀行和信託機構都滿意於史考特的謊言，他們相信涉及的人員和資金都是合法的，因此大量的現金流也一定是合法的。

非法的現金透過至少二十一個國家或地區的金融機構進行洗錢，這包括香港、新加坡、美國、開曼群島、海峽群島、愛爾蘭共和國和喬治亞（在東歐的國家，不是美國的州）。這一切是在阿拉伯聯合大公國那些「順遂的日子」之外的額外的洗錢。錢輾轉回到茹雅博士、賽巴斯欽和其他所謂的被指控的金字塔頂端的人手上。在基金裡面的資金，被視為是另一種商品，這些金融機構創造了巨額的費用，而只要在鍵盤上輕敲幾下就可以轉移幾百萬的美元。

我對於我們的錢是如何被回收再利用以及最接近我家的地方發生了哪些事情很感興趣，從格拉斯哥飛越愛爾蘭海只需要四十五分鐘，這也讓我清楚了解了這套特殊的洗錢機制是如何工作的。我發現大部分資金都回到了這幾支活躍的 Fenero 基金上，並從這些基金直接流向了茹雅。

二〇一六年三月十一日，在都柏林、紐約和倫敦都設有辦事處的商業律師事務所 Mason Hayes Curran 的一名愛爾蘭律師，在不知內情的狀況下就透過電子郵件將馬克．史考特介紹給愛爾蘭銀行的一名主管，並將信件副本給了這家銀行於都柏林的伯靈頓路的辦公室的其他銀行員工：

這件事的背景是，馬克．史考特正在創立一家將觸角將會擴及到愛爾蘭以外的地方的投資公司。馬克希望與愛爾蘭的某一家銀行建立合作關係，以滿足他的需求。也許您可以在收到這封電子郵件後，針對這件事開始討論，我也很樂意盡我所能地提供幫助。

而很快地，在二〇一六年三月十三日，史考特就回信了。他提供了有關英屬維京群島公司的銀行法律文件，他聲稱是他所工作的投資公司 Fenero 基金的擁有者。Fenero Equity Investments（愛爾蘭）成立於二〇一六年四月。Fenero Tradenext Holding Limited（愛爾蘭）也是在同個時間成立的，而 Fenero Pct Holdings Limited（愛爾蘭）也是如此。史考特所填寫的銀行表格顯示，這些新公司預計其帳戶的年營業額在一千萬至兩千五百萬英鎊之間。他說 Fenero 是一個價值近九千萬英鎊的基金，負責管理著四個歐洲富裕家庭的財產。史考特解釋說，多年來他一直與這些家族合作，且經手的交易金額加起來超過十八億英鎊，而他們正在整併他們的流動資產以進行投資。這家銀行將 Fenero 標為「高風險的」，因為它位於英屬維京群島，但他們在馬克．史考特的審判中解釋說這種情況並不罕見。

史考特透過愛爾蘭至少洗錢洗了二點七三億英鎊。其中，我的美國聯邦調查局聯繫人，也就是特別探員蘭・辛考表示，他的調查人員估計，在二〇一七年二月至二〇一七年四月這段期間，約有一點八五億英鎊透過這個「愛爾蘭基金」流入了在阿拉伯聯合大公國的投資基金。當馬克・史考特透過在都柏林的 Fenero Equity Investments（愛爾蘭）試圖向杜拜的 Phoenix Fund Invest 付款時，一位銀行行員發出了銀行內部的警報信號。錢是要給誰的？Phoenix Fund 是什麼公司？她還想了解更多關於 Fenero 的細節。史考特取消了這筆交易以阻止銀行過於深入研究他那些不可靠的業務交易資料。這是可以理解的。

阿莫・阿布杜勒齊茲・薩爾曼 Amer Abdulaziz Salman 於二〇一七年創立了總部位於杜拜的 Phoenix Thoroughbreds，作為「世界上第一家受監管的純種馬基金」，並成為純血賽馬交易和國際賽馬產業的重要代表。他付巨額款項的能力提升了他在賽馬所有權的世界的地位。他可以「買下」冠軍賽馬。Fenero 基金成立後不久，Phoenix Thoroughbreds 就在二〇一七年三月一日在美國著名的 Fasig-Tipton 冠軍賽馬拍賣會上購買了第一批的馬匹。阿布杜勒齊茲的企業是一家致力於馬的相關資產的營利性基金。他說，這個基金設立在法蘭克・施奈德的舒適圈盧森堡，且客戶都在排隊等著投資，他是 Phoenix 基金在帳面上的帳戶持有人，沒錯，資金的來源是阿布杜勒齊茲。維卡幣在他所擁有的杜拜鳳凰城商業中心有一間辦公室，並且在入門方案和其他的維卡幣方案開始販售時，能夠藉由這裡處理。在美國的法庭文件中，康斯坦丁指控阿布杜勒齊茲是茹雅的另一個洗錢據點，並稱他是一個揮霍無度的人，說阿布杜勒齊茲以超過兩千八百萬美元的價格購買了一匹賽馬，並從茹雅那裡「偷走了」超過一點一五億美元。我不知道你是怎麼從小偷那裡偷走東西的，但她說是他幹的。阿布杜勒齊茲一直否認這些指控，而且沒有人可以舉證這樣的竊盜行為。有一個追蹤著這一切的人，他是熟稔反欺詐方法的專家，我稱他為赫克特 Hector，為歐洲的銀行進行臥底。他試著保護銀行客戶免於遭到詐騙，如果確實發生了詐騙，他也會盡快讓騙局終止。但是，因為二十一世紀的數據資料保護以及，你沒看錯，為了阻止洗錢而制訂的複雜規則，都讓這些工作變得不那麼簡單。

赫克特一直是我的朋友，也是我和受害者團體非正式的顧問，但是他和我們一樣對於官方缺乏行動感到沮喪。他指出，「在過去」，如果發現異常交易：「銀行經理就會直接對客戶說：『這是詐騙，不要匯款。』因為數據資料保護的規範，你不能再那樣做了。」在整個歐盟和英國，透過開放式的銀行業務，他說有些系統可以在你投資時檢測到你是否將錢匯到了一個可疑的地方，就可以要求客戶思考一下他們正在做的事情是否是個好的主意。維卡幣通常總是比這些警訊更快一步。然後當錢被清空時，它就不見了。

而賽馬的世界就像房地產和藝術一樣，都是蘊藏著豐富可疑資金的環境。赫克特告訴我：

只要有一筆交易和一份發票，錢就可以被合法化了。我認為很多茹雅的錢都會被在美國的銀行找到，還有很大一部分在阿拉伯聯合大公國，在杜拜的新的大廈社區或丹佛或都柏林或任何地方的購物中心。這些錢也會經過多次的交易。有一家公司專門為賽馬製造馬鞍。有一位俄羅斯客戶想要為他的馬買一個新的馬鞍，並希望完全適合馬匹以及某位賽馬師。他們就把馬放上飛機，然後空運給馬鞍製造商。馬鞍的價格是七萬英鎊，最重要的是，還有馬和賽馬師的旅行費用以及所有其他費用，然後突然間，為馬製作馬鞍的費用就變成是二十萬英鎊。在這種操作手法中洗錢的潛力，絕對是很龐大的。如果你有十四馬，那就是兩百萬英鎊，而且你還可以隨心所欲地更換不同的賽馬師。Phoenix Thoroughbreds 可以很容易地透過賽馬洗錢，因為交易量非常高。

例如，如果某個財團以兩千萬的價格購買了賽馬大賽的冠軍馬，然後將其投放回市場又可以賺得另外一筆兩千萬，等到這些交易完成時，所有的錢都已經消失了。從某種意義上說，那些非法的資金現在已經變成是馬糞，不是嗎？都從另一端出來了。

起初，Phoenix Thoroughbreds 在英國薩弗克的紐馬克只有一名馴馬師在訓練馬匹，但後來聲稱擁有三百匹馬，包括公的種馬和母的種馬，並在世界各地有二十七名馴馬師與這些種馬一起訓練。Phoenix Thoroughbreds 在二〇二一年時，在愛爾蘭是有合法登記的所有權人，並且確實有六匹馬在那裡訓練。Phoenix 和阿布杜勒齊茲（沒有被指控犯有任何罪行）的事業蒸蒸日上，而他們的騎師所穿的白色和橘色的綵衣，因為在美國、澳洲和英國的皇家賽馬會的活動中屢屢贏得大獎而被人們所熟悉，尤其是二〇一八年時在英國的皇家賽馬會上的「Signora Cabello」這匹馬。高級的金融交易和賽法匯集在一起，而茹雅和她的洗衣同夥在這個需要燒錢才玩得下去的世界如魚得水。馬克．史考特崇拜他們，崇拜他們所有的錢還有奢華的生活方式。每一天，他都會從他所收藏的十六塊手錶中，選擇一塊不同款式的手錶配戴，包括勞力士、歐米茄和藝術品般帶有精細雕刻的沛納海。

同時，吉爾伯特．阿門塔陪同茹雅一起參加「商務會議」，他們的行蹤遍佈歐洲各地，他們最喜歡的地點是巴塞隆納的藝術飯店。這不全是生意，因為他們也在旅行中進行享樂，他們還抽出時間去喬治亞的首都第比利斯的 JSC Capital Bank 銀行確認她的錢，那裡位於歷史上的「絲綢之路」上，也就是位於歐洲和亞洲的十字路口上。但是如果你要轉移資金，這就是另一條通往一桶桶黃金的黃磚路。在延續到二〇一七年夏末的那一波超級洗錢潮中，茹雅計劃讓吉爾伯特．阿門塔離開他的妻子；他們預計同居、結婚並建立家庭。他們還討論過要給孩子取什麼名字。他們會私奔，然後實現她拿了錢就跑的許諾。身材高大、說話溫和的美國聯邦調查局特別探員蘭・辛考對此則有其他看法，他不認為他們的關係是會是在未來結婚的長久的關係。探員住在華盛頓特區，但在過去幾年裡，他因為對茹雅和維卡幣的調查而走遍了世界各地。在與他的談話中，我發現他是一個善於傾聽的人，但是他也不會洩漏太多。我和他的交換是以資訊為主，但是他希望這按照他的方式進行。他有一種堅強、自信的個性，這也體現在他的舉止上。那是我第一次真正感覺到，我連絡上了一個我可以信任的人，而他會盡最大努力為茹雅的所有受害者伸張正義。

在這個被詛咒的貨幣的另一面是法蘭克・施奈德，他從前情報官員圈內的小道消息中聽說，美國當局正準備採取行動，但馬克・史考特和阿門塔一直在從事的金融非法活動都位於美國的管轄範圍之外。所以為時已晚。當我在倫敦市警察局這邊一事無成時，美國聯邦調查局一直在歐洲的其他地方收集資訊。馬克・史考特為了將茹雅的數十億美元放到行李輸送帶上，創立了一大堆公司。就像是迷宮一樣，在全球的一堆帳戶之中又有一堆帳戶，而一堆公司之下又有一堆公司，都是註冊在開曼群島的郵政信箱和在英屬維京群島上。這些帳戶和公司組成了一個富有挑戰性的金融拼圖。有誰能把所有的這些碎片拼在一起？在我看來，這就好像是如果你在世界上的任何地方的任何 ATM 機器上插入一張信用卡，維卡幣的獲利就會傾瀉而出。茹雅都快被現金淹沒了。她也變得更加偏執，擔心馬克・史考特是這場陰謀之中的那個脆弱環節，而讓她自己陷入了焦慮不安之中。因為她聽說有某人——「某一位身處高位的美國線人」——與美國政府探員進行交易，交易的一部分就是將事情說出來。她的組織中有一個「內奸」。據稱她因此指示法蘭克・施奈德動用一些他的關係。

第十二章 在光彩奪目的生活背後

隨著維卡幣的財富以令人不安的速度累積，包括茹雅在內的一切事情，也都漸漸往失敗的方向發展。她瘋狂地回收數十億美元，但是她似乎更關心自己的愛情生活。她越來越常與情人吉爾伯特·阿門塔在歐洲幽會，但是也對於他經常需要去南美州與墨西哥洗錢而感到生氣。

我一直說她狡猾，她也再次證明了這一點。她付錢給某個女人，讓她在佛羅里達州的勞德代爾堡與吉爾伯特·阿門塔的妻子當朋友，以窺探她情人的婚姻狀況與內幕。當茹雅因為阿門塔是否會離開他的妻子而苦惱時，有關當局也仍在追查這筆錢。美國聯邦調查局巧妙地與茹雅過招，但在法蘭克·施奈德的幫助下，她有如獲得了一張王牌。他對調查員所掌握的資訊瞭如指掌，他一直向她報告我在進行的活動，以及為她與英國當局「打交道」，同樣也警告她有關當局即將採取行動。（官方並不承認她事先就知道美國聯邦調查局正在調查她，但所有的這些事件都是在反駁任何否認發生某種資訊外洩的說法。）二〇一七年九月，茹雅為自己和吉爾伯特．阿門塔安排了一趟巴黎之旅，並邀請了阿門塔的兒子同行。她的私人助理，也就是她的弟弟康斯坦丁，也預計去當這位年輕人的「保姆」，所以會一起同行。但是突然間，阿門塔卻抽不出時間去這趟浪漫的巴黎之旅。茹雅那時正在擔心著馬克．史考特的忠誠度，她並不知道，她的情人此時正與特別探員羅蘭．辛考 Ron Shinko 火熱地共謀。當我發現這些細節時，我的想法改變了。我不想對於人和這世道的沈淪感到非常憤世嫉俗，我試著保持我的核心價值觀，即想著人最好的那一面、努力做正確的事，與幫助有困難的人。由於生活出現了這些可恨的的角色，我常常陷入無助與驚恐的情緒中。

那些投資茹雅的投資人，和「她的團隊」的人之間形成鮮明的對比，我在細想這些時總是不寒而慄。在茹雅只關心著別人的丈夫的同時，我繼續收到來自世界各地維卡幣受害者的求救訊號。往往當我打開電腦時，我會看到求助和希望獲得回覆的呼救，但是我同時也會被惡意的訊息，和無處不在的死亡威脅給拖延。不管你的生命受到多少次威脅，每一次都會讓你脊背發涼，這是你無法逃避的恐懼感。電話鈴聲就可以誘發可怕的想像，誰在找我？他們想怎樣？我該小心翼翼到什麼樣的程度？敲門聲是有人要來殺我，還只是亞馬遜的貨運送到了？這算瘋狂嗎？也許是吧，但當我開始了解茹雅和她的黑幫運作的細節時，我的這些猜疑就出現了，因為他們不受到任何的規範。

然而，美國聯邦調查局卻必須遵守規範，並採取周密的預防措施，以確保文件都無懈可擊，因為他們不想讓一個時薪一萬美元、穿著鯊魚皮西裝的律師，因為握有漏洞而讓他們的客戶有可以直接走人的機會。而結果顯示，聯邦調查局完全掌握了吉爾伯特．阿門塔。茹雅的情人和洗錢者在美國東海岸舉行會議時，受到了電子監控和人身監控。在二〇一七年九月十二日星期二這天，大陪審團輕輕鬆鬆地以三項敲詐勒索罪名起訴他，包括他威脅某個英國人如果不支付超過數百萬美元的款項，將會在倫敦遭受嚴重的人身暴力；串謀勒索；勒索未遂；和違反旅行法的敲詐勒索罪行。對我來說，這代表著他可以傷害任何人，或者更糟的是，為了得到他的錢而可以做出任何傷害人的事情。這些指控，加上其他更嚴重的指控，已經足以讓美國聯邦調查局和國稅局 IRS 探員介入。第二天，在康乃狄克州，蘭．辛考和美國國稅局的探員特理奇．倫哈特 Rich Reinhart 和約翰．阿布蘭 John Abram 逮捕了吉爾伯特．阿門塔。他很快就「屈服了 roll over」——有人告訴我這是官方用的術語——並開始配合調查，他只花了幾分鐘就決定轉換陣營，就像他開設銀行帳戶一樣地迅速。對於阿門塔被捕一事一無所知的茹雅來說，以吉爾伯特．阿門塔之後的作為，道歉是一定不夠的。

很多人都認為，她的婚姻只是一場表演，而不具有任何意義。她憑空就出現了一個小女兒，在維卡幣上所有的討論都集中在她找代理孕母為她懷孕的八卦。她的真愛一直都是吉爾伯特．阿門塔。她真心以為他會和他的妻子離婚，跟她結婚，情感的破滅確實讓她受到打擊。雖然吉爾伯特．阿門塔取消了他的巴黎之行，但其他三個人都去了法國，前三天他們的心情都輕鬆又愉快，但是接下來一切就變調了。最後，茹雅讓她的弟弟和阿門塔的兒子先回家，她自己則飛往一個秘密的目的地，說她有「事情要做」。這讓康斯坦丁很驚訝，因為他的姊姊從不喜歡獨自旅行，因為她總是希望有人在身邊幫她提包包。但這對茹雅來說是緊急的狀況，因為她付錢安插在吉爾伯特．阿門塔的妻子身旁的那位女線人，向她報告說，他似乎不像是要拋棄他的家庭然後與茹雅一起開始新的生活。她說，阿門塔夫婦似乎將茹雅視為一個笑話，都在嘲笑她。法蘭克．施奈德的手下早就已經在羅德岱堡進行著超級間諜的工作，其中一人買下了阿門塔家正下方的公寓，假裝自己住在裡面。他們很快就在天花板上鑽孔，並在樓上的起居空間和臥室裡佈好麥克風，而茹雅痛恨她所聽到的內容。她的弟弟康斯坦丁說，他在巴黎之行後第一次見到她時，她或多或少有點精神崩潰。他準備了一份她最喜歡的食物給她一個驚喜，但他姊姊卻抓狂了。她透過竊聽發現吉爾伯特．阿門塔想與美國聯邦調查局達成交易，交出她來換取有利的協議。當茹雅和她的弟弟在位在茹雅索菲亞家的客廳交談時，她的心情變得越來越糟。他表示，她似乎最生氣的是吉爾伯特．阿門塔背叛了他們的愛情與背棄了他們兩人的未來生活。她說個不停，說阿門塔偷了她的錢，而且他更大的罪過，是他和他的妻子用這些錢過著很好的生活。他的私人飛機的費用是由她的錢支付，他給妻子所有昂貴的禮物都是由茹雅支付。他生活中幾乎所有的奢侈品，都是由茹雅買單的。一切都是由美麗的加密貨幣女王所支付的。她最受傷害的似乎是吉爾伯特．阿門塔和他的妻子「拿她開了很多玩笑」。

康斯坦丁說，他姊姊在他們談完話後感到很疲累，但她告訴他，不要害怕，因為「一切都會沒事的，吉爾伯特的計劃不會成功」。他沒有實際聽到竊聽的內容，但在茹雅客廳的桌子上看到了錄音的逐字稿。但我接下來卻聽到茹雅的聲音，完美地揭露了她自己腐敗的性格，以及她有多虛偽。

這是在二〇一七年九月的最後兩週，和二〇一七年十月的前三週之間，她和吉爾伯特．阿門塔之間三十多筆秘密的錄音電話，美國的法庭文件顯示這些電話是由美國聯邦調查局所設局的。較早的一通電話是在二〇一七年九月二十四日，在吉爾伯特．阿門塔於勞德代爾堡辦公室附近的東布勞瓦大道的一個停車場撥出的電話，茹雅聽起來彷彿還不知道她打算一起私奔的那個男人，已經背叛她：

吉爾伯特，如果我們願意，我們可以在隨時取得你的電子郵件。你沒辦法避免這件事，所以你得他媽的小心點。你無法想像這些俄羅斯人能做什麼。我的意思是，如果他們能做到這樣，那麼有很多人也都能做得到。我唯一可以給你的建議是，不要使用電子郵件。不要用，不然……你就只用面對面的溝通或加密電話就好。沒有其他方式是安全的。拜託你相信我。

阿門塔同意了，但茹雅繼續強調她的觀點：

我可以在二十四小時內得到我想要的所有東西。如果我可以，他們一定也可以。我真的很為你擔心。你在溝通時必須更小心。每個人在溝通時都要更小心。像是，要非常地小心。

其他的錄音電話則是由位於曼哈頓的美國檢察官辦公室所教唆的。當阿門塔打這些電話給茹雅時，蘭．辛考和美國國稅局的探員理奇．倫哈特也在場。這一切都是照規矩來，經過阿門塔同意才打這些電話，而這些電話之後在法庭上播放作為當庭的紀錄。許多通電話都講了超過一個多小時。這是一場貓捉老鼠的遊戲，茹雅的情緒就像鐘擺一樣搖擺不定，她從來不讓吉爾伯特．阿門塔和在聽著的美國聯邦探員聽懂她的意思。她也沒有清楚讓阿門塔知道，她已經知道他正在與美國聯邦調查局合作一事。那時他們又計劃了另一趟去巴黎的旅行。在二〇一七年九月二十八日，當吉爾伯特．阿門塔問她過得如何時，她確實在電話中展現出攻擊性：

我今天過得很棒。我的那些手下又跑來，告訴我發生了什麼事。我喜歡你和你妻子討論著我告訴你「你不能跟我結婚」的那捲錄音帶。我喜歡這捲錄音帶，我想將它留下來。可能任何我想聽的時候，我就會拿出來再聽一遍。你知道，這就是我每天都在處理的問題，我心想，我他媽的到底在幹嘛？在錄音那頭的人到底是誰？嗯，這其實就是我說好玩的事情了。

通常我會對他們說，我不想再聽到這些鳥事了，但是這捲錄音帶，實際上，聽起來很有趣。吉爾伯特，你他媽的到底有什麼問題？真的，嗯？你呢，我沒想到你是個沒有骨氣的混蛋，你是嗎？

阿門塔試圖插話：「嗯，現在比較大的問題是……」

我聽著這些錄音，開始怒火中燒。這是世界上最惡毒的女巫和騙子，在鼓吹道德、誠實和誠信。真是令我嘆為觀止。當我第一次聽到這些錄音時，我差點因為她的厚臉皮而噎到。在這同一天，茹雅對阿門塔大發雷霆：

不，不。沒有必要，完全沒有必要。我不想聽，因為這件事很清楚擺明了是這樣。我想著，這件事就像屎一樣，到處都是，根本垃圾。事實上，這很噁心。所以，嗯，我認為呢……好吧，你知道我的想法。所以，去巴黎的計畫取消吧，然後做需要去做的事情。親愛的，你沒有必要將自己置於這樣的處境。就像你顯然並不……你知道的，這對你、對我、對任何人，甚至是對她都沒有意義。話說，那可憐的女人，哎，我也好可憐。也就是呢，我不喜歡別人對我說謊。我吐了。你明白嗎？我將我吃的晚餐都吐出來了。我不想再忍受這些鳥事了。我知道大家都是混蛋。我也知道大家都可能會軟弱。我知道人們為了得到他們想要的東西，是可以做出很多事情來的，但我不應該被這樣對待，她也不應該被這樣對待。不管你自認為你是誰，自以為比任何人都聰明，但是事實並非如此。你懂嗎？事實並非如此。而且這也不應該。有一種東西叫做個人操守。你可以 Google 看看，這個東西可能對你有益。我不想和一個沒有個人操守又喜歡在我背後說壞話的人在一起。你懂嗎？我相信你懂的。跟你說聲晚安囉。

她的神經一定也很緊繃。她那個轉個不停的維卡幣世界，一定都在撕扯著她的神經。她接下來的大活動是在二〇一七年十月六日至八日，在葡萄牙為推廣者所舉辦的激勵大會。老實說，這就是一個騙子大會。

在這場活動中，將會宣布眾人期待已久的私人線上交易平台開放的時間，投資者之後就可以將他們的虛擬維卡幣兌換成英鎊、美元、歐元或任何其他用來付帳單的貨幣。當然，這是童話般的胡說八道。所有大家熟悉的嫌疑犯都出現在里斯本，包括莎莉・洛薩和約翰・穆內羅，他們仍在竭力兜售這個騙局。當艾琳和我在看活動的直播影片時，我感到非常羞愧。我一手帶入維卡幣的米切爾・湯姆森也在，他還在投入全力去做，只是變成一個羽翼豐滿的騙子了。在他身邊的是他新招攬的另一名蘇格蘭的生力軍，他曾經在一張與蘇格蘭第一部長尼可拉・史特金 Nicola Sturgeon 合影的照片中，開心地擺出代表維卡幣的手勢……我離題了。那些善於強迫推銷的人都出席了這場活動，他們甚至再度超越了他們自己，因為他們竟然告訴觀眾，維卡幣為整個價值數十億美元的加密貨幣產業奠定了基礎。提姆在加州觀看直播影片時寄給我電子郵件：我快瘋了，我聽著同樣的這些洗腦廢話覺得好沮喪。至於看來總是緊張的維卡幣執行長皮埃爾・阿倫斯 Pierre Arens，卻沒有現身。他們宣布他感染了病毒，有胸腔感染的症狀。他真的完全沒有出現。然後當維卡幣的這群推手突然意識到茹雅不會很快出現在里斯本的舞台上，災難就開始了。他們開始感到非常緊張，這些維卡幣的領導者，這些有著黑鑽石美名的領袖，為了找藉口而張皇失措。「查法爾博士」在舞台上緊張地跳舞，而其他人都在拚命聯絡茹雅。他們事先沒有收到任何她不會到場的通知，這在她的世界，是不可能發生的事情。她的守時已經到了過分細節的程度。然後他們在現場瘋狂宣傳這個陰謀論來掩飾：她被世界銀行綁架了，因為這些銀行覺得維卡幣的成功對他們造成了威脅。是美國人幹的，他們不想讓維卡幣成為世界上第一個取代法定貨幣的數位貨幣。沒有人提出，茹雅充其量只是害怕被捕。

他們向參加里斯本活動的維卡幣推廣者說了可笑的藉口，而且在週五晚上的盛大晚宴上，千層麵看起來不太新鮮，但無論如何週末的活動還是繼續進行。活動的內容一如既往地無恥，這場大型的激勵活動就是洗腦活動。週日的活動安排是一起歡慶維卡幣的美好世界。當這群自命不凡人在里斯本揮舞著維卡幣的旗幟時，茹雅正試圖找到一個不受美國聯邦調查局影響、會歡迎她的司法管轄區。我們確定知道的是，在二〇一七年十月二十三日，茹雅在她位於索菲亞家裡的辦公室，召集了維卡幣管理團隊來進行危機處理會議。她的弟弟並沒有參與，他坐在廚房裡用手機監控著網路。會議結束後，茹雅把他叫進辦公室，叫他幫她預訂在四十八小時內飛往維也納的航班，然後叫他不用擔心，因為她很快就會回家了。康斯坦丁照她指示的做了，但後來茹雅又打電話給他，說她想在飛往奧地利的同一天，也飛往雅典。她是要他取消維也納的航班嗎？聽到這個問題時，她勃然大怒，開始對康斯坦丁大喊大叫：「該死的這兩個航班都需要訂！」她當然會需要一條逃跑的路線。在她向弟弟提出訂不同航班的需求的期間，法蘭克・施奈德透過來自保加利亞、德國或美國檢察官的洩密告訴茹雅，她已於二〇一七年十月十二日被紐約的大陪審團起訴。美國聯邦調查局的蘭・辛考和他的探員們原本想對起訴書保密，以防止即將發生的事情發生。她的指控（第一次的指控）包括：一項共謀匯款欺詐罪，一項匯款欺詐罪；和一項共謀洗錢罪。如果她被定罪，這些罪名將會讓她被關進監獄。美國司法部還表示，他們會直接到她家把她帶走並從她那裡找回受害者的錢。法蘭克．施奈德告訴她，她可能會被關很長一段時間。而且他們可能——我會拜託他們必須要這樣做——扔掉監獄房門的鑰匙。茹雅一聽就知道事情的嚴重性了。

第二天一早，也就是二〇一七年十月二十五日，茹雅只帶了一個隨身包包，隨行的只有她的一名保鏢，她避開了她平時搭的私人飛機，搭上總部位於都柏林的瑞安航空廉航，這是飛往希臘的冷門航班。那天晚上，她的保鏢獨自從雅典回來並告訴康斯坦丁，他的姊姊在機場被一群說著俄語的人接走了。幾週前，她曾經告訴康斯坦丁，她與「來自俄羅斯的某個非常有權勢和富有的人」聯繫上了。康斯坦丁說茹雅從來沒有說出這個人的姓名，他也不知道對方是男還是女。他說，從那之後再也沒有見過她，也沒有收到她的消息。在公開場合，也再也沒有其他人看到她。那一天，茹雅成為了「失蹤的加密貨幣女王」，我的生活以及成千上萬其他受害者的生活，又陷入了更加混亂的局面。

既然茹雅走了，當局也沒有人可以告上法庭，我們有什麼機會可以獲得任何補償，或是獲得看到正義彰顯而她被關進監獄的最簡單滿足感？而且，在媒體對她所消失的第一波熱潮退去之後，還有誰會在意這件事呢？在維卡幣營運的另一面，是和我們同樣感到恐慌和擔憂的一群人，這群人一直在透過茹雅不正當的手段發財，而且他們不喜歡現金流的水龍頭被關掉。還有其他甚至更黑暗的人物，與她一起投資。而他們想要那回他們的錢——連同利息。他們內心都非常憤怒，而在我們的受害者群組中，有人提供給我們不少關於那些被茹雅拋在一邊的人所做的邪惡威脅與誓言。這些兇殘的談話中聽起來像是羅馬帝國的末日要來了。這是不是茹雅在部署她所計劃的「退出策略」？就像她在給賽巴斯欽的電子郵件中所說的策略：拿了錢就跑，然後讓其他人背黑鍋。真是符合她一貫的標準方法。法蘭克．施奈德的一生都活在陰謀論之中，所以他想到了更黑暗的可能性，他認為茹雅是被綁架了。然而康斯坦丁直到二〇一七年十一月底，才找法蘭克．施奈德諮詢。他一直盼著姊姊能再次出現。但是他仍然很擔心，擔心到立刻聘請了一名私家偵探來尋找她的下落，但這位保加利亞偵探一無所獲。當他告訴法蘭克．施奈德這件事時，這位前間諜首腦就想著要開始一場全球性的搜索，但康斯坦丁請他先等四週，之後再行動。他確信茹雅會出現，她告訴過他，她會回來的。

當她一直未出現後，法蘭克．施奈德和一名前特種部隊綁架專家以及一名與吉爾伯特．阿爾門塔有關係的特務，出現在索菲亞的維卡幣辦公室。法蘭克．施奈德有辦法透過他認識的人在不同的系統上追蹤電話。他們知道茹雅在講「重要電話」時會使用加密電話，會使用一台手機收發電子郵件，以及用 WhatsApp 發訊息，而他們打算透過這些設備來找出她的位置。法蘭克．施奈德也可能只是在每個人的背後煽風點火，因為他知道——而且他一直都知道——茹雅逃到哪裡去了，所以他在二〇一八年初只是在扮演一個排練好的角色。如果是這樣，那他真該是奧斯卡獎的得主，而茹雅的失蹤就是一次值得獲獎的賣座大片。接下來有很長一段時間，一直都有很多人都在找她。

茹雅的突然離去，並未讓我們的維卡幣惡夢消失，甚至連停止鍵都沒有按下。反之，我從美國的法庭文件中看到，壓力轉向了她的弟弟。發生在康斯坦丁身上的事情讓我感到害怕，這正是我所對抗的世界其暴力程度的寫照。在二〇一八年時，他接到電話，如果維卡幣出了什麼問題，如果茹雅沒辦法履行她的承諾，就會殺了他。他一直收到死亡威脅，在三月的一個晚上，他從索菲亞的維卡幣辦公室走回他的車上時，有一把槍抵在他的背後。他被塞進一輛藍色的小型貨車，這輛車飛速開往索菲亞的郊區被毆打，他的一根手指被打斷作為「提醒」，他們也惡毒地威脅他，並用火力強大的手槍指著他。這些暴徒告訴他，如果茹雅帶著現金走了，他們就會回來殺死他。如果他去找警察——這似乎是一個邊大笑邊說的建議——他們就會回來挖出他的某個內臟器官，而他們沒有具體說明是哪個器官。

我不知道康斯坦丁是不是個聰明人，因為他在二〇一八年九月又一次陷入這樣的狀況。

他說，地獄天使 Hell's Angels 幫派的一名高階幹部聯繫他，並「邀請」他到蘇黎世去回答一些問題。他們說，如果他不飛往瑞士，事情會變得「非常難看」。所以，他出現在蘇黎世的一間旅館的房間裡，被用槍指著，接著將槍塞進他的嘴裡。他被告知，地獄天使投資維卡幣的錢，金額高過他這條命的價值。

這對他來說是似乎是一種商業上的激勵，因為康斯坦丁熱情高漲地開始擔任新的負責人的角色，愉快地繼續生活。他的母親維絲卡成為他的支持者，而在茹雅離開後，她被吹捧為「維卡幣家族的女族長」。康斯坦丁．伊格納托夫從幾年前是只是一位熱愛動物的工廠工人，轉變為全身都是紋身的維卡幣發言人。他搬離茹雅買給他價值二十萬美元的房子，搬進了她在索菲亞郊區的一棟豪宅。他受到茹雅的欺詐同夥的支持，且他向賽巴斯欽和李．史考特推心置腹地吹噓說，即使茹雅不再出現，維卡幣的業務成長也仍然非常好。他自豪於這種生活方式，想要維持著這種生活方式，以及讓他周圍的罪犯開心。整個亞洲的政府都被賄賂了。他說服了在全球的維卡幣網絡，以及所有行銷維卡幣的人，讓他們相信他與茹雅一直有保持聯繫，而且她也有給予他擔任公司「門面」的這個新角色的建議。他學會如何像她一樣說謊，且雖然他並沒有那麼熱衷於裝真誠，但他也已學會了夠多的廢話來擔任形式上的領導者。我認為他真的很喜歡成為眾人矚目的焦點。他開始穿他姊姊買給他的名牌服飾（她說她不想看到康斯坦丁站在她朋友身邊的寒酸樣，這讓她很尷尬），但紋身從他的背部、胸口和一直延伸到領口，看起來與其說是企業家的樣子，不如說像是莫斯科黑幫的樣子。我看過他在巴拉圭盧克的西爾維奧・佩蒂羅西國際機場停放的一台以維卡幣標誌塗裝的噴射機的台階上，威風凜凜擺著姿勢的照片，以及他在里約熱內盧的海灘上穿著巴西風格的緊身泳褲擺姿勢的照片。但是這都比不上看著康斯坦丁偷取南美洲窮人的錢、到非洲那裡剝削那樣地讓我反胃，非洲一直是他姊姊主要掠奪的地區。他用的也是茹雅的方式：找到一個辛苦維生的社區，向他們兜售希望，然後榨取他們所擁有的每一便士和每一分錢。將幾千萬「無法使用銀行服務」的人的人生踩在腳下後，你就可以在世界各地的飯店房間裡藏起一箱箱的現金。

在我們做了那些招致危險的抗爭行為之後，加上有那麼多打電話來的人都有著嚴重的憂鬱症，有好幾十個人都談到想自殺，且有成千上萬的人的生活在經濟上和情緒上都被毀了，但是，維卡幣卻像是吸血鬼德古拉一樣：它不會死，而且引誘了比以往更多的受害者。

最讓我難過的是，他們以那些最貧窮的國家為目標，尤其是那些英語不普及且網路連線費用昂貴的國家。經由教堂牧師、神父、聖者、巫醫，或是任何有會眾或追隨者的人，維卡幣的訊息被傳播出去，而這些人的地位都可以影響許多人。而且這些群眾也處於想要對某件事產生信仰的狀態，所以宗教團體自然成為目標，但對茹雅來說，吸引教堂的群眾並不是為了追求善行。茹雅和維卡幣以「社群」為目標，而窮人就是世界上的其中一個最大的社群群體。

二〇一八年十月當維卡幣在烏干達進行直播時，我當時正臥病在床。康斯坦丁那時正在那裡宣傳維卡幣，並舉辦了一場大型的行銷活動。他和他的朋友都在，還有來自南非的維卡幣合作夥伴、鄧肯．阿瑟 Duncan Arthur 以及來自東南亞和英國的推廣者，大家都在那裡。鄧肯在二〇一八年十月十九日至二十日在坎帕拉舉行的東非維卡幣生活圈峰會上，是以代表 Dealshaker 的主講人出席，鄧肯從未因任何不當行為而被指控或定罪。我在床上，和世界各地的受害者團體一起觀看直播。我永遠不會忘記那一刻，因為眼淚沿著我的臉頰流下來。我從未感到如此無助。這就像看著一場車禍正在你面前發生，你卻無能為力。我對著螢幕尖叫，大聲喊出他們每一個人的名字，讓一切攤在陽光下，但是我們卻沒有辦法阻止眼前正在發生的事情。最讓我覺得生氣的，是烏干達人把他當成王子一樣對待。他在二〇一八年十月十九日抵達恩德培國際機場，迎接他的是一大群我只能稱之為粉絲的群眾。他們衝向他，想要和他自拍並向他獻花，彷彿他是搖滾明星一樣。他帶著微弱的笑容，戴著紅色棒球帽，而至少有那麼一會兒，他看起來很尷尬。在機場航站外，還有另一群穿著一塵不染的白色制服和帽子的人，喊出維卡幣的口號並揮舞著旗幟。這幾乎已經是總統等級的歡迎儀式了。傍晚的車隊行駛了二十五英里，護送他到達他下榻的坎帕拉的豪華旅館，這無疑也是總統般的待遇。黑色、閃亮的大車閃著警示燈，開在他的訂製豪華轎車前面，後面還跟著警車，以及更多閃亮的車輛，組成了邪惡的隨行車隊。在他抵達旅館時，有一群支持者在那裡歡呼，並揮舞著更多的旗幟。他們覺得他就是他們的救世主，他們甚至為了他而高歌。他們去他的旅館獻花給他，並讓他進入他們的學校，這包括一所為聾兒開設的學校，他在這些地方宣揚維卡幣、佈道，而教師和那些較為自私的官員則反手將賄賂收入囊中。

我的螢幕上出現了一張康斯坦丁懷裡抱著沒穿鞋的烏干達孩子，並為他們描繪出一個美好未來的照片，我看到時說了：「你這個混帳。」我一直重複地說著：「你這個混帳。」我是認真的。

看著康斯坦丁和他的朋友們帶著微笑然後詐騙一整個國家，這真是太可怕了。那時我就知道，無論我在情感上和身體上可能面臨怎樣的危險，我都不會放棄將他們全部繩之以法的這場戰鬥。對於像我朋友丹尼爾這樣無辜，卻只能在自己和家人都失去一切後加入受害者團體的人，康斯坦丁這群人的行為更是一種明目張膽的邪惡行徑。我要為了像丹尼爾的這些人而說出我的故事。

第十三章　附帶損害

我必須將與維卡幣這群混蛋所獲得的極端財富，與我每天所交談的眾多受害者的財務困境，進行對比。

茹雅在被美國聯邦調查局逮捕之前逃脫，維卡幣辦公室和公寓裡存放的現金就已經是可被取用的狀態。據說一位中國的網路人員拿走了近四千萬美元，而車手阿莫·阿布杜勒齊茲 Amer Abdulaziz 顯然是握有其他人近一億美元的投資金。他也沒有被指控任何不當行為。賽巴斯欽被茹雅逼得不得不歸還他神不知鬼不覺偷走的大部分現金，但隨著茹雅的逃亡，人們都認為他可能有從香港的某棟公寓裡轉移了幾百萬美元，以及在韓國的公寓和疑似也包括杜拜的一些整捆、整捆整齊綁好堆放在那裡的現金。其他人也都明目張膽地侵吞，同時，他們又瘋狂舉辦活動和進行維卡幣的媒體行銷宣傳。他們創造錢的速度，就和他們從對方那裡偷錢的速度一樣快。而有關當局卻告訴我，他們無能為力。

我想強調的是，一邊是這種野獸般的慾望與爭奪金錢的行為，另一邊則是像與丹尼爾有同樣的困境的受害者。當康斯坦丁和他的維卡幣部隊入侵坎帕拉時，丹尼爾他們還相信者這是基督復臨，但是康斯坦丁他們偷走了他們所能竊取的每一個烏干達先令。丹尼爾現在已經知道這是一場騙局了，但除了我，他沒有別人可以抱怨，他的成千上萬被騙的同胞也沒有傾訴的管道。如果他跟別人說這件事，他可能會被暴力對待，他可能會被關進監獄，他可能會「被消失」。二〇一六年時他十八歲，當時他的父親朱利葉斯 Julius 被據說是他新交到的永遠最好的朋友，拉進了維卡幣的世界，就和我們其他所有人一樣。

這位朋友帶朱利葉斯去了在坎帕拉設立的維卡幣辦公室，兩人談起了「你們一家人美好的未來」。朱利葉斯沒有投資，但是他告訴他的朋友，他希望丹尼爾也在，想聽聽丹尼爾的意見。這一家人有史以來，經過多年的儲蓄，第一次有了三千五百美元的積蓄。這筆奇蹟般的現金，是由丹尼爾的母親洛伊斯所累積的，她和朱利葉斯一起在距離坎帕拉兩百英里的村莊的田野間工作，中間只有生了五個孩子的時候有短暫的休息。苛刻的工時讓她的身體累垮了，而這家人因此計劃，幫她開一家店賣玉米。洛伊斯的夢想，只是希望在工作時可以坐下來——僅此而已。多年後，他們用省下來的第一筆七百美元投資了一個半公頃範圍大的百香果園，他們耕種這些水果，然後在二〇一六年時開始透過果園的農穫來賺錢。丹尼爾在坎帕拉上學，早上上課前前先上烘焙課，每天晚上從七點開始和弟弟一起在路邊賣牛奶直到午夜。在業績好的晚上，他可以賣出八十升牛奶，然後賺十七美元。此外，他必須支付他的房租、學費，還要盡可能地剩下的錢寄回他的村子裡，尤其是讓他的父母可以買糖，因為糖在當地很貴。剩下的錢都存起來作為醫療費用，還有支付水電費；他的支出通常大於收入，所以只能盡量在生活中左右兼顧。但他的心情就如同坎帕拉上空的藍天一樣開闊。接著他的父母也搬到首都，他的母親賣玉米，他的父親則適合去工作，他和他的兄弟們的生活以及教育的前景終於看似一片光明。

關於加密貨幣的金融知識存在著巨大的差距，這不僅是在新興經濟體和像是烏干達等地，在已開發國家，即使是經驗豐富的投資者也可能會追求著不切實際的收益。當語言不通和溝通不善時，騙子肯定就有很大的空間。最好是由丹尼爾親自告訴你他的故事，看看維卡幣的行銷是多麼無情、巧妙與令人反感。他們的手法全部都是在逼迫受害者要趕快購買，一直警示他們可能會錯過這個機會！這讓我很難過，因為丹尼爾是如此聰明而有著超越他年齡的成熟智慧，他如此專注於做正確的事情，也如此的天真無邪。他想為自己、家人和社區謀求最好的未來，但是，作為世界上「無銀行服務」的其中一個弱勢群體的一員，他是最容易成為受害者的獵物：

我父親信任我，因為他相信我比他受過更多的教育，我的思維應該比較開明。我們三個人一起去了解維卡幣是什麼，包括我父親、我自己和我們的保證人。這真是太棒了，這是我聽過的最好的商業創意。交易的技術正在發生變化，未來肯定會是以無現金交易為主流。

他們帶來這種技術，然後說可以很容易地賺到這筆錢。只要從現在開始算起的兩年內，或者一年內的時間內，我們就可以將這些維卡幣換成價值幾十億美元的錢。我們從來都沒聽過比特幣，所以我們也無法將它與維卡幣進行比較。他們很明確表示的是，我們必須迅速投資，而且我們甚至沒有問任何人，也沒有告訴任何人就投資了，因為他們警告我們，第三方可能無法理解並且會是負面的態度。他們建議我們在投資後，再告訴其他人。

一切都是快、快、快點投資然後為未來做好準備。對我們來說，這就像是一條救生索。當我們的保證人與我父親接觸並介紹他維卡幣時，我們已經準備好要籌備賣玉米的小店了。我們看到了來自世界各地，人們不僅買房，還買土地和建築物，以及買湖泊和船隻的照片。這看起來是一筆有把握的交易，所以我們投入了所有身家，這樣我們就可以真正且永遠地擺脫貧困了。我們的保證人說，八個月後就可以用維卡幣兌換現金了。很快我們就會成為有錢的大亨。我的母親身體很虛弱，她現在年紀大了，不能做太多的工作；她應該是要做手術，或是經營一家超市，而不是路邊的玉米攤。她多年來一直在痛苦中與我父親一起工作，在付出了所有的精力和時間後，我們獲得了這個我們做夢也想不到的機會。這真的非常令我們驚艷。我父親說，這是我有過的最好的商業創意。而他自己，我的父親，大聲喊著說：「主啊，我的主啊，我們的主啊，我們的主啊。」他很高興，因為可以看到我們的未來，這是一個比玉米店更大、更大、更大的機會。我們決定將這筆錢投入到加密貨幣，也就是維卡幣中，這是將為我們帶來幾十億美元資金的投資機會；玉米店可能每天可以賺十四美元，或者我們可以說每天賺三十或四十美元，但是你無法將每天賺四十美元與會給你帶來幾十億又幾十億美元的收入相比較。我父親給我買了一個價值約兩百九十美元的普通大小的方案，並為他自己買了另外五個方案，這些方案花光了我們所有用來投資的現金。我們將我們的人生都投入在維卡幣上了。這是我們所擁有的一切。

他們答應說，茹雅博士會來拜訪，但是她從來沒有來這裡，然後我們可以從我們的投資變現的交易所上線日期，也不斷在改變。那是二〇一七年六月了，但是上線的日期總是有屢次、多次的延期和推遲。我祈禱一切都沒事，而我母親總是會問，我們什麼時候才能拿到錢。當茹雅博士的弟弟康斯坦丁來到這裡時，我幾乎已經要放棄任何希望了。康斯坦丁的來訪讓我很高興，因為我知道這些人就是在負責這套系統的人。我不能去參加他的飯店活動，因為需要付入場費，一筆是進入飯店的入場費，另一筆是參加會議的入場費。我沒有錢——我所有的錢都投在維卡幣裡面了。我的保證人受到非常、非常大的鼓舞。她拍了很多自拍，給我看了那裡有多少人，以及現場群眾的興奮程度。顯然，他們享受了一段美好的時光，而且我們有了新的希望，因為康斯坦丁宣布了新的交易上線日期。他是一位非常好的演員——他表現得像一位父親，像一位來幫助我們的傳教士；但在他的腦海裡面，和在他的計劃中，他明確知道計劃是要從貧窮的非洲人那裡拿走他能拿走的每一先令。當他說的交易上線日期沒有如期發生時，我開始在網路上調查維卡幣。我就是在Facebook上找到了珍．麥克亞當小姐。我向下滾動滑鼠，讀到這是一個騙局，並看到她所發布的所有螢幕截圖，和其他人的證詞等證據。

我加入了WhatsApp的受害者支持小組，那時她開始幫助我，傾聽我的故事。我開始警告烏干達這裡的每一個人，並與我的保證人交談。我問她關於交易日期的事情，說我認為這是一場騙局，並說我已經讀了所有相關的資訊並與珍小姐交談過了。她說珍小姐是維卡幣的黑粉。

她告訴我：「丹尼爾，相信我，你要注意，確實會有人是黑粉。是某些組織跟美國付錢，讓他們說這話的。美國政府，還有所有那些已開發國家的政府，都非常害怕維卡幣，他們會不惜一切代價阻止我們。維卡幣的高階領導者一直都告訴我們，那些政府擔心維卡幣會取代美元，擔心維卡幣會取代英鎊和歐元。銀行和金融機構正在招兵買馬，要來打壓茹雅博士的願景。」

我會去珍小姐的那些小組，然後看到她所發布的資訊，都是真實的。在這些小組上面的人都是誠實的，握有他們投資但卻沒有收到任何獲利的證據。當我回頭問我的保證人時，她很生氣：「他們是收了錢才說那些話的。我拜託你，不要聽他們的。你不想把你的未來浪費在這些白人身上，他們都是已經很富有的人。他們才不關心非洲人，他們痛恨非洲人，只想讓我們失去賺錢的機會。」

有很多人都聽信了她和其他推廣人的話，因為他們就和我母親一樣，無法相信自己已經失去了一切。他們在等著買土地、買湖泊和買船隻，然後就可以去航行。當你投資，並且處在獲得豐厚回報的期望中時，這是一種自在的感覺。我們停止做計劃；我們想著要蓋大房子，買好車，買一個大農場，從農村搬到城市。我們為了這些錢而等了兩年，但卻一直落空。這對每個人都很難受。我們也沒有辦法做其他的生意。

我在二〇一七年底唸完了那一學期後，在二〇一八年我不得不退學。我失去了方向，而我的父母也失去了他們擁有的一切。我們破產了，也沒有錢可以供我的弟弟們上學。我們只能重新開始，我母親在村子裡種植當地的食物，來養活我的弟弟們。我父親在坎帕拉這裡，試圖找回我們的生活。我在 YouTube 上試圖提升大家對這件事的認識，幫助珍小姐伸張正義。我想也許某個時候，有一天，正義會得到伸張。我對於在烏干達營運的維卡幣無能為力，甚至也無法向警察局報案，因為對於非洲政府來說，被騙不是一個案件。這裡有強奸案、謀殺案、貪污案、事故案，都懸而未決。因此，告訴他們我去了這個維卡幣辦公室，我給了他們錢，但現在我想要回來，這對烏干達警察來說根本不是件容易的事。而且，他們也會收錢，然後就睜一隻眼閉一隻眼。有一次我們在維卡幣辦公室，想了解交易所的情況，但是警察來了並關了辦公室。但是三個小時後，它就再次開放並接受投資了。我在非洲沒有什麼可做的，只能為自己哭泣，並尋找其他機會。在非洲要尋求正義，是不可能的事情。這是非常、非常不可能的。你甚至無法去浪費你的時間和浪費申訴的三十美元費用。

我一直都在和丹尼爾聯絡，我覺得他好堅強，可以讓自己和家人從這之中走出來，走向更美好的未來，但對於每一個像是丹尼爾的受害者來說，是有很多人是無法生存下去的。或者他們可能可以生存下去，但他們的生活會就此突然和殘酷地改變，就像我的朋友萊拉的生活一樣，她的生活因為某個卑鄙的維卡幣小人，而完全變調。這個卑鄙的男人的銷售模式，是基於虔誠的信教和虛假的友誼。他會為你做任何事（為了拿走你的錢）。他的目標區域是他自己的穆斯林社群，範圍包括從倫敦到孟加拉以及這之間的所有地點。YouTube上可以看到一支維卡幣的宣傳影片，內容是這個人在「採訪」茹雅，請她給予她的鑽石領導人建議，以及她對於維卡幣在做的公益活動有什麼樣的計劃。他的厚顏無恥值得進入某個欺詐者的名人堂了。他從萊拉那裡偷走超過五萬英鎊，並從許多其他人那裡偷走大筆的資金，他所造成的痛苦，讓受害者只能乞求當局採取行動。我無法理解，一個人怎麼能如此踐踏另一個人的希望和夢想。萊拉和我一樣，沒有其他方法，只能向英國唯一一個向受害者開放的地方投訴——倫敦市警察局。負責詐欺的基倫·沃恩警探也是她的聯絡人，但是，同樣地，你最好是像我們一樣親耳聽到她自己說的故事：

這個人是我們家的友人，在性格上，他是一位值得信賴、踏實和細心的穆斯林，在我的社交圈中很有名氣。二〇一六年的夏天，他以支持女性創業的名目，邀請我去倫敦一家旅館參加維卡幣的活動。有很多來自穆斯林社群的南亞人，也有英國的孟加拉穆斯林，人們都戴著頭巾，跟這些男人和女人相處讓我覺得很自在。我就像是和家人及朋友在一起一樣。大約有一千個人在場，大家都穿著非常得體、專業，而且都很自信。我沒有任何加密貨幣的知識背景，所以我去那裡是為了了解這是什麼，以及我錯過了什麼？我聽到很多勵志的演講。兩位領導者，詹姆斯和哈利·史東，就他們的人生故事發表了宏大的演講，講述了他們從洗碗工到成為黑鑽石領導者的歷程。他們大力吹噓茹雅的背景，以及說著如何每個月賺超過四十萬英鎊的錢。我感覺到，我錯過了什麼。我向我的朋友詢問細節，他說，加密貨幣將是接下來最偉大的創新，而維卡幣將會比比特幣更有價值。但是我必須盡快投資，這樣才能賺到最多的錢。

我做了筆記並提出問題，然後他們說，這項投資是符合伊斯蘭教法的，意思是說伊斯蘭教中投資維卡幣在法律上是合法的。他們出示了一份證明，證實了這一點，這讓我感到比較不焦慮了。（據稱頒發該證書的伊斯蘭銀行和經濟中心表示，它並未授予維卡幣符合伊斯蘭教法的證明。）他知道我的人生願望，也知道我有存錢，我信任他，所以沒有做盡職調查，我也沒有Google搜尋，我什麼也沒做。我只有讀我朋友所說的話，而且他非常地積極。那時我的父親去世了，所以我很脆弱。我是單身，而且我存了五萬五千兩百英鎊為了要支付買房的頭期款。我花了十二年的時間，同時身兼兩份工作才存了這麼多的錢。我最初問他的問題，是我需要投資多少錢，才能踏入加密貨幣的世界？他說是六千九百英鎊。在我交給他六千九百英鎊的同一天，他回電話給我：「萊拉，我留了一份大的方案要給你。你將會變得超級富有。我們會找到你夢寐以求的另一半。只要你投資一萬三千八百英鎊買這個高級方案，你將可以賺到超過四十萬英鎊，這將會完全改變你的生活。」他一直說個不停。

他將會給我加密貨幣或做我的投入夢想的回報，而我會成為百萬富翁。我再也不必朝九晚五工作，他說天從人願，神就是見證人。他操弄了我的信仰，然後從那時起，所有的這些為了我所打造的方案都接踵而至。真正的投資最低金額大約是一百英鎊，而不是六千九百英鎊，但他拿到的錢越多，領導者們獲得的佣金就越多。這就是他垂涎的原因，因為他知道我一直坐在那裡等待屬於我的時刻，也知道我存了一筆錢。我曾和他談過，我有多努力工作，為了未來的婚姻生活和我自己的家的頭期款辛苦存錢。他利用了這些背景，然後我就被牽著鼻子走，他一直在培養與經營我這條線，而我被洗腦了，我太輕信他了。我是在青年中心認識他的，我認為我們一直都有著正直且融洽的關係，所以我沒有懷疑他的資訊。他承諾幾個月後，我就能提取現金，因為這種加密貨幣太龐大了。他們計劃的時間點是二〇一六年十月一日。如果我沒有參與，我就會錯失這個機會，錯過實現夢想的契機。這讓我更加興奮，而且我覺得這是符合伊斯蘭教教義的投資，所以我不是孤單一個人。我曾對他說過，這一切都太複雜了，有可能是詐騙嗎？

他告訴我，「萊拉，你還年輕，你很容易受到傷害，而且你是單身。我永遠不會傷害你，而且，天從人願，要相信神的道理，一切都會讓你開心的。」

我真的覺得，他就像是我的哥哥一樣地照顧我。在接下來的兩個月內，我買了很多的方案，因為我也拉了我媽媽、弟弟、妹妹和朋友都進來。因為他的話，我把我所有的錢都投資在維卡幣上了。但是所謂的交易所並未在十月一日上線。我在網路上進行了調查，看到的資訊並不一致，所以我開始詢問我的維卡幣領導者，這是如何運作的。他無法回答我的問題。我開始催促他，但是他也沒有向我解釋清楚。他會叫我閉嘴，而不回應我。我也問了很多問題：嗨，夥伴們，你能向我解釋這個投資是如何符合伊斯蘭教法的嗎？你能告訴我它是如何符合伊斯蘭的價值觀嗎？為什麼沒有企業帳戶？可以給我帳戶的資料嗎？身為新手與新的投資者，我嘗試與WhatsApp群組裡面的領導者交談，但我被拒於門外。我被告知，停止提出這些挑釁的問題，而如果我有任何問題，我應該要問我的上線。我的上線就是我的維卡幣領導者，他非常會迴避這些問題。我不認識其他的領導者，他們也不認識我。當我意識到這是一個騙局，而且他們所說的技術不存在時，我試圖登入我的帳戶，但帳戶卻是失效的。我在晚餐時，告訴我的朋友，我知道這是一個龐氏騙局了。我讓大家投資於一些根本不存在的東西，這不是我的本意，這就是網路行銷。這不符合我的個性，也不符合我的價值觀。我想讓他把錢還給我。在那一刻，他立即回答說：「好吧，萊拉，我會試著轉售我的房子，然後我會把錢付給你，不過你要給我一些時間。」他一說「給我一些時間」，我就以為是一、兩個月，但那正是他開始避開我的時候。他開始不接我的電話，這很不尋常。他是一個非常有效率的人，總是非常可靠和友善。現在他變成了另一個人，因為他被我抓包了。我變得非常沮喪，非常難過，因為我意識到自己所犯的錯誤。我不會做任何違背我的信仰與我的價值觀的事情，我也不會帶人進入我的世界偷東西。他對我沒有順著他的遊戲規則和被他利用，感到很不高興，那時候他就開始生我的氣了。這對我來說是一筆鉅款。我向他乞求我的錢，我懇求他，我也與他談過。我有WhatsApp的訊息，有證據證明我向他乞求，因為我經歷了整個憂鬱、焦慮和感到無助的過程。我也累積了很多的憤怒。我什麼也做不了。我心裡的這些情緒讓我筋疲力盡。

總的來說，這讓我很傷心，因為這個人是我家的友人，不是任何其他人，也不是我在研討會上認識的某個人。我開始尋找解決這個問題的方法。我聯繫了「行動詐欺中心」，然後聯繫了倫敦市警察局的基倫・沃恩警探。他開始聽我的故事，然後他說，他手上也有類似的故事。我給了他我所有的詳細資訊，銀行對帳單和銀行的資訊等。我覺得他一開始並沒有真正把這件事放在心上；他說他會和我碰面我然後訪談我，但後來他轉移了他的注意力，一直用推託回覆我：「老實說，我真的很抱歉，我忘了，也許下週吧。」然後他開始不斷把我從一個單位轉介到另一個單位。他說他會在一週內回覆我，然後就變成了一個月、兩個月、六個月，然後，我改用過電子郵件聯繫他。但是他的回覆很慢。我真的覺得自己很容易輕信人。

我沒有去挑戰茹雅，因為我的錢不在她的手中。我的錢在我的維卡幣領導者的帳戶裡面，沃恩警探說：「你可以想盡辦法把他告上法庭，但我們不知道你的案子要花上多久的時間。」

我一直在發出聲音，但只有維卡幣的人聽到了，然後我就被辱罵為是黑粉，我收到了像是珍所收到的那些惡毒的訊息。那是在二〇一七年三月。我非常沮喪，我只是想要某個當局來幫助我。我需要法律協助，但他們辜負了身為公民的我，以及其他尋求幫助的人。他們一直給我們參考編號，拖延時間，最後，我找到了「行動詐欺中心」的最上層的老闆，他寫了一封信給我，說他們沒有足夠的證據所以無法進一步採取行動。又是一記耳光打在臉上。

我聯繫了我當地的議員吉姆．菲茨派翠克 Jim Fitzpatrick，他是波普拉和萊姆豪斯選區的工黨議員，他直到二〇一九年才退休。他確實很幫助我，但也沒有任何辦法拿回我的錢。我聯繫了地方當局和金融監察員，但他們還是只有給我幾組參考號碼，沒有採取任何行動。有任何人關心嗎？如果有人搶劫了你的房子，你會希望當局會出面，並且最少要設法抓住竊賊。在我的案件上，感覺好像沒有人試圖抓住任何人。他們似乎都只是聳聳肩，而這正是令人沮喪的地方：我感覺好像沒有人願意提供幫助。他們似乎幾乎已經是種阻礙，阻止你透過它們的管道取得任何進展。我讓自己病了，因為這件事讓我的精神更加瘋狂和沮喪。我不希望維卡幣成為我生命中唯一留下痕跡的事情，我想再次找回快樂。我投資維卡幣的錢，原本是為了我這一輩子的目標，也就是結婚，然後擁有一個家。

一個假裝虔誠的人背叛了我，以及這筆金錢的損失，都讓我變得更加謙卑。我並沒有沒有失去我的信仰或道德觀。但是我質疑我的朋友並非如此，他總是說著「天從人願」之類的話，還去沙烏地阿拉伯、去麥加，去神的家。這極其虛偽，因為去這些神聖地方的全部意義，就在於去喚醒你的靈魂並做良善的事情。相反地，他用維卡幣瞄準了聾人的社區。他在倫敦的希斯洛機場舉辦活動。他在不同的社區中尋找受害者，讓某個人幫他找到另一個人作為獵物，無論是透過宗教還是殘疾——他對膚色或信仰沒有偏見。他會搶劫任何人的錢。

我很支持我有學習障礙的兄弟，他也知道這一點。我被他刻意針對，這是因為他知道我的所有幻想。對他來說，我是領導者的最佳人選，因為我有人脈，有朋友，我還有我家人的積蓄。但是這些，我現在全部都失去了，這是我學到的最昂貴的一課。我犯了一個錯誤，這帶給我很多的煩惱。我的頭髮更白了。我因為揭露真相而被那些騙子討厭。我被他們討厭，就像珍也被他們討厭一樣。但我想，我已經學會了安然入睡，因為我知道我已經站出來，攻擊並試著阻止他們。我的狀態不錯，因為我已經接受了我所犯的這一個錯誤。你沒有責任，這是我的錯誤。唯一我認為要負責的人，是向我介紹維卡幣的朋友。我很生氣。當我去上班時，我的整個心理健康狀況真的讓我筋疲力竭，因為我在火車上、在公車站時都很悲傷與情緒化。我無法和我的家人說話。我花了很長時間，才站出來告訴人們我犯了這個錯誤——「哦，順便說一下，這是一位我們家族的朋友，你們也認識他的」——因為那是一種很沈重的自我羞辱。我經歷了很多的自我憎恨和自責。

我花了整整兩年的時間才克服憂鬱症，在那段時間我有過自殺的念頭，我想要縮短我的痛苦。我那時出現了這樣的想法，如果我消失了，如果我出了什麼事，對我還比較好。當然，我並沒有放棄自己，但有很長一段時間，我都覺得不值得過這段人生。我搞砸了。我應該要結婚，應該要有家庭生活，卻因為這一個錯誤……我確實有過這些想法。但現在我學會了接受自己的錯誤，而且我是在這些人之中，接受最昂貴的教育的其中一人。我正在從消極的這一面，看到正向的一面。這是我的生存之道。

每次與萊拉交談後，我總是會流淚。我對於大多數的受害者都是如此，但我非常欽佩她和丹尼爾，因為當其他人因為害怕報復行動或因為害怕被欺騙會看起來很愚蠢而感到羞恥而退縮時，她和丹尼爾在初期就如此勇敢地說出一切。他們遭受到霸凌的痛苦，並且因為說出事實而繼續遭受到這些痛苦，而我是一個能夠理解他們所承受的這些痛苦的人。我必須不斷告誡丹尼爾要小心，因為他的抗爭活動使他成為在烏干達備受矚目的目標。茹雅可能已經消失了，但她給我們所有人都留下了揮之不去的陰影。每個人都以自己的方式，因為她的事業而受苦。許多人結束了自己的生命，而另一些人則能夠將失去幾筆鉅額款項視為人生經歷的一部分，而將一切拋在腦後。有些人，像是巴基斯坦白沙瓦的阿比德．瓦杜德．穆夫提 Abid Wadood Mufti，對發生在他們身上的事情感到不知所措。他在巴基斯坦自己成立了維卡幣的受害者支持小組，並帶頭保護巴基斯坦的其他人，同時也致力於伸張正義。穆夫提畢業於電腦科學的專業領域，曾擔任聯合國在白沙瓦的電信部門負責人十三年，但即使是這樣的高層關係，也未能幫助他打擊這些欺詐者。他用從二〇一五年收到的聯合國一次性退休金中，提取現金出來進行投資。他的朋友們賣掉了房子、財產和所有有價值的東西來購買維卡幣。他說，這就像美國西部的淘金熱一樣，他成千上萬的同胞競相投資這種由辛苦工作的「查法爾博士」所推動的新奇蹟貨幣，這種貨幣將很快地帶來法外的正義。穆夫提對這位不良博士持開放態度：在加入聯合國之前，他曾在律師事務所長時間工作，這讓他在自己的家中就像是個陌生人一樣。他為支付孩子教育費用而存下了一筆積蓄，而這是一個讓這整筆積蓄增值的機會。他說起這整件事時很平靜，但我總能從他的聲音中感受到痛苦。我們在二〇二一年談話時，他的痛苦流瀉而出：

從結婚的第一天起，我的目標就是以非常文明且開化的方式教育和撫養他們。那是我的重點。當那筆退休金，也就是那五萬元的機會來臨時，我的妻子說我們應該把握機會，做點小生意，這樣我就有時間再次「見到」我的孩子，這是他們可以重新和父親建立連結的機會。我拒絕了那些帶著比特幣來找我的人——我告訴他們這是一個非常愚蠢的想法，兩百五十美元買一個只會出現在你電腦螢幕上的數字——然後你就看著它升值。但是當查法爾博士來訪並號召時，我不想再次失去這樣的機會。他說，只要買這個方案，我就可以讓我的錢加倍。他告訴成千上萬的巴基斯坦人這套說法。我知道供需是如何運作的，而且這是巴基斯坦的每個人都充分投入其中的事情。倫敦正在舉辦大型的會議，而茹雅博士也在論壇之前現身。她之前在中國、德國、美國……造訪各地，因為維卡幣是全球的熱潮。茹雅博士說她會變得比比特幣更偉大，而且維卡幣將在公共交易所上市。我決定花掉我的一些退休金，我給了他們兩萬七千美元買我自己的方案，我也為我所有其他的兄弟都買了一千美元的方案。我把錢匯到保加利亞索菲亞的一個帳戶。退休金和儲蓄，所有我所能給的全部：你看到他們是怎麼催眠人的了吧？它激起了相信所有的這些行銷話術的渴望。然後，當我們都在等著交換所上市的日期公佈時，茹雅博士卻沒有現身里斯本。我太震驚了，所有的巴基斯坦人都太震驚了。有這麼多的家庭把錢交到她手上。我有三個堂兄弟是高階警官，他們進行了調查。維卡幣的領導者拿了我們的錢、賺了巨額佣金後，他們就離開巴基斯坦去了杜拜，然後他們在那裡過著非常愜意的生活。我知道我永遠拿不回我的錢了，但我希望這些人被起訴。我聯繫了聯合國的毒品和犯罪問題辦公室，但他們說，這不屬於「他們負責的範圍」。維卡幣以及任何一種數位貨幣，在巴基斯坦都不是合法的企業，所以你無法訴諸任何法律上的手段。政府當局不會幫忙，所以和珍一起幫助受害者，這就是所有我能做的。我有一個朋友，他是一位退休的政府官員高層，他把所有的錢都投入了維卡幣。當他明白自己已經失去了一切時，他壓力太大導致心臟病發作而喪命。

我還有一個住在另一個省的朋友，彬彬有禮且性情善良。他打電話給我，說他賣掉了他妻子所有的金飾和他們的房子，把錢都投入維卡幣了。他在電話裡哭了，珍幫助了他。但是在巴基斯坦這裡，人們連自救都沒有辦法。我自稱是受過教育的人，但我也被騙了，我被這個欺詐手法給愚弄了。我在三十一個國家工作過，但是我還是被騙了。我的整個國家都被騙了。特別是我從尼泊爾到印度和其他地方旅行時碰到的巴基斯坦人和南亞人，每一個人都在尋找捷徑。然後當他們要你投入一些現金，而你可以拿回那筆錢的一千倍時，這些人就會賣掉他們所有的東西，甚至是他們身上所穿的衣服。這些是生活在貧困之中的人口。貧困的因素對騙子來說就像是貓最愛的貓薄荷一樣。手上握有幾百萬的人，會把他們擁有的任何一便士或一美元都交給他們——因為他們可以得到幾十億美元的報酬！渴望獲得更多的錢，渴望擺脫貧困的生活，是驅動這個騙局的動力。這是人類的需要，是人的本性：如果你是一個身價十億美元的人，即使已經那麼有錢了，你也會想賺更多的錢。這就是發生在我們身上的事情。許多的維卡幣推廣人開始被大家視為敵人，他們之中有許多人是從旁遮普來到這裡，他們在這裡偷走大家的錢之後，就偷偷離開了。我不能說有多少人被殺，但正義已經透過私刑而伸張。我們的文化規範非常嚴格，這與法庭上發生的事情不同。我們是文明的，但有些事情是在當局之外所發生的。我的直接上線，也就是向我所在的群體銷售維卡幣的那個人躲起來了。他已經轉入地下活動，因為他知道如果他現身，他就會被殺死。他也不知道這是一場騙局，但對於失去他們的金錢的人來說，這不是藉口。大多數與維卡幣合作的當地推廣人——有些是無辜的，有些是騙子——都已經死了或是被判處死刑。如果你無法償還這筆錢，杜拜的那些以老年人做為代表的騙子頭頭擁有大部分的現金，就會以陪審團的角色坐在角落裡，裁定這些提交給他們的案件。然後男人們拿著槍，他們會出去尋找正義。我不能那樣做。在這裡發生的事情是，那些將維卡幣視為合法企業且出於善意出售方案給別人的無辜者，卻被那些失去錢的人以高價懸賞他們的腦袋。

對我來說，我更相信我從蘇格蘭那邊得到的幫助。在我們交談時，珍會認真傾聽；她是一位人很好的女士，她在非常關鍵的時候出現在我面前。巴基斯坦的所有的其他人也都會同意，讓我們意識到這是騙局的警示，確實是來自珍。在我的情緒上，她也有幫助我，因為我在和家人相處時感覺很困難，我失去了我們未來的生活所需的所有的錢財。我年紀最大的兒子已經被一所德國大學錄取，這所大學也與一所英國的大學有合作。他非常聰明，所以我大部分的錢都花在幫他買書上面，我也沒有因為他太好學而阻止他。他上大學會需要一萬七千美元，但後來他拿到了獎學金，所以他基本所需的金額是將近七千美元。他很高興地告訴我這個消息，而我還沒有告訴家人投資維卡幣的錢都不見了。我有三個孩子，我和我的妻子必須權衡一切。我該怎麼告訴他，我負擔不起他的教育費用？這件事光想都覺得痛苦。我想幫助他。我會支持他，且我也應該支持他，但我們必須認清現實。

我和我兒子一起吃晚餐，問他是否可以放棄去德國的這個想法，因為我沒有錢支付他的教育費用。他很沮喪。我可以從他的眼中看出，他完全失去了方向。他是一個非常堅定且一心一意的年輕人，但有些事情就是會在你的人生路上絆倒你。我告訴他，一個旅行者最沉重的行李就是空空的口袋。這就是正在發生的這件事情。我盡我最大的努力去達成和平衡我生活中的所有事情。但是，當我打開大門，歡迎茹雅博士和她的惡魔進來之後，他們眨眼間就拿走了你所有的錢，然後消失了，你的天秤的兩端就不再平衡了。美國以及那些超級強權，都應該向那些人宣戰。他們根本不是人，他們無法看到和理解，他們從無辜的人民那裡拿走金錢是多麼邪惡的行為。

我可以告訴你，許多無辜的人的故事。像是泰德，一個輕鬆自在的五十幾歲的人，住在在華盛頓州斯的波坎附近的小社區，過著安靜而平穩的生活。泰德喜歡在他的「男人窩」慢條斯理地玩電子產品，並且他會在網路上關注世界上的消息。在美國西北部的拓荒國度，他也未能倖免於茹雅的誘惑。他和他的堂姊妹布蘭達以真誠的善意投資了六千三百美元買了入門和大亨方案。泰德說，他和他所招募的三十八名投資人，都被維卡幣的宣傳素材所吸引，並被其創辦人所說服了。泰德告訴我們他的故事：

我們在YouTube上看了我們能找到的所有的茹雅的影片。她是個令人印象深刻的女人。加密貨幣是現在的熱潮，對吧？我錯過了比特幣，然後他們在宣傳著維卡幣又比比特幣更好，而比特幣已經是很棒的投資了。我不想再犯另一個錯誤。我對此非常狂熱，我和遠在加州的朋友以及我們在當地認識的很多人都談起這件事。我所在的地方是在迪爾公園區域的一個小社區，我們在位於斯波坎以北約二十英里處。對我們來說，決定性的事情是在愛達荷州科達連所舉辦的一場維卡幣活動，這場活動是由這個傢伙所主持的。他在維卡幣的位階很高，然後他的演講也非常成功，很有說服力。活動現場有大約五十個人，都是有錢的退休人員，他們手上有現金可以投資。他們之中的許多人，都選擇了價值十萬美元或價值更高的那些高價方案。布蘭達和我投資得比較保守，但這對我們來說也是一大筆錢，六千三百美元是很多錢了。他們希望我們使用虛擬私人網路進行投資，但我不喜歡這樣所以就忽略了這個要求。我把這筆現金交到了這個傢伙手上，這疊清脆的鈔票包括三張一百元和一把二十元的鈔票。他是一個友善的人，在全國各地到處跑。我和他握手，他給了我一張現金收據。而作為回報，我們得到了禮品代碼、一組ID，以及一串數字和字母的代碼，當我回到家並在電腦上輸入這些資訊時，會進入一個維卡幣帳戶。讓我感到不尋常的是，因為在美國交易維卡幣是不合法的，所以我不得不在維京群島註冊，但這並沒有阻止我，因為我看過那麼多茹雅的影片。一想到有人一次就投資十萬美元，就讓我覺得這一點不奇怪了。而且加密貨幣是你必須投資的東西，這就是未來。如果十年前我在比特幣上投資了十美元，我現在就會生活優渥了。而且茹雅的影片都拍得很棒：如果它不合法，誰會投入這麼多錢來製作這些影片呢？

我們的上線就是這個在全國各地跑的人，我見過他幾次，但當事情變得不順利時，他就開始默不做聲了。你會告訴其他人有關維卡幣的資訊，因為這似乎是一個好機會，而你會想跟別人分享它，你很善良，你會努力幫助其他人也多賺一些錢。我痛恨這件事的結果，因為我不希望有任何人因為認識我而賠錢。

當我詢問關於提取現金的事時，幻滅就開始了。他們讓存入款項這件事變得很簡單，但我該如何取出我的錢呢？我的問題，無法得到一個明確的答案。大約在那個時候，茹雅停止拍攝她的影片了，這讓我開始懷疑了。我們聽到很多快速傳播的陰謀論，都是關於中央銀行不希望維卡幣和他們競爭。也許她是有正當性的，但是那些銀行讓她無法營運，他們用錢收買了她或是殺了她。世界上有太多邪惡的事情正在發生了。

那都是胡說八道。這位維卡幣的銷售人員自稱是基督徒，而且我對他也有很好的印象，但是當我去找他的Facebook頁面時，我卻無法從他那裡得到任何答案。以我所發的訊息來說，我對他並不刻薄，我非常尊重他，我只是想知道實情，到底發生了什麼事。他從未回覆我，我認為這有點惡劣。他應該至少要提醒我，負起責任。但是我的祖母說過，如果不是因為濃稠的肉汁中有一塊塊的東西，你就不會喜歡這種濃稠肉汁了。

泰德比我交談過的大多數受害者都更富有哲理，但當我告訴他，他的那位維卡幣「傢伙」已在針對維卡幣的擬議集體訴訟中被點名時，他很高興。這個訴訟始於紐約，但在二〇二二年被合併至美國受害者在歐洲所提起的類似訴訟。他被列為是維卡幣在美國的五十九名主要招聘人員之一。最初由曼哈頓的美國檢察總長傑佛瑞・伯曼 Geoffrey Berman 所提出的，針對茹雅及其同夥的案件，他在介紹中以一段話概括了整件事：「他們完全是用謊言和欺騙打造了一家價值數十億美元的加密貨幣公司。他們承諾豐厚的回報和最小的風險，但是……這項業務是一個以煙霧與鏡子的障眼法所打造的金字塔式騙局，而不是依據電腦的零和一。當被告致富時，投資者就成為受害者。」

像泰德、萊拉、丹尼爾和我這樣的人，都無情地被剝削了。

無論我去到哪裡，都有卑劣的人在利用一些最脆弱的群體。總是，我會回想起茹雅的一位維卡幣領導者告訴我的故事，在她輝煌的欺詐歲月裡，每週一早上她會坐在位於索菲亞的維卡幣辦公室裡，坐在巨大的辦公桌後面。上週所產生的帳冊和現金紀錄會在上午十點被拿來她的辦公室，她會公開燒毀這些帳冊資料，不會晚任何一刻，把會被咎責的資料都銷毀。而那些錢，數百萬美元一疊疊折好，被打包並塞進了手提箱。當負責手提箱的人離開時，這位推廣人說，茹雅會微笑著說：「下週一見。」

第十四章　紅色警報

當我尋找著茹雅的蹤影，追踪著每條網路上的線索，就像是賭馬的賭徒一樣，熱切地研究每天出現的提示，同時也幫助越來越多的受害者度過他們悲慘的幾週和幾個月的時間時，突然有一件事讓我揮開了陰霾：賽巴斯欽被捕。這個狡猾、嘛著嘴的騙子，這個海報看板男孩，我相信，是世界上有史以來最偉大的騙子之一，現在卻被關在監獄裡。美國聯邦調查局是在泰國的打擊犯罪部門 CSD 執行臥底任務時找到他的。聯邦調查局從曼谷將他帶走，賽巴斯欽在那裡與吸引人目光的米雪爾拉．阿萊娜 Michaella Alena 住在一起（她沒有被指控有任何真正不當的行為）。

二〇一八年二月六日，紐約大陪審團以他的全名卡爾．格林伍德 Karl Greenwood（以他的瑞典祖父的名字命名），悄悄起訴了賽巴斯欽，多項共謀的罪名已足以讓他面臨九十年監禁，包括：匯款欺詐、洗錢、證券欺詐，還有更多其他的罪名，就像是五個月前被起訴的茹雅一樣。但是這一次，美國聯邦調查局在只讓必要的人知道的基礎上謹慎地進行調查。賽巴斯欽在一九七六年的節禮日 Boxing Day 出生，就讀於倫敦的私立攝政大學，當時在他畢業時，就被國際刑警組織發布「紅色通緝令 Red Notice」和美國發布國際逮捕令。這並沒有嚇到他，但是當中國大力遏止他時，他嚇到雙腿都在發抖。賽巴斯欽以中國南部的湖南為基地，建立了龐大的維卡幣網絡，遍布二十多個省份，並進入香港和澳門的賭場洗錢。中國人不喜歡他們的錢被拿走，而且與我在英國所交談過的人不同，他們採取了行動。他們逮捕並監禁了一百一十九名維卡幣推廣人的，並且判處五年以上徒刑。對於像賽巴斯欽這樣的人來說，更可怕的是他們追查了他的錢，凍結了他們在他的某個中國銀行帳戶中所發現的七百一十四萬美元。

這與英國的作法截然不同，英國只會建議投資者小心，然後建議騙子不要太頑皮。賽巴斯欽躲了起來，他最後一次在公開場合被看到，是在二〇一七年十二月吉隆坡的一次維卡幣活動中，當時他和米雪爾拉．阿萊娜一起抽著水煙。他從馬來西亞搬到泰國，回到他所熟悉的曼谷環境，在那裡享受夜生活。泰國警方的情報警探在曼谷的咖啡廳和酒吧四周安排線人。當美國聯邦調查局達成共識後，泰國的打擊犯罪部門在行動之前監視了他四十八小時；這一切都是秘密進行的，就像「卡爾．格林伍德」被秘密引渡到紐約一樣，他以這個名字被關押在曼哈頓的大都會懲教中心。我不能具體說明日期，因為他的逮捕和引渡只有在二〇一八年十一月五日令相關當局不滿的某篇重點在奉承泰國的打擊犯罪部門的《曼谷郵報》文章中，在某一個單獨的段落中錯誤地被揭露。這是一條全球性的獨家新聞。貪婪以及不顧一切在可以賺大錢的美國市場銷售維卡幣，成了賽巴斯欽和缺席的茹雅意想不到的阻礙。因為他們舉辦了銷售的線上說明會並將維卡幣方案販賣給了美國人，這讓美國司法部可以狠狠責罰賽巴斯欽、同謀1（CC-1, co-conspirator 1）茹雅和一位未透露姓名的美國人同謀2（CC-2），而關於同謀2的這個位置有一份很完善的候選人名單。美國聯邦調查局的頭頭小威廉・史威尼William Sweeney Jr. 在被問及所有的這些各種指控和行動時說：

> 與保存投資人交易歷史記錄的那些真實得加密貨幣不同，維卡幣不具有實際的價值。事實上，唯一能從它的存在中獲益的，只有它的創辦人和同夥。它沒有為投資者提供追蹤他們的資金的方法，也不能用來購買任何東西。

我記得這些評論，是因為它們並不完全正確：維卡幣確實創造了很多的痛苦。在賽巴斯欽被捕和引渡的消息傳出後，紐西蘭的愛倫是我最先交談的其中一人。就像許多仍然相信「總有一天」他們會變得富有的非洲和亞洲投資者一樣，愛倫也不放過任何微小的希望。她也沒辦法施展其他的抱負。她現在住在新普利茅斯一個潮濕的單間房間（一間車庫）裡面，她的積蓄和賣房子所賺的錢，都熱情地交到了茹雅手上，買了一個從未到來的新未來。

她並不孤單，因為她所在的整個半球都是主要的目標。成千上萬的紐西蘭人、澳洲人和太平洋島民，在其西太平洋島嶼的家中或在這整個區域跟著工作跑的菲律賓人，都被鉅額財富的承諾所嘲弄。對這麼多人來說，又再次發生了，這是一個可以讓他們獲得成功，並過上更好的生活的一時的機會。愛倫的丈夫去世了，她賣掉了家裡在奧克蘭的房子後，把賺到的錢分配給兩個繼子。她用現金作為餽贈幫助經濟困難的女兒和女婿搬到新普利茅斯，最後，她還剩下五萬紐西蘭元（約等同於三萬五千美元）可以用於為自己投資買房。在某一個星期天她去了教堂，經常坐在旁邊的一位教友向她介紹了維卡幣。有一位推廣人邀請愛倫參加在天空城奧克蘭會議中心舉辦的維卡幣發表會。他們洗腦她，然後她被邀請參加某個「研討會」，在那裡她就上鉤了。她的上線聯絡人是蒂娜，但帶領這個團隊的是一位在威靈頓的菲律賓女士，她用財富利誘愛倫：

我已經習慣了這在一個漂亮的家裡面，但我所剩下的錢僅僅只能買單間臥室的一個小單位，也就是一間小公寓，所以這個維卡幣的提議對我來說是不可多得的。他們告訴我，只要我投入我的五萬紐西蘭元，我就可以拿回八十萬紐西蘭元。而且維卡幣的價值不斷上漲。我搬到了新普利茅斯，並開始租房子，只要在交換所上線時然後兌現，這樣我就可以買更大的房產，我可以支付駕駛課程的費用，買一輛車並獨立生活，因為新普利茅斯的公共交通不太方便。我先買了價值一萬五千的方案，之後再慢慢投入剩餘的錢。向我介紹維卡幣的教會朋友和我一樣使用合作銀行，所以我在二〇一七年六月取出我的現金，存入她的帳戶，然後她將錢匯到保加利亞。嗯，我們屬於同一個教會，我們彼此信任。她只投入了一點點錢，她不像我有那麼多錢，而且我只希望這筆錢可以增加。這是在茹雅博士失蹤的幾個月前的事了，那時我們曾經是朋友。由於我們距離太遠了，所以雖然我們聽到了很多故事，但大多數都是說她在「延長產假」。這似乎是很合理的。然後時間一直拖下去，幾週和幾個月的時間過去了，我像是看著每一分錢往下掉，這時我才恍然大悟[12]。好吧，實際上錢並沒有掉，甚至可以說，什麼事情都沒有發生，但你明白的。

有些人被剝削的狀況比我更嚴重。橫跨整個紐西蘭範圍內的人，都被出賣了，但是我所在的網絡還涉及到島民。也包括菲律賓人和亞洲人，但大多數是對比特幣或數位貨幣一無所知的太平洋群島的島民。推廣人在這些地方設下圈套，吸引人投資後，然後就穿越一個個島嶼，從關島到各個地點。基督復臨安息日教會的教堂被用來舉辦「活動」，只要有假日旅館的地方，就會用來舉行維卡幣的聚會。維卡幣非常盛行，但是一直都沒有交易所，沒有希望拿回任何一分錢。我很慶幸我找到並加入了珍的受害者組織，因為我有人可以傾訴，有人願

12 譯註：原文 the penny dropped 是表示「恍然大悟」的片語，根據字的字義也有一分錢掉下來的意思。

意傾聽我的故事和理解我。這裡的教會沒有提供任何幫助，然後警方說，要我聯繫海牙的國際刑事法院ICC。所以我在二〇一八年時寄了一封電子郵件去荷蘭，內容和我的故事有關。我到現在還在等他們的回覆，現在，二〇二一年也快過完了。我們在這裡所收集到關於詐騙者的線索和資訊，我會發到受害者支持小組上面。要讓我們的聲音被聽到，我們就必須團結在一起。這件事還是讓我很難過。當我發現這是一場騙局時，我徹底崩潰了，我花了很長時間來處理所有的情緒。我有一筆少少的退休金，只夠租一間房間。這是一個舊車庫，而且很潮濕，不是一個好的地方。當我第一次投資時，我已經上了幾堂的駕駛課，但我後來也把課停掉了，因為我不認為我可以買車。

當然，你不需要乘坐交通工具就可以被騙，因為維卡幣擁有完善且服務周到的上門服務。地點位置也從來不是問題，我在澳洲的朋友哈利的故事就是證明。他坐在昆士蘭海岸的班達柏，位於在布利斯班行車往北四個小時的距離，他在電話裡大聲說出他對茹雅和賽巴斯欽的看法：「這些混蛋！」哈利在二〇二一年時以七十三歲的年紀退休，他完全符合我腦中澳洲人的模樣。他總是直言不諱，但在購買了一系列精選的方案並損失了幾千澳元的退休金後，他很猶豫是否要公開他的故事，讓大家知道他所匯到新加坡和保加利亞帳戶的錢，都就被拿走了：

我住在伯斯的一位朋友告訴我，她在二〇一六年加入了維卡幣，我在退休之前在伯斯待了超過四十年，她說這是一個好投資，說我應該加入。看看比特幣，看看它後來發展多成功。而維卡幣很顯然一開始就聲勢高漲，像是火箭起飛一樣，一飛沖天。

我去布里斯班參加維卡幣活動並受到了完整一整套的款待：閃耀的燈光、影片簡報、從貧窮到巨富的的故事、奉承偉大的茹雅博士，以及看到賽巴斯欽．格林伍德和他的伙伴們辛勤地投入其中，我永遠不必去蒙地卡羅然後擔心花太多錢在賭桌上，因為維卡幣就像是開採石油一樣。它看起來很完美，所以我投資了幾千元。我又參加了布里斯班的另一場活動，那場活動更加狂熱；茹雅博士是偉大的神，大家一次又一次地呼喚她的名字。儘管如此，我還是感到放心，因為我認為如果他們能在這些大型活動上花錢，他們應該是一種合法的數位貨幣。但是這完全是這場大騙局的一部分，我投資的金額略高於一萬六千美元。在整個北部的地區，幾乎每個人都在投資維卡幣；這些混蛋偷走了幾百萬、幾百萬美元。有很多像我這樣的人都是坐擁著現金，因為很少有人願意將錢存入銀行。我們認為那是在浪費時間。所以，我們就是完美的目標。被騙讓我覺得好羞愧，我越想越氣，當我加入受害者的小組時我讀到珍曾詢問是否有人願意說出並公開提出他們對維卡幣的不滿。她的說法是，只要挺身而出的人越多，我們就會越強大。許多受害者都在擔心，害怕會遭到報復，但我與珍取得了聯繫。我的意思是，管他的，一切都木已成舟了。我不覺得羞恥，我只是犯了一個錯誤。如果我可以分享我的觀點，然後又有助於打倒這些混蛋，為什麼不呢？我被貼上黑粉的標籤而收到很多網路上的辱罵，他們罵我的話包括說我是袋鼠的陰莖，以及其他粗俗到連我都說不出口的話，但是如果他們敢來到我面前，我會很高興，因為我會一拳打他們的臉上。

我理解哈利的感受。他雖然很生氣但仍接受了被維卡幣欺騙的事實，而南非的雪萊在她為實現正義和報復所做的事情，就會算是較為強硬。她眼睜睜地看著鎮上那些窮人之中最窮的人被欺騙，連孩子們的午餐錢都被騙走了。整個社區得到的回報，只有財富的口頭承諾。她自己是衣食無虞，也有現金可以投資（她丈夫的退休年金為五十萬南非蘭特，也就是三萬七千美元），她將錢給了維卡幣，加入了這場違反南非的金融法的瘋狂鬧劇。我敢肯定雪萊會希望將她的確切所在位置保密（你很快就會明白的原因），你一定不會介意我稱她為一位強悍的女士，但即使是她，也對當地維卡幣推廣人所採用的極其貪婪的方法而感到震驚。他們將自己的目標鼓吹到歇斯底里的程度，哄抬了維卡幣的投資價格，例如，將一個一百一十五美元的入門方案定價為一千一百五十美元或更高，然後眼睜睜地看著他們的一小筆、一小筆現金，變成了一座座的現金山。南非的投資人急速增加，是源於一位名叫簡．恩尼斯 Jane Ennis 的美國人的巧妙策劃。在二〇一九年五月，克莉絲汀．格拉布利斯 Christine Grablis 代表心懷不滿的美國受害者，在紐約提起的集體訴訟中，簡．恩尼斯與賽巴斯欽和茹雅一起被列名，但該案於二〇二一年十月因管轄權的原因而被撤銷。在二〇二二年初時，在維卡幣上面損失了十三萬美元的克莉絲汀．格拉布利斯和其他美國受害者正在歐洲進行類似的訴訟。鄧肯．亞瑟 Duncan Arthur 在這起訴訟中，也被列為是其中一名受害者。但那都是在簡．恩尼斯幫助維卡幣掠奪南非之後的事了。雪萊告訴了我們其中的內幕：

我在南非扮演如此重要角色的原因，是因為我是團隊的領導者和維卡幣的倡導者。我覺得這個投資太棒了，我也公平、公正且良善地對待我的下線投資者。我過去透過不同的多層次傳銷計畫在網路上賺錢。二〇一五年六月，一個因之前參與的業務聯認識的人繫我，並告訴我關於茹雅和這項產品的資訊，也就是維卡幣，且它的價值一直在上漲。簡．恩尼斯透過賴索托的一個教堂，把維卡幣介紹到當地，然後他們又把它帶到了整個南非（因為賴索托的位置被整個南非環繞，所以這個舉動就像日夜交替一樣地自然），然後，它就失控了。推廣人從一開始就在欺騙大家和偷大家的錢。本來應該花費一千五百蘭特的方案，現在要花五千蘭特，因為人們非常渴望成為維卡幣的一部分，所以他們以很高的代價進行投資。他們向這些人所收取的費用真是難以置信，非常驚人。

我是一個信徒，而我試著教育人們如何誠實應用維卡幣的機制，你可以笑，但他們感到很困惑。推廣人沒有教給他們任何正確的觀念，他們只是把自己的錢給了推廣人。我把那百分之一百零一都歸給簡・恩尼斯。她成了千萬富翁，並在我們的維卡幣網絡上到處吹噓自己的成就。維卡幣蓬勃發展，投資者蜂擁而至，但南非人卻越來越難將資金投入這套系統。我們並不想錯過這個好機會。人們會把現金裝在信封裡，然後寄給茹雅，因為我們無法將錢帶離開南非。這太荒謬了。銀行給我們製造了一個非常大的問題。你可以從南非帶走多少錢，是有限制的，每年是一百萬蘭特（六萬五千美元）。現在，光是高級方案就要五十萬了，更高價的方案則是要超過一百萬。我們之所以陷入如此複雜的境地，是因為我丈夫給了銀行一個說法，而我又給了他們另一種說法。我們打算把錢匯到英國，然後再匯到德國，但是銀行拒絕了我們。這讓我們很惱火，因為，我的意思是，這是我們的錢，我們應該能夠用我們的錢去做我們自己想做的事。政府單位說不行，銀行也說不行。我們找到的路徑是南非這邊的一家貿易公司，他們買入的是歐元，所以很容易。我一把五十萬直接轉入他們的銀行帳戶，他們就用這些錢去買了歐元，然後把歐元轉到德國，再轉給茹雅博士。這一切都在不到二十四小時內完成，而且沒有任何銀行的手續費！我當然認為我們成功了。我找到了其他維卡幣團隊的領導者，並告訴他們將資金轉移到國外的解決方案，但即使有了更流暢的這套系統，他們仍繼續收取過高的價格。我無法想像今天會說這些，但我當時不想讓他們玷污維卡幣的名聲。我開始製造麻煩，我真的為了維卡幣和那些被騙錢的人挺身而出。我參加了一場會議。約翰尼斯堡的一位大老闆也在現場，然後我告訴他們，他們被一些推廣人騙了——結果看來，他們是被兩倍的欺騙。當我回到家時，家裡的電話上有一條語音訊息，說我要讓我消失：「這會看起來像是私闖民宅。甚至沒有任何人會有疑問。你去你的 Facebook 上刪掉警告維卡幣的貼文，否則你就會消失。」

我對自己說：「雪萊，妳踩到紅線了。」他們聽起來很兇狠，我很害怕，但我想，我不能讓他們這樣做。維卡幣是一個好的產品，也是南非人民的救生索，但是這些人正在摧毀它。非洲的人正在毀掉這個產品，他們剝削每一個人，欺騙大眾。我的任務變成是要糾正這種錯誤的行為，簡·恩尼斯從美國和倫敦派人來，要我冷靜下來。但是只要他們一走，那些惡劣的習慣作法就又回來了。當我想到我們的受害者被騙得多麼嚴重時：那些來自鄉鎮和南非各地的人，被三重，甚至是四重的詐騙給騙了。不想加入那些不好的群體的人，就會來找我投資。我有六百多個人申請加入我的下線。我的下線有一邊是白人的下線，另一邊是都是黑人的投資者。我認為不應該把它們混在一起。有一位白人女士是我的下線，她之下又有大約四十人。黑人那邊則是足足有五百多人，每一個人下面又都有許許多多的下線。他們賺了很大一筆錢。

當我們在二〇一六年去旅行走訪還未引入維卡幣的南非城市時，我看到簡．恩尼斯下面排第四順位的女孩，在那次旅行中就賺了一百萬蘭特的純佣金。這非常令人難以置信。這些被盜走的錢，又讓那些推廣人的行為越來越離譜。我繼續警告人們，他們被多收了錢，但他們相信他們會變得更富有，所以他們也不在乎。當某一些人得知真相後，他們燒毀了約翰尼斯堡那位大老闆的房子。在南非，他們會用一塊磚頭來燒房子，他們會用布料包著磚頭，然後把它浸泡在汽油中，然後將它從窗戶丟進屋裡。在被火焰吞沒的房子的照片中，你可以清楚看到窗戶上有一個完美的圓形的洞，那就是磚塊丟進入的地方。她被火燒傷了，但她並不是高層；她只是另一個被茹雅招募的人，這只是另一起茹雅的人員傷亡，並沒有阻止茹雅的戰士。他們仍然想出售維卡幣並藉此致富。在這點上，我也沒有資格對他們太苛刻。因為我也非常努力在推動維卡幣。我在的生活、呼吸、睡覺，都跟維卡幣有關。它出現在我自己的Facebook頁面上，在我宣傳個人的網頁上，我在到處都放上了維卡幣。我看到一個美國推廣人的影片，他的多層次傳銷讓他在加密貨幣領域享有很高的地位。和他一樣，我也認為這是一項真正的產品。我無法聽進任何反對維卡幣的壞話。我不會對這件事說謊，我完全相信這個像是野火一樣蔓延的謊言。

我把維卡幣介紹給了我的家人，而我的兒子因此完全和我鬧翻了。他在我的Facebook群組中發布關於我的公開聲明，說我欺騙的人不僅是我的朋友，而且還包括我的家人。他真的很恨我，他也很恨這項產品。他持續用很糟糕的方式貼出這些公告，以至於我不得不封鎖他。然後他又以不同的名字進來群組，並繼續煩擾我。事情最後到了他告訴我，他覺得我到了非常噁心的地步，不想再和我有任何瓜葛，他不敢相信我會墮落至此，透過詐騙從別人那裡拿錢。他一遍又一遍，一遍遍地告訴我。那對我來說很可怕，他一直給我網路連結，他說這證明了這是一場騙局，而這些連結是連到提姆．克里那裡。

在二〇一六年十月一日的曼谷活動中，我的眼前出現了很大的一個警訊——就像珍那時也感覺很不對勁一樣，當時茹雅在大眾面前啟動了一個「新的」區塊鏈，並增加了幣的數量。就是那一天，我意識到這一切都是錯的，因為你無法干預區塊鏈，如果你把幣的數量變成四倍，或增加成任何數量的幣，價值是不可能可以保持不變的。在舞台上，一慣盛裝打扮的茹雅，啟動了第二個區塊鏈，以代表維卡幣的「挖礦」有著驚人的成長。在加州的提姆．克里則發現到，這是一段現有的影像，是用Shutterstock圖庫的一段綠幕影片所製作出的效果。在這之前，他就一直不斷地炮轟所有維卡幣的網絡，大聲疾呼這是騙局。我們被告知，他只是另一個嫉妒的黑粉，但現在，我開始聽進提姆所說的話。他說服我，這是一場騙局，並把我介紹給了珍，而珍就是我的救生索。我從她的受害者小組裡拿到了所有的詐騙資訊，並把它們提供給我這邊所有的人，但是他們不感興趣。我帶來的資訊，對每個人來說都是壞消息，我告訴他們維卡幣是一個騙局，尤其是如果他們忍不住停手，不去支付過高的價格的話，這就更會是壞消息了。這就像告訴邪教領袖吉姆．瓊斯 Jim Jones 的狂熱追隨者，不要喝那杯用粉末泡出來的飲料一樣。我有一個在中國的朋友，她投資的金額比我多很多，她投資了幾萬塊的美元，她陷入深深的憂鬱，情況很糟糕。

我對這件事是比較堅強，確實每一天都在努力，保持著堅強的面孔和意志。我想盡我所能糾正這個問題。我說，我們必須放輕鬆，給自己更多時間，因為這件事可能會完全吞噬我們。尤其是女人，因為在試著改善這種狀況，以及幫助其他人擺脫像茹雅這樣的恐怖分子的魔掌時，我們可以會變得更情緒化。因為去做這些事情，就是我們的天性。

有時候，我會不斷地告訴自己：「雪萊，妳只要邁出一大步，然後接受這件事情就好了，就可以不管了。」這對我來說造成了一種情緒漩渦，但如果我能幫助任何人，我願意挺身而出，我不會再匿名了。我想讓人們知道真相。我做這些並不是為了要討回我的錢。因為這是我的錯，我在這方面做得不夠。我相信人，但是我應該更深入地研究它背後的科學。當你靠領取養老金過活時，你會為了賺錢、為了擁有一些東西而不顧一切。有很多不同的原因，可能會讓你拒絕接受現實，而你只是被這個夢想牽著走，而且你也不會去思考。茹雅和她的銷售大隊利用了這一點以及人們的無知。

我理解雪萊說的，關於女性會想要保護他人的意思，天哪，我在二〇一八年整年一直試圖希望英國當局可以採取預防性的措施，但卻一次又一次地撞上那堵令人惱火又悶不作聲的官僚主義牆。有時，我也會和雪萊一樣，想要放手走開，但隨後就會有另一個受害者的故事出現，或是某個有自殺傾向的人需要被安慰。而幾乎與警察的無所作為，同樣令人沮喪的事情，是主流媒體似乎對這件事缺乏興趣。有數十億美元被騙走——但都是從普通人那裡偷走的。那就是問題的所在嗎？難道是這件事沒有牽扯到名人？我和提姆以及其他人，聊了很多關於媒體不感興趣的這個問題，我們認為，這是因為加密貨幣太複雜了，以至於沒辦法用晚間新聞上短短的幾分鐘，或是報紙上的幾段話來進行報導。媒體也似乎將其視為某種保險欺詐，認為這只是錢的事，真正的人並沒有受到傷害。你讀過了這些故事，你已經知道，對於每一個握有現金只是為了追求獲利的投資者，對於世界上幾百萬同樣不顧一切的人，他們冒著讓家人三餐都沒得吃的風險，只為了追逐著紙做的假月亮。值得慶幸的是，對於我們所有這些尋求正義和懲罰的人來說，美國的調查人員正在背後伸張正義，而我所信任的美國聯邦調查局人員，能幹的蘭．辛考，正準備採取行動。

第十五章 失而復得

二〇一九年二月底時，康斯坦丁．伊戈納托夫的傲慢自負上升到了荒謬的程度，他離開了姊姊安全且配有保鑣的保加利亞豪宅，搭乘長程航班前往加州。他拿著護照，戴著耳機，聽著搖滾樂，走到了入境護照檢查處。一位美國國土安全部的人員揮手叫他向前時，一名邊境巡邏隊隊員攔住了他。這場精心策劃的「局」已經開始了。

康斯坦丁被問及他來訪美國的原因。他是來做生意的嗎？他很高興地撒了謊。他說他是一名遊客，要轉機飛往拉斯維加斯，他計劃在那裡「玩得開心」。探員在他被問話的期間，檢查了他的手機和筆記型電腦，他們沒收了他的手機但歸還了他的電腦，然後允許他進入美國。他搭乘四十分鐘的轉機航班飛往拉斯維加斯，在那裡他有三天都「玩得很開心」，但他也與熱衷於與美國的推廣人開會，急於在美國打造維卡幣的未來。他對在舊金山機場被攔下感到非常緊張，他聲稱自己將電腦丟在了米高梅大飯店對面的賭城大道上的一個垃圾桶裡。

他以為這件事就是這樣為止了，但是並非如此。和他一起在拉斯維加斯的，是他的「好朋友」鄧肯・亞瑟，他還認識了其他幾位「朋友」，他們是臥底的美國探員。在看到一份法律意見書，說美國不承認加密貨幣且沒有管轄權後，他就被說服，認為他可以安全地來美國。康斯坦丁完全沒有意識到可能的後果。鄧肯・亞瑟說，雖然康斯坦丁在某種程度上很聰明，但他巨大的自負壓過了威脅，讓他認為自己是萬無一失的。我問鄧肯，他是否認為康斯坦丁的自負是從他姊姊那裡學來的。「當然是，但是不會有人像茹雅這樣自大。康斯坦丁是個白痴，但茹雅是純粹的邪惡，是女性版的撒旦。」

雖然索菲亞的維卡幣工作人員告訴他，不該冒著風險訪美，但康斯坦丁在沒有任何保鏢的情況下就強行進入美國，因為他的保鑣無法獲得美國的入境簽證。他說，他被告知這不會有問題，他隨便就相信了某個來自越南的人的話，這使康斯坦丁的智商分數減了很多分。大家都認為，此人參與了將康斯坦丁誘入陷阱所設的圈套。康斯坦丁做為茹雅的接班人，一直被此人鼓勵要在美國拓展業務。此人很自豪於自己從他家附近和柬埔寨、泰國與越南等鄰國招募了幾萬名投資者，是維卡幣之中賺最多錢的人之一。他是個身材矮小的硬漢，持有美國護照。他們在遭到竊聽的拉斯維加斯飯店套房內，一大早就進行會議，而鄧肯・亞瑟說，他不得不在早餐桌下踢他的朋友，警告他小心不要讓自己捲入騙局。臥底的探員不斷為康斯坦丁製造機會，讓他同意參與明顯違反美國法律的計劃。康斯坦丁滿臉笑容，向客房服務點了更多加了加拿大楓糖漿的鬆餅。身為「遊客」的康斯坦丁在 Facebook 上發布了自己在推廣維卡幣時露齒微笑的照片。

他似乎對美國當局一開始對他的興趣毫不在意，他從拉斯維加斯飛往洛杉磯，在那裡他確實讓自己沈浸於旅遊。二〇一九年三月四日，這名幾乎掌控著歷史上最大騙局之一的男子，穿著一件花俏的夏威夷襯衫，在洛杉磯的好萊塢星光大道一角擺姿勢拍照。一條奶油色的蟒蛇繞在他的手臂上，就像是他全身的紋身一樣。康斯坦丁也不會害羞，他在 Instagram 上發布了那一刻的照片。而美國聯邦調查局也握有他們所監控的照片，洛杉磯警察局的組織犯罪情報部門 OCID 也是。當康斯坦丁和鄧肯·亞瑟乘坐豪華轎車前往洛杉磯機場，康斯坦丁預計飛往索菲亞而鄧肯預計飛往倫敦時，跟著他們的臥底人員陣仗已經如同是皇室成員或受人尊敬的外交官的隨行陣仗了。

我很高興可以告訴你，康斯坦丁即將會需要用到他的「絕佳的幽默感」。鄧肯·亞瑟，他創辦了DealShaker平台，然後將維卡幣作為可以在平台上交換商品（加上現金）的優惠券，他與我聯繫，想了解他的企業是否有機會提供受害者幫助。我曾經——現在仍然也是——對這些事情保持警惕，因為他們讓我們這些受害者又重新站到最前線，但這確實給了我一個絕佳的機會和鄧肯談談他在二〇一九年三月時，洛杉磯國際機場所經歷的戲劇性事件，鄧肯的職銜是 DealShaker 的專案經理，而他也願意公開這個故事：

康斯坦丁在我面前被逮捕了。有三個大漢將他制服，這只花了不到幾分之一秒的時間。康斯坦丁被戴上手銬，然後他就不見了。他看起來非常困惑，就像他不知道剛剛發生了什麼事。我被兩個人護送到一間小房間裡，然後他們開始連珠砲般問我問題。他們用很典型的方式：一個人是有攻擊性的，然後另一個人是友善的。茹雅在哪裡？你知道什麼？那個人是誰？那個人又是誰？他被嚴厲地盤問，這是一次非常徹底的審問。其中一個人看了我的愛爾蘭護照，說我的口音聽起來不像愛爾蘭人。沒錯，我是南非人。如果我用南非護照的話，我就需要簽證才能去美國了。我問他們，我是否可以去登機，他們巧妙地暗示，這取決於我的回答。他們確實說過，康斯坦丁絕對不可能飛到其他任何的地方了。我真的，真的以為這是一場噩夢。

當我意識到，我不僅正在受到美國聯邦調查局探員的偵訊，而且還受到美國國稅局探員的偵訊時，我的腦中一片空白。我突然瞭解到，我剛剛所經歷的事情其背後的嚴重性。最後，他們給了我傳票，要求我於二〇一九年三月七日，也就是第二天，在紐約的大陪審團面前出庭。但是我原本是預計搭洛杉磯國際機場起飛的夜間航班，而我會需要花六個小時去紐約。

我告訴他們這在物理上是不可能的，然後，基本上，他們告訴我就滾吧，不要再回到美國。我確實滾開了，盡我最快的速度。我從倫敦飛到索菲亞，要求那裡的維卡幣員工關掉辦公室，因為他們繼續下去會害到康斯坦丁，在我看來，康斯坦丁就像是君主立憲制的君主。那邊的罪犯根本不會考慮他的安全，那時候，我就完全失去了信心。騙人是一回事，但是出賣自己人又是另一回事……。

聽鄧肯描述那個世界讓我打顫。他談到了那些保鏢，而我最接近某位的時候，就是在看凱文．科斯納和惠妮．休斯頓所主演的那部電影時。接著，你可以想像他接下來告訴我的話，證實了我所有的恐懼：我不是在疑神疑鬼，茹雅是真的想扳倒我。她認為我是她在英國最大的批評者，也認為因為搞砸她在騎士橋的倫敦辦公室展開業務的這項計畫，所以我需要直接為這件事負責。當時，鄧肯就在這裡的 RavenR Capital 與她一起工作。我很高興我破壞了她的計畫，而且知道她有多恨我這樣做後，我很自豪。這是我的榮譽徽章。鄧肯．亞瑟說，當頂樓公寓被收回時，他將茹雅所有昂貴的設計師禮服和洋裝、她的 Jimmy Choo 鞋子和 Prada 服裝以及她個人的「小飾品」都送到了倫敦克倫威爾路附近的公益組織樂施會。我肯定會破壞了她的灰姑娘計劃。他告訴我：

對妳的攻擊是來自很好的整合協調的成果……很早開始，為了以儆效尤，妳就被當成是目標。這些事情都是神神秘秘的。因為妳站出來，這讓茹雅和皮特．阿倫斯，也就是維卡幣短命的執行長，都收到了倫敦市警方的警告信，並要求他們接受會談，而這些警告信和會談通常只會往不妙的狀況發展。珍，妳與其他人不同的點，在於妳親自去對抗茹雅，這就是為什麼妳首當其衝，因為妳造成了嚴重的打擊。所以他們真的很想扳倒妳。就她派人去攻擊妳而言，就代表了茹雅自己有多在意這件事。那個時候，也是她試圖搬家到英國的時候，她剛剛透過一家由某個信託所控制的公司購買了她的頂樓公寓，而這家公司背後的信託，其背後又是另一個信託。所以這件事很嚴重。茹雅收到警方的信件後，她就再也沒有回到過英國了。所以無論茹雅在哪裡，她一定都還在生妳的氣。

她對我的憤怒，一定不如我對她和她那幫騙子，以及那些為了受害者的「血汗錢」而保護她的人的一半。但隨著她的弟弟被捕並成為美國政府的合作證人——他的選擇只有要麼當合作證人並揭露維卡幣欺詐的內幕，要麼被判九十年的徒刑，然後直接進監獄。我感覺到，我們離正義更近一步了。這是他為了不要在監獄中度過餘生的孤注一擲，但在我們確實看到茹雅被捕的那一天時，所有的證據都會準備好了，還有為她所準備好那一間牢房。

令人沮喪的是，美國聯邦調查局晚了十八個月，錯過在愛爾蘭逮捕茹雅的時機，當他們到時，確實趕上了發現她的一些髒衣服。在她像一陣煙霧一樣消失的幾週前，茹雅都在都柏林。據我們了解，她是使用假的證件，從保加利亞的布爾加斯機場乘坐瑞安航空的班機飛往那裡。據說，她和往常一樣有一名助理與她同行，負責提她的包包。有人說，茹雅在取回的重要物品，是只有她的指紋或某種高科技「鑰匙」才能開啟。那時，她就知道，為了自我保護，她手邊需要盡可能有多一點的現金。

這聽起來像是她帶著退休金跑了，有跡象顯示她遇到了被誤認為是俄羅斯人的男人，但是實際上，這些人是冰島和奧地利的財務經理。她可能是唯一一個能告訴我這一趟冒險的來龍去脈的人，但我認為我們之間沒辦法談得來，而我確實有與美國聯邦調查局談到這些。當時是二〇一九年三月二十八日的下午兩點四十分，蘭．辛考和另外兩名美國探員拜訪了位於都柏林伯靈頓廣場，有著大片窗戶的愛爾蘭銀行總部。與他同行的還有美國國稅局刑事調查組的約翰．亞伯拉姆斯 John Abram 和利奧．羅文斯基 Leo Rovensky，他們身穿有如 Brooks Brothers 西裝風格的外型，透露出不少端倪。當天他們的重點是馬克．史考特的 Fenero 基金。直接與馬克．史考特打交道的銀行代表都暢所欲言，其中，德瑞克．柯林斯 Derek Collins 提供了洗錢的「有力證據」。他在二〇一六年擔任愛爾蘭銀行的執行副總裁兼客戶關係經理，且並未涉及任何不當行為。他見過史考特，史考特告訴他，自己計劃將 Fenero 的資金投資於金融服務和電信產業，而所掩蓋的事實是，根據蘭．辛考所言，「這些 Fenero 帳戶都被用來轉移維卡幣的收入款項。」

當我一直在學習金融欺詐的知識，以及如何在讓錢從這裡轉移到那裡或是到任何地方的這種洗錢的方式，研究美國聯邦調查局如何對茹雅提起法律訴訟並逮捕康斯坦丁、賽巴斯欽、吉爾伯特．阿門塔和馬克．史考特時，我也對於受害人變成次要問題感到震驚並常常感到憤怒。我們這些受害者無法被逐項列在資產負債表上，也不會被特別標示，也永遠不會被記錄為成本。所以我可以理解為什麼有很多、很多的受害者，都不想出庭作證，但這似乎讓當局感到困惑。他們不明白，人們會因此而羞恥，或者就維卡幣的狀況讓他們害怕說出來。我也發現，只有那些最有經驗的政府調查員和欺詐探員，才能從受害者的角度理解被騙的真實感受。當你傾其所有時，最不想面對的就是被騙的事實，你會把頭埋起來，因為這件事讓你太痛苦了。有趣的是——不，應該說可怕的是——維卡幣和茹雅仍然可以從新的受害者那裡搶到錢，而且是有成千上萬的人，因為仍然有一些，是當地的人都太害怕而不敢提出警告。

我決心要大聲疾呼和與之抗爭，而這終於引起了一些媒體的關注。除了我每天收到的仇恨郵件和辱罵之外，我還收到了一位名叫喬治雅．卡特 Georgia Catt 的女士所發來的私人

Twitter 訊息：「嘿，珍，我是 BBC 的製作人——我正在與傑米・巴特利 Jamie Bartlett 合作製作一個 Podcast，我們很想和妳聊聊……」這封訊息是我在二〇一九年四月九日收到的，也就是美國聯邦調查局訪問愛爾蘭銀行的十二天後。最後，終於有一些行動了。BBC 正在四處找人，他們想要找願意公開談論他們是如何被騙的維卡幣受害者，而當時，我是唯一的志願者。也是唯一一個願意參與的人。當我、提姆、比約恩和 CryptoXpose 都同意一起合作製作《消失的加密貨幣女王 The Missing Cryptoqueen》Podcast 節目時，我們心裡都非常感謝主流媒體平台終於聽到了我們的聲音和困境。我們沒有得到任何報酬，我們一分錢也沒有拿，我們的重點只是提升大眾對此的認識，那是我們的使命。我們只是這麼想的，感謝他們的出現，而且感謝他們似乎很關心這件事，因為在那之前，感覺好像沒有人在聽我們的話，沒有人幫助我們。這也包括英國金融行為監管局和倫敦市警察局。

為了提升大家對這件事的認識，在這三年來，我們經歷了一場極其痛苦、孤獨、艱難、疲憊、且摧毀心靈和靈魂的戰鬥。而隨著我越來越感到挫敗感，受害者的痛苦故事也隨之增加，獨自面對著無休止的每天的辱罵和威脅。維卡幣向投資者強調我們是黑粉，他們告訴投資者要站出來，捍衛他們的維卡幣並「打倒」任何的批評者。喬治雅和傑米就像是來拯救我們的騎士。我告訴他們我自己的故事，並提供一直在收集的這些詳細資料。在接下來的幾個月裡，我與傑米和喬治雅密切合作——我們全都是，包括提姆、比約恩和 CryptoXpose 也是。他們想去非洲，而烏干達的丹尼爾則為他們鋪路。我幫助他們與推廣人連上線，但花了兩個月的時間才說服其中一人參加這個 Podcast。這位推廣人非常注意安全，而事實上，這是有充分理由的。在二〇一九年時，他離開當時有毒的維卡幣和茹雅他們那群人，然後設立了一個跟維卡幣競爭的投資計劃——我知道那是不明智的。幾個月後，他的家就遭到侵入。

有了我的人脈，BBC 就能夠去「尋找」茹雅，同時獲得有趣的採訪內容。這是我與茹雅戰鬥的另一個階段的開始，也就是後來的成品：《失蹤的加密貨幣女王》Podcast 節目，節目當之無愧地獲得了成功，全世界有幾百萬人聽到了我和其他受害者的故事。我很高興，但也很緊張，因為我從來沒有做過這種廣播節目。我擔心說錯話或在「直播」時犯下錯誤。當然，正如他們向我所保證的，這一切都是預錄的內容。如果我說話卡卡的，我們就可以再來一次。節目的第一集原訂於二〇一九年九月十九日發布，當天我也受邀到倫敦，去上維多利亞．達比舒亞 Victoria Derbyshire 的 BBC 電視節目做一些宣傳，並在一些廣播電台節目上發言。然而，這都還沒有被確認，直到九月十八日的中午，我都還沒有聽到任何消息；我以為這不會發生了，我其實還真的很高興。那時，我不得不去看醫生，因為我感覺真的很不舒服。當我接到電話，說我該「啟動」的那時，我才剛把藥局的抗生素放到我的手提包裡。我沒有感覺到自己「啟動」，但我還是趕上了六點鐘從格拉斯哥中央車站開往倫敦尤斯頓車站的火車。

我也有消息要跟傑米和喬治雅分享。在上週，我與倫敦市欺詐小組的基倫．沃恩警探進行了交談，了解他們調查的最新狀況。我們收到的任何資訊，都會分毫不差地發送給世界各地的警察部門和金融產品的主管單位。提姆．克里和老鷹1號一直有把資料提供給美國當局，我在英國也會做同樣的事情。沃恩警探知道我很沮喪，因為在我們提供了所有欺詐的證據之後，在二〇一七年撤除的二〇一六年英國金融行為監管局針對維卡幣的警示，還沒有被放回去。為什麼英國金融行為監管局不保護英國公民免於這些騙子的傷害呢？而沃恩警探給了我令人振奮的答覆。他會在那個週末聯絡他的美國同行，然後他會帶著這些資訊回來和英國金融行為監管局討論，他們會研究用什麼說法，且會努力於讓那則警示重新被放上去。這個消息讓我很高興。對於我正要前往去宣傳的《失蹤的加密貨幣女王》節目，這也是很好的宣傳素材。我在火車上身體仍然感覺不太舒服，但我很放鬆，並且帶著正面的消息跟我一起前往。當火車在紐卡斯爾停站後不久，我的手機就收到一封來自沃恩警探的電子郵件。這是一封正式的信件——我已經把這封信裱框了——「對不起，珍，在英國的調查已經結案了。我們沒有證據。」

我和所有的這些通勤的人一起在火車上，然後我走到車廂的走廊上，開始向所有的復仇者團體發送訊息，不滿的乘客拿著餐車上的飲料和小吃，推擠著從我身邊擠過。真是一團糟！CryptoXpose 代表我們所有人說出我們的心聲：「真他媽見鬼了！」

我在顫抖，以為我要恐慌發作了。第二天，我要在電視上宣傳 BBC 揭露茹雅和維卡幣的 Podcast 節目，而這個消息卻在幾個小時前出現：英國「不」對此進行欺詐調查。Podcast 已經做了廣告，所以他們也知道節目會在第二天播出。接著，我發訊息給傑米和喬治雅：他們根本不在乎。我的邏輯變得更加清楚：那時，在英國已經有超過一億英鎊被騙走，現在，又多了好幾百萬，這些都是無辜百姓的錢，他們就這樣結束了調查？一個靠洗錢獲利數十億美元的騙局，他們卻找不到任何書面記錄？一週之前發生了什麼事？當時他們去和他們在美國的合作夥伴談過，然後就回來結束了調查？我很沮喪，而且我很生氣。我覺得我像是在汪洋中失去動力的一艘船，我很洩氣——我們全部都是。

我知道，當維卡幣那群人一得知這個消息，就會更加努力地進行行銷並舉辦派對，這對受害者來說又是一種傷害。我無法打電話去直接質問沃恩警探，因為當時我的火車離尤斯頓車站越來越近，我從沒見過他，但我認為我們在電話中建立了夠好的關係，應該至少可以把事情講清楚。我發訊息回覆說我對他的消息感到震驚和沮喪。我說，我正在去倫敦的路上，但我問他，等我回來後我們是否可以通電話，他立即答應，並安排了時間。我無法理解發生了什麼事，因為在一週左右的時間裡，態度就發生了如此大的變化。我的腦子裡一直在想剛剛所發生的事情。二〇一九年九月十九日的那個星期四，《失蹤的加密貨幣女王》Podcast的第一集就要播出了，我不得不集中精力在那些電視「直播」宣傳上。傑米和喬治雅和我在尤斯頓碰面，那時已經很晚了，但我餓壞了。在他們把我送到旅館之前，我們先去了一家披薩店。隔天早上，傑米在旅館和我碰面，我們一起坐地鐵去了牛津街以北的BBC廣播大樓。

我病得很重，也覺得我的感染讓我很不舒服，但我認為，這也因此讓我不再緊張，因為這對於幫助受害者引起大眾的關注，真的是一件大事。我擔心的是，由於這是直播的電視節目，我的感染可能會導致腦霧之類的症狀出現。我不想在被訪問的過程中忘記事情。我和跟我一起上電視的傑米說，如果我有「某一刻時間」沒辦法回答，我會看著他，然後請他介入回答。那確實發生了，當維多利亞．達比舒亞問我一個特定問題時，我可以感覺到自己愣住了，但幸運的是，沒有其他人注意到。在我意識到之前，我就回神了。但是Podcast節目一直沒有播出！喬治雅一直等按下發送鍵，但BBC的律師們來來回回討論，因為維卡幣一直在抗議這個節目。他們透過所有的網絡和群組，發布了一份新聞通知，其中包含指導大家如何向BBC申訴的步驟指南。BBC在任何的節目播出之前，從未有過這樣的事情。他們一再地提出申訴，這就是為什麼節目延遲了這麼多小時還沒上線，因為 BBC 的合規團隊和律師需要處理這個狀況。我們正在吃東西，但是當傑米和我被要求在傍晚六點參加埃蒙．霍姆斯 Eamonn Holmes 的熱門節目《talkRADIO》時，我的叉子幾乎還沒碰到我的的食物。

一位 BBC 的代表說，他們不確定該這樣做，但我指出，我沒有與任何人簽訂合約，且這一切都是為了提升大家對這件事的認識，而且我有與任何我想與其說話的人交談的自由。傑米最終獲得了批准——我猜 BBC 在做任何事情之前都會召開一次委員會會議。傑米和喬治雅知道我疲憊不堪，再加上在電台節目上露面，他們說，我需要在倫敦再住一晚。而在他們同意為此住宿支付費用之前，那又是另一次委員會會議了，我已經無償為他們工作了六個多月。埃蒙．霍姆斯很有同情心，他理解任何人都有可能被欺騙。他說，他和我一樣患有慢性疼痛的症狀，並詢問我是如何應對這些狀況的。在漫長的一天後，和他這樣放鬆的閒聊減輕了我的壓力，讓一切變得更輕鬆了。這樣也好，因為那是主流媒體開始對我感興趣的開始，《失蹤的加密貨幣女王》開始每週播出，吸引到越來越多的聽眾，這也包括一些危險的聽眾。對這件事的關注來自世界各地，因為節目開始在 BBC 國際頻道上推出，我可以看到節目的吸引力也擴及到歐洲和美國。

我接受了來自英國、希臘、法國、義大利和德國的記者的採訪，以及來自區塊鏈、加密貨幣和數位媒體人士的採訪。節目獲得廣大的迴響，到了十一月底時，我已經精疲力盡了。但我很快就清楚知道，我們已經傳達了「反茹雅」的訊息。

在《失蹤的加密貨幣女王》第一集推出之後，我收到一個轉發給我的影片，裡面出現了「不要管我們，不然你就死定了」的訊息。這段影片是由維卡幣的「隊長」科德爾．金．傑姆斯 Cordel King Jayms 所拍攝的，他來自千里達及托巴哥，但是影片的拍攝地點是在越南的一個射擊場。他穿著一件紅色T恤，正面印有「學習然後賺錢」的字樣，背面印有「加入一所學院：成為變革的推動者」。在影片中，可以看到他用機關槍向靶場的目標射出子彈。他臉上還帶著邪惡的笑容，當他轉向鏡頭並凝視鏡頭時，你會看到它的笑容閃閃發光。他指責維卡幣的黑粉，並強調比約恩就是其中一位黑粉。然後，他拿著機關槍，緩緩地說：「按一下就解決了。」我仍然能感覺到他的眼睛像是盯著我並上下檢視我的身體。在二〇二二年時，金．傑姆斯是維卡幣全球領導小組的成員，也就是他們所謂的核心圈的一員。在發給我的影片中，他繼續說著警告黑粉的話，然後以命令的語氣低聲說道：「別管維卡幣的網絡。你要搞清楚狀況。」

他在這段威脅影片的最後，再次非常清楚地表達了他的意思，到二〇二二年時，你仍然可以在 YouTube 上找到：「別管維卡幣的網絡，否則你就死定了。」然後他又笑著說，「不、不、不，你知道我們是不提倡暴力的。」但這仍然讓人覺得是一個很嚇人的訊息。

在我揮別親切的埃蒙・霍姆斯從倫敦回來後，這是突然的轉變。正如我所說過的，無論你收到多少次死亡威脅，它永遠都會讓你陷入黑暗。而且我還要詢問沃恩警探，到底發生了什麼事情。我在等我們約定好的電話，我決定去艾琳家，這樣她就可以在旁邊聽當證人。到了兩點，他還沒有打電話，我知道他五點就下班了，所以當五點的時刻到了，然後五點又過去了，我就只能放棄了。這是令人失望的一天，也是特別痛心的一天，因為艾琳在這天支付了她那筆兩千英鎊貸款的最後一筆款項——加上高得離譜的利息後，是六千八百英鎊。

艾琳給我煮了咖啡，大約六點時，一個陌生的電話號碼打來，是沃恩警探。艾琳在我旁邊，聽到了所有的對話，但我感覺就像是在和另一個人不同的人說話。我就像是對著一個機器人說話：他很冷淡而且他堅持同樣的說法——調查已經結束了。你知道當你想說話，卻說不出口時，那是什麼感覺嗎？我當下就是那樣。這些話都卡在我的嘴裡。

我流下眼淚，我談到所有的受害者，而他卻在結束調查。我無法理解，而且他不斷重複同樣的話，這讓我更加沮喪。我問我自己，「這個我一直在提供資訊給他的人，這個我已經和他談了兩年的人，在哪裡？這個人是誰？」艾琳的眼睛越睜越大，她嘴形對我說：「他們根本不在乎。」

我又問他：「我要怎麼跟受害者講？」

他用那種機器人的聲音回我：「我要告訴妳的是，如果妳有任何證據，請聯繫美國司法部，並請妳也告知其他人這樣做。」

我接著說：「但是……但……他們仍在繼續詐騙，就在我們說話的同時，他們還在詐騙，就在我們說話的同時，又有更多的人受害……我做這件事已經將近三年了。我已經筋疲力盡了。沒有任何幫助，也沒有任何支持。我每天都在和人生完全被摧毀的人交談，有些人甚至有自殺傾向。然後，這就是你希望我告訴他們的嗎？」

他猶豫了一下，但是他顯然別無選擇，他回答說：「是的，正是如此。請告訴他們聯繫美國司法部。」不管我從哪個角度問他，答案總是一樣的：「請告訴他們聯繫美國司法部。」

那時我再也受不了了，我說：「我無法再講了，我要掛電話了。有更多問題的話，我會透過電子郵件寄給你。」就是這樣。

我覺得他的聲音聽起來也對他所說得話不太滿意，但他一下又恢復了官腔的語氣。我永遠無法原諒官方的態度，倫敦市警方的一份聲明就總結了官方的這種態度，而這種態度讓我感到很不齒。在我們提供給他們所有的資訊之後，在有一億英鎊從英國被偷走的後，在這些大規模的洗錢計劃後，官方的說法是：

倫敦市警方對與維卡幣有關的嫌疑人之調查已經偵結。倫敦市警方的決定是，沒有足夠的證據支持針對英國的個人提起刑事訴訟。維卡幣背後的公司和人員都位於英國的管轄範圍之外。我們一直無法確認可用於補償英國投資者的英國資產。

好吧，這對受害者來說是一個很大的失落，尤其是當我們的 Podcast 獲得所有的關注後，受害者也期待有人會採取行動。這檔 Podcast 節目已經推出了兩個月，揭露了維卡幣——由於 FCA 撤銷了對維卡幣的警示，讓維卡幣在英國取得鉅額的成果。二〇一九年九月，在我被制式的打電話告知說調查結束後，我終於收到了針對基倫．沃恩警探和英國經濟欺詐處處長凱倫．巴克斯特 Karen Baxter 投訴的確認信。在二〇二〇年一月二日這天，倫敦市警察局反欺詐小組的代理總督察保羅．科特斯 Paul Curtis 撥電話給我，並證實他就是做出要在英國結束調查這項決定的人。他說的都是我們常聽到的那些缺乏資源的問題，以及沒有針對嫌疑人的證據等等。我提到了史東兄弟和查法爾博士和其他的趁火打劫的人，他似乎根本不知道這些名字。我問他，這些人有沒有被逮捕和訊問，他說沒有。幾個最大的騙子，竟然連被訊問都沒有？然後我問他，他們都訊問了哪些人，他說他不能告訴我，但他說，都沒有找到證據。

我盡可能用禮貌的態度指出，這些人與茹雅一起將維卡幣引入了英國，且據稱至少偷走了一億英鎊，這看起來是很大的一筆錢。他說，這真的很令人傷心和沮喪，他們會建議那些接到推銷電話的人，直接掛掉電話。在我看來，他似乎不清楚維卡幣的邪教文化的運作方式，也不知道維卡幣是如何透過家人和朋友的網絡在營運。如果你母親打電話來，你不可能直接掛掉電話！或者是掛掉你最好的朋友的電話。在那個傍晚，講完這通電話之後，我陷入了一段不安的時間。我開始想東想西。然後在二〇一九年十二月二十日，我們的復仇者小組，從一位原本是日本的推廣人，之後變成吹哨人的馬克．西山 Mark Nishiyama 那裡得知，他們計劃要售出整個維卡幣網絡。

賣方開價一千萬英鎊，以整個網絡中的每一個人頭都以每人十五英鎊計算，這還包括所有這些人的個人資料。我將一千萬英鎊除以十五英鎊，來找出他們所聲稱的維卡幣會員人數。在我的計算機的小螢幕上，得出了666,666.6666666[13]的數字，我一直說茹雅在做魔鬼做的工作，但是這個數字！現在，我的心靈就和我的身體一樣地脆弱。所有的這一切似乎又都落在了我身上。我感覺到，自己又再一次因為無時無刻的需求，而感到身心不適。但這正是我一直努力在做的：讓大家傾聽我們的聲音，傾聽我們的故事。而現在，我和其他人辛勤努力所取得的成果，卻讓我應接不暇。誰說人生是公平的？

突然間，我覺得自己像是一種被剝削的商品。

13 譯註：在基督徒的文化中，將666視為撒旦的象徵。

第十六章　暴風雨的天氣

在我年輕的時候聽過一些兜圈子的場面話，尤其是酒吧那份工作要下班時，我不相信我還能夠像年輕時那樣受到歡迎，直到我現在，遇到了這些想要為我講述我的故事的人。隨著BBC的Podcast節目的成功，以及我出現在電視的時事節目中，我被邀請參加世界各地類似的節目。我很樂意這樣做，我也一直強調。我的目的是為受害者伸張正義。歐洲的一些記者，尤其是德國、法國和比利時的記者，他們急於揭露維卡幣的真相，但找不到願意「發聲」的受害者。由於他們的國人都害怕公開，而我躲在蘇格蘭的一個角落，所以我成為了他們要約的維卡幣的反叛者代表。

當紀錄片和劇情片的節目製作人找上我時，他們對於發生在我身上的事情，都各有非常強烈的「看法」。我會解釋我的故事，但是，不對，他們會用這樣或那樣的觀點去詮釋我的故事。他們聽了我關於死亡威脅和擔心家人安危的故事，但他們仍然希望我打開我家的大門，讓他們進來拍攝，仍然希望我把他們引介給他們可以採訪的人。在過去的幾年裡，我在未知的領域與騙子和保加利亞黑手黨打交道，天知道我還經歷了多少其他恐怖的事情。但是現在，我因為完全不同的原因而被困住了。有一位之前在澳洲就很支持我的朋友回到了蘇格蘭，她會和我一起參加一些節目的說明會議，她不會退縮，對我來說她也是一位很好的媒介，但是我經常被以第三人稱的形式討論：「珍認為是這樣」，「珍認為是那樣」，「珍不願意那樣做」，「珍可能願意做這個。」這感覺很奇怪。在格拉斯哥一家旅館的一場會議上，他們提到了錢——我認為這是一筆很大的金額——但是我的朋友回答說：「我不認為這是一個適合的數字。」我不知道該往哪裡看，這讓我高度焦慮，我迅速坐直身體，差點打翻一個托盤。「有人要再來杯咖啡嗎？」

我對這些的任何一個狀況都感到很不自在，而我的朋友說我很幸運，我沒有為了微薄的收入而簽字放棄我的人生的生命權。如果不是因為我在維卡幣上面付出太多心力，我很可能就會接受這筆錢了。隨著 Podcast 節目變得越來越成功，並且透過 BBC 國際頻道接觸到不同的聽眾而有數百萬人收聽，BBC 一直要求我接受 BBC 的記者的採訪，例如 Radio 4 的指標性《女性時刻》節目、BBC 網站的 BBC 新聞，以及英國各地的各個 BBC 廣播電台。每個人都想和我說話，我知道這是因為我是一位真正的受害者，在一個高科技的報導故事中，我是那個代表人性的面孔。那些記者請我談論死亡威脅，我不斷地重述這個故事，並且一次次地重新經歷它。這在精神上和情感上，都讓我疲憊不堪。這一切都是我自己處理的，因為我沒有透過中間人去安排。我沒有預料到這些狀況，但我一直致力於要讓茹雅站上法庭，所以我永遠不會拒絕。我們經歷了缺乏曝光的貧瘠歲月，雖然我疲憊不堪，但我很樂意看到這樣的熱潮。在此期間，我收到了來自BBC的兩封信。一張是一筆直接匯到我銀行帳戶的五十英鎊的發票，這是《維多利亞．達比舒亞秀》的「出席費」。另一封信是這筆付款的收據，但收據後面附有其他的合約頁面，上面的字跡以最小的字體中最小的那些字體印刷。因為維卡幣的經驗，我現在都會看所有的文字。據我所理解，這些文字是說，如果我沒有在某某天數內歸還那五十英鎊，那麼，他們就擁有我和我的故事的權利。我原本很樂意分享這些故事，以幫助所有的受害者，我也很樂意參與BBC的節目。但是那時我正在考慮寫這本書，因為Podcast只有觸及了故事的表面，關於我與茹雅的對抗，還有受害者的故事，我還有很多話要說。我也相信，寫書可以消除我所有的焦慮，會讓自己感覺更好，而我真的很希望可以感覺好一點。我對人生故事的版權一無所知，但我正在學習這件事。我擔心我的故事越被媒體報導，就會越被扭曲，因為我看到的細節都已經不符合事實了。說出真相的唯一方法，就是透過我自己把一切說出來，我也祈禱這會是一趟帶來自我聊癒的路程。然而，這真的是BBC

想要以五十英鎊的價格買下我的故事嗎？我為他們做了一切：所有我安排的會議，還有我介紹給他們的人。我在經歷過維卡幣的事件後，對一切都持懷疑的態度。第二天，我和傑米・巴特利談到這件事，他說，這是一份標準的合約，就像是「一份手機合約」一樣。我說：「我不想要手機合約。我也沒有要求要合約，我不想要，我也不會簽名，我會把這筆錢退回去。」

我對這一切都感到困惑。這對我來說是一個新的世界，在被茹雅騙過之後，我再也不想在不了解，以及未確認每項細節的情況下，就參與任何事情。節目吸引了幾百萬的聽眾，它進入了 Podcast 節目的前十名，然後一直衝上第一名的位置。

這一切就這樣撞入我的生活，我不知道該怎麼辦。我和傑米・巴特利談到這些，他能從我的聲音中聽出我難以應付這些狀況。我暈頭轉向，就好像我又回到酒吧在關門時，站在酒吧的另一邊一樣。我想講述我的人生旅程的故事，因為它變成我肩上沈重的負荷。他說，我需要聽取專業人士的建議，我也認為有這樣的需要。他把我介紹給一位經紀人，這位經紀人很突然地就問我到底想做什麼。我回答：「我想如實講述我的故事，我想寫一本書。」他似乎認為那很荒謬的，而他的反應讓我勃然大怒。這是多麼大的鼓勵，他在電話中很自傲地告訴我，他和 BBC 的幾位高階主管與一些「最當紅的」電視劇和紀錄片的製作人會面，協商關於出售《失蹤的加密幣女王》權利的事宜。BBC 把版權賣掉了，但從來沒有給出現在這個獲得巨大成功的節目中的任何一個人、任何一毛錢，也沒有給受害者的基金會任何一分錢，我認為這是他們至少可以做到的。我不是因為有參與節目而要錢，我們每個人都沒有這樣，但我覺得，他們本可以表達他們的感激之情，並以某種方式幫助受害者團體。

在那種情況下我就像是不受歡迎的灰姑娘一樣，但我仍確實去參加了那場舞會。我不確定，即使到現在，我是否相信接下來事情的其中任何一項發展。我確實掐了自己一下，因為這件事看起來就媲美茹雅博士的離譜行動和欺詐一樣的瘋狂。這件事始於我決定與之合作的作家經紀人瑞秋．米爾斯 Rachel Mills，她是一個小天使。她直接問我，「珍，妳想要做什麼？」

我告訴她，「瑞秋，我背負著如此沉重的包袱，我需要說出這個故事，我需要把肩上的重擔卸下，作為對他人的警示，同時也是我自己的一種自我療癒的方法。我覺得我真正能做到這些的唯一方法，就是寫一本書。」

她立即說：「好吧，讓我們開始規劃吧。」而她也真的做到了。這是第一次，我感到有人真正關心這件事，並願意幫助我完整地講述我自己和受害者的故事。

當她安排了一次關於改編自這本書的好萊塢電影的 Zoom 視訊會議時，這本書還只寫好了大綱而已。編劇兼導演會是才華橫溢的史考特．Z．柏恩斯 Scott Z. Burns，他寫了二〇〇七的《神鬼認證：最後通牒》和二〇一一年的《全境擴散》，而《全境擴散》因其對流行病大流行的先見之明，在二〇二〇年又逆行再次獲得關注，他還寫了二〇一九年的《酷刑報告》和同年的《洗鈔事務所》。製作人將由第一流的電影製作人珍妮佛・陶德 Jennifer Todd 擔任，她製作過許多膾炙人口的電影，包括《王牌大賤諜》系列、《神鬼認證：傑森包恩》和《記憶拼圖》，而她的這些作品締造了近三十億美元的票房。而我將成為這部電影的執行製片人。誰可以預想到這些呢？在那之後，我一直與史考特・柏恩斯和珍・陶德保持聯繫，他們了解我寫這本書的所有原因，以及我想表達的故事。他們想要透過展示這個騙局的嚴重程度，以及它對這麼多人的人生都造成了傷害，來促進正義伸張。在我看來，我原本認為是不可能實現的夢想，正在卻實現。

在第一次的 Zoom 視訊通話之後，我甚至無法與高登說這件事。我必須離開這棟房子，我不得不出去呼吸新鮮空氣，因為我幾乎無法呼吸。在外面的街道上，一切都很安靜，因為這是蘇格蘭因 COVID 大流行而首次經歷封城。我們都很小心，尤其是我和艾琳，因為我們的健康狀況都可能因此導致併發症。

我邊放空邊走著，我的思緒和回憶彷彿都飄向了雲端，然後我撞見了卡勒姆的姊姊莉莉。莉莉問我過得怎麼樣，最近在忙些什麼事，我說，如果我告訴她，她永遠不會相信的。莉莉比任何人都了解我們家的家族史，而當我告訴她這個最新的好萊塢情節時，她淚流滿面，我的本能是要衝過去擁抱她，但我知道COVID的確診在我們這一區激增，所以我不能那樣做。我們站得很遠，凝視著彼此，莉莉還在流淚。我看著莉莉，想著她的父親艾迪在卡勒姆和我的事情，以及李的出生這件事上，對有我多麼友善，以及從那些日子以來，我所經歷的漫長旅程。這讓我感到茫然與毫無頭緒：我生活在這樣的一個時代，我無法透過身體的擁抱去安慰一個我幾乎這輩子都很熟悉的人。但是我的生活，現在又正被計劃拍成一部好萊塢電影。這一切似乎都很不真實。這就是我的生命的意義嗎？這對我來說，無疑是人生的新篇章。

自從獲得好萊塢的認可以來，我對於將自己的故事，以及，將邪惡女巫茹雅的所有受害者的故事公諸於世，都感到很自在與自信。可悲的是，我也深切地意識到，這部電影和這本書，都不代表著維卡幣或其任何變形體的終結，因為那些騙子只會繼續行騙下去，並在他們所到之處都留下所有的可怕後果。即使電影已經談定，即使獲得好萊塢的關注，也都無法消彌這個現實。茹雅可能已經從地球上完全消失了，但在那個多事的夏天，她的毒害仍然繼續影響著我的生活。

到二〇二〇年七月，紐約和洛杉磯法院的檔案中，滿滿的都是針對我的宿敵（當事人缺席的情況下）和她的高層同夥的入獄刑事指控的清單。我永遠不會忘記那天晚上，我閱讀著披露了康斯坦丁早期在紐約作證之證詞的法庭文件。大量的情緒開始淹沒我，和許多其他的維卡幣受害者支持團體，因為這時我們開始認識到他們的惡行有多邪惡。

至於維卡幣，他們決定告訴其邪教組織內的投資者，美國政府在撒謊，這是針對他們的陰謀。維卡幣表示，美國是一個充滿黑粉的國家，他們不希望維卡幣成為世界上最大的數位貨幣。維卡幣告訴他們的追隨者，這就是茹雅藏起來的原因，也是中本聰保持匿名的原因，不然銀行和金融菁英分子以及政府，尤其是美國，就會以任何可能的方式除掉他們。我不知道中本聰匿名是為什麼，但茹雅之所以躲起來，是因為她發現她的洗錢夥伴兼愛人吉爾伯特．阿門塔背叛她，變成美國聯邦調查局的線人，她知道美國當局想要逮補她，而且她可能面臨著一百年的有期徒刑。維卡幣的領導者很善於將真理說成是謊言，這是他們的日常習慣。除了英國外之外，歐洲、亞洲、中南美洲、澳洲、紐西蘭和太平洋群島的政府和有關當局，都在針對茹雅和維卡幣的行銷人員提起欺詐案件。這是一項複雜的工作，但世界各地的維卡幣欺詐者都被逮捕了。但是他們無情的追隨者並沒有因此而退縮。

那年七月，出現了一張茹雅博士在大型的海報上微笑著的照片。這是在越南首都，為了像是鄧肯．亞瑟的 DealShaker 這類的維卡幣欺詐衍生產品的活動所做的宣傳。我去社群媒體上查看照片的內容（我覺得我不僅在虛擬世界裡去過那裡，而是彷彿實際去過當地一樣，我透過網路的力量走在胡志明市的街道上），然後就看到了我為什麼要繼續去戰鬥的理由。首先，是海報上的茹雅，就像一個放肆的小姑娘一樣，像是在嘲笑我。接著，現在揮舞著機槍的那維科德爾·金·傑姆斯又出現在Facebook上，他笑著表示，要讓我們這些人沉默是多麼容易的一件事，並鼓勵說：「這個活動需要（原文如此）每一個小時都被分享出去。」

在他的頁面上，有著他們籌備活動的照片，可以看到會議室裡的空椅子，在等待著那些即將要失去金錢和自尊，甚至可能失去更多的人入座。還可以看到連到這個維卡幣狂歡活動的直播連結，一想到即使到那一刻，依然有人被詐騙，然後只能感到無助，就覺得很糟糕。在揭露維卡幣數月之後，，仍然有大量的人變成受害者，對我來說這是很令人沮喪的事情。而運氣不好的當局又仍然是似乎無所作為，任由維卡幣的事業繼續經營下去。這在道德上也很令人反感。我變得非常生氣，我等不及見到茹雅站在法庭上。但即使在那些祈禱復仇和懲罰的時刻，維卡幣的故事也會浮出水面讓你質疑自己的願望。是的，我希望看到加密貨幣女王和幫助她推動維卡幣的人為他們的罪行付出代價，但我對於煉獄的想像也僅限於此。同樣也是在二〇二〇年七月這個時候，我才真正明白所謂的煉獄是什麼，有兩位南美的維卡幣推廣人被發現在墨西哥死亡。他們因惹怒錫那羅亞集團成員的「罪行」而死，錫那羅亞集團被稱為世界上最強大且最致命的販毒集團。（他們喜歡砍掉那些「激怒」他們的人的腦袋，然後把人頭像是保齡球一樣丟進咖啡廳和餐廳，以示警告。）

這個消息是透過我們的受害者支持網絡傳來的，我看著其中一名遇害的奧斯卡·布里托·伊瓦拉 Oscar Brito Ibarra 的照片，倒吸一口涼氣。他來自智利，是個長相英俊、笑容溫暖的小伙子。他看起來好像很老實，但似乎他的行為並不像他所看起來的那麼良善。他曾在社群媒體上公開表示，風險的大小將決定「獎勵」的大小。伊格納西奧·伊瓦拉 Ignacio Ibarra 則是來自阿根廷，他們兩人沒有親戚關係。他們被悶死、肢解並塞進手提箱，然後被棄置在一個空的停車場。我收到的另一個版本說，在垃圾桶的塑膠袋中發現了某些身體的部位，看來，他們無法將所有的身體部位都塞進手提箱內。

這兩個年輕人如何被困在維卡幣的世界的故事，對我來是再熟悉不過的故事，這凸顯了我們所相信的，即維卡幣既是一家企業規模的全球洗錢計畫，也是一個「拿走我的錢然後就開著藍寶基尼跑車驅車離去」的欺詐。錫那羅亞集團經手幾萬億美元的毒品走私生意，作為將哥倫比亞毒品運過邊境並進入渴求毒品的美國市場的橋樑，錫那羅亞集團經手的金額位數也一直在增加而所有得這些現金都必須以某種方式合法化，所以集團的財務總管總是需要採取有創意的方式。當我們研究洗錢的機制時，很快就會發現，這不僅僅是神奇的數學，而是必須有一個買與賣的方程式，而無論是真實的加密貨幣，還是像維卡幣這種幻想的加密貨幣，就是二十一世紀最可愛的洗錢花招。你不必把維卡幣實際打包然後透過郵務寄出，它在空中咻地一聲就轉過去了，速度與它在產生現金這件事上同樣地快速，而這些現金就在全球的存款帳戶中流轉。

這些墨西哥的犯罪集團，包括洛斯哲塔斯集團、哈里斯科新世代集團以及錫那羅亞販毒集團，在使用虛擬貨幣轉移和清洗我難以想像的鉅額資金方面都很有經驗。我從來都不知道世界上存在著那麼多的錢。然而，鑑於他們為了獲利所做的一切，我也無法想像他們如何享受他們所掌握的驚人財富。奧斯卡・布里托・伊瓦拉和他的搭檔伊格納西奧・伊瓦拉是在這個世界上無足輕重的小人物，而在這個世界上，被踐踏的總是這些不重要的男人和女人。在茹雅消失且維卡幣被認為是騙局之後，他們兩人在二〇一七年時捲入其中。但是，他們與智利的團體一起在阿根廷、巴西和哥倫比亞兜售維卡幣以及推銷 DealShaker 平台。

到二〇二〇年初，他們身陷麻煩，於是與一家接受加密貨幣作為汽車付款方式的汽車公司合作。他們為使用維卡幣代幣購買汽車的人提供折扣。以及，當然，用現金買車的人也是。當說好的汽車在整個南美洲從都未交付時，受害者損失了幾十萬美元。有一些受害者得以收回他們毫無價值的維卡幣，但是受害者沒有辦法拿回他們在這之前為了購買維卡幣所預付的現金。基本上，大家普遍都認為這兩個人是因為在墨西哥向錯誤的人推銷了同樣的計劃而喪命。

加密貨幣女王周圍的許多人，都已經消失或是喪命，或者是在經濟和情感上都被摧毀了。有人認為，茹雅是出於善意才開始打造她的加密貨幣生意，但我暫時不相信這個論調。鄧肯・亞瑟向我發誓說，茹雅在遇到賽巴斯欽以及她之後的丈夫之前，一直都是像天使一樣，但是後來她的所有良善都消失了。他忘記了這對騙子搭擋第一次見面時就設計了BigCoin的騙局，然後才發展成為更複雜且超級成功的維卡幣騙局。出生於懷特島，涉嫌的職業欺詐犯法蘭克・里奇茲 Frank Ricketts 也很早就加入了他們的行列。如果你還記得的話，我曾經花了五千英鎊用於購買我的第一個維卡幣方案，那時我將錢匯給了國際行銷策略IMS，該公司擁有眾多的空殼公司，是法蘭克・里奇茲的洗錢帝國的一部分。二〇二一年時，當其合作夥伴在西德的明斯特因一系列涉及洗錢超過三點四五億美元的詐欺指控而被起訴時，這個洗錢帝國就分崩離析了。其中關鍵的指控，是IMS接受像我這樣的維卡幣投資者的款項，將它們轉到世界各地的帳戶，然後再將這些錢分流到茹雅手上，而被告由德國的律師事務所是SBS Legal。

史蒂芬・舒倫貝格 Stephan Schulenberg 也是維卡幣在德國的律師代表，他也曾經或現在仍是茹雅的私人律師，他可忙著呢。他也為IMS的另一位合作夥伴慕尼黑的律師馬丁・魯道夫・

亞歷山大．布雷登巴赫 Martin Rudolf Alexander Breidenbach 的利益而奔走，後者於二〇二一年時與里奇茲一起在德國受審。

他們的「搞得定先生」則是足智多謀的前間諜法蘭克．施奈德，他被列為盧森堡美國商會 ACHAM 執行委員會的成員。隨著維卡幣的紙牌屋於二〇二一年七月倒下，法蘭克．施奈德的 Sandstone 公司也被揭露，從二〇一五年到二〇二〇年夏天一直在為歐洲投資銀行 EIB 提供服務，在此前，他的公司則是被揭露與茹雅交易。

二〇二一年時，維卡幣的這群流氓都在躲避美國聯邦調查局與國際刑警小隊的合作辦案。這些人在世界各地尋求庇護，受害者的支持小組幾乎每天都在討論這些事，然後只要有壞人被拿下，網路上就會有很多人在慶祝。二〇二一年四月二十九日，一支法國的特警隊根據紐約法院簽發的國際逮捕令逮捕了法蘭克．施奈德，而受害者的小組從未如此歡欣鼓舞。那一次的逮捕是一場欲擒故縱的突襲行動，發生在距離盧森堡與法國的邊境三十分鐘車程的茹德勒維爾。探員們知道法蘭克．施奈德在整個歐洲的執法部門都有穩固的人脈，所以堅持在這場聯合行動中，所有的行動都必須被知悉，這是美國人與德國、比利時和法國當局合作了三年多的計畫。警察不願冒任何的風險，他們動用了法國的國家偵查攻堅大隊的特別小組，這些人是真正的硬漢，他們在施奈德越過邊界之前逮捕了他。

法蘭克．施奈德傻眼了。這位盧森堡情報機構 SREL 的前任老闆，驚訝地發現自己被包圍，從自己車裡被帶走，然後銬上戴上手銬。他原本相信他的線人人脈會保護他免於被捕。他他覺得自己可以有罪不罰，所以在杜拜、盧森堡和法國默爾特－摩澤爾這幾個地方的住所之間，不知羞恥地到處跑來跑去施展他的人脈關係，但美國聯邦調查局盯上了他，希望藉由他找到茹雅。警方認為，他仍然是他們找到茹雅的最佳勝算。二〇二一年六月，以每月四萬英鎊的價格聘請倫敦的形象公關公司 Chelgate 以及倫敦律師事務所 Carter-Ruck 來處理我對維卡幣所造成的問題的這位間諜，被關在法國的小鎮南錫，等待美國跑完引渡請求的文書流程。在那個月，有兩名美國聯邦調查局探員，其中一名是在巴黎的駐法大使館的聯絡官，另一名則從華盛頓遠道而來，他們前往那裡，感謝他們歐洲同行的成功行動。他們交換了禮物並合影留念。想到倫敦市的警察，我不禁感到失望以及為他們感到尷尬。他們就放手不管，結束了調查，他們應該一起站在「抓到你了！」的這張照片裡，然後錶框，而不是只在意要擦自己的屁股。令我高興的是，二〇二二年一月十九日，南錫的法院批准了美國人對法蘭克．施奈德的引渡請求，但他的律師伊曼紐．馬西尼 Emmanuel Marsigny 表示會提出上訴。檢察尚．雅克．博斯克 Jean-Jacques Bosc 解釋，即使已經訴諸所有的上訴選項，但將施奈德送往紐約仍然是一項漫長的工作。

在經歷了漫長而動蕩不安的三年之後，當我再次聽到史東堂兄弟的消息時，我感到很懷疑。詹姆士．史東在 WhatsApp 上發訊息說：

我知道妳不滿意我們在這整個過程中沒有站在妳這邊……

好吧，那倒是說得沒錯。他繼續問，他們堂兄弟們是否可以和我談談，我說可以。我也想得到很多事情的答案。我說，我們可以進行 Zoom 視訊通話，或是用類似的方式通話。幾分鐘後，我得到了這個回覆：

我和哈利談過，他建議我們親自見面。妳可以出門旅行嗎？我們可以訂飛往杜拜的班機。

我不得不為這個離譜的邀約而笑出來，他們這些厚顏無恥的傢伙！由這群騙子招待我，免費飛往阿拉伯聯合大公國？那裡是維卡幣洗了幾十億的洗錢地，也是茹雅最主要橫行的法外之地。坐頭等艙，從格拉斯哥飛往到杜拜，非常好。但我他媽的絕對不會去。

第十七章　懲罰

前幾天，一位朋友告訴我，我變成了《英雄本色》的主角，並表示，將我與蘇格蘭的自由鬥士威廉．華萊士 William Wallace 相提並論，是一種稱讚。他沒有想清楚就說出口的話，卻讓我停了下來思考，因為梅爾吉勃遜在電影中所扮演的那位身穿蘇格蘭短裙且與史實不符的角色，在電影結束、出現片尾字幕時，他也被處刑然後五馬分屍了。這點倒是真實的歷史事件，但是，雖然我經歷過這些可怕的時刻，我還是希望我可以有一個比這部電影快樂的結局。

當然，我和梅爾吉勃遜一樣，都對那種酷刑的真實感受理解有限，但我想，我應該可以同理。在過去的幾年裡，我在情感上和身體上都被撕裂了。每件事情都有其代價。對於許多人來說，其代價是失去尊嚴或自尊，也可能是失去自我價值或是愛，也可能是失去金錢。但在茹雅的夢想世界中，我們已經看到代價就是所有的這一切和人們的人生。在這段旅程中，我受了傷，因為與我仍然無法完全理解的對手作戰而全身傷痕累累。我認為如果你無法以邪惡的方式思考，就無法正確理解邪惡。但是我了解了它的機制，也就是無辜的人以及某些不那麼無辜的人，是如何輕易地落入壞人的陷阱中。

他們可能擁有可以炫耀的汽車和昂貴的西裝、名牌設計師禮服和鑽石首飾，他們擁有所有的這些裝備，展示出財務上的成功，但他們付出了多麼大的代價。當然，他們對受害者的剝削是很無恥的，如果在行經的路上被一隻垂死的狗擋住，他們就會一腳把這隻狗踢開；甚至表現出的無端放縱這件事，對我來說也很難理解。有一個令人震驚的時刻，是賽巴斯欽的女友米雪爾拉．阿萊娜在社群媒體上發布的貼文，她在紐約是為了待在他身邊，但當他在監獄裡等待出庭時，她覺得這一切都讓她非常焦慮。她有著完美的身材，她帶著驚人且妙曼的身材曲線走進曼哈頓的這些高科技商店，並在她的 Facebook 頁面上寫道：

我經歷了一段艱難的時期，所以我把所有的壓力都花在購物上。這聽起來可能很膚淺，但我也是有高興了幾分鐘。我不得不租下另外一間旅館房間，來存放一些多的東西。那個時候很瘋狂……而這只是我這一個禮拜的購物。

在她的文字下方，是一張她的第二間旅館房間的一半空間的照片，放滿了路易威登 Louis Vuitton 和香奈兒 Chanel 的購物袋，房間的家具上也擺滿了設計師品牌的手袋和一束一束的花。

我確實希望可以看到他們受到懲罰。

與此同時，由於我們一直在追蹤茹雅和她的那幫共犯，並且盡可能地幫助警方和政府，所以受害者團體也一直在與資產追回的團體合作。其他受害人和我，與兩家全球最精通該領域的法律和資產追回公司一起在追查茹雅偷走的幾十億美元的下落，以及她以欺詐為基礎所建立的資產帝國。我已經提供給他們多年的調查所收集的資訊，他們立即就得到有關錢的去向的線索。他們隨時都可能會去拜訪你家附近的某棟辦公大樓或住宅開發計畫。銀行和其他金融機構對於幾十億的錢像是搭乘遊樂場設施一樣，透過他們的帳戶移動，勢必也有他們需要回答的問題。這將是又一段漫長的過程，但我們希望能收回足夠的錢，彌補所有的受害者至少一定比例的損失。可悲的是，那些在非洲、亞洲、中國和南美洲被剝奪人生的人，將永遠看不到任何希望。

許多人仍然無法理解發生在他們身上的事情。在烏干達，丹尼爾的母親洛伊斯仍繼續相信著維卡幣。當她看到一個陌生人來到她的村子時，她會說：「就是那個人，帶著我們所有的錢來了，這個人來，是為了讓我們變得富有。」

有些事，永遠無法改變。

我一直還在等英國經濟欺詐處處長凱倫・巴克斯特回覆我，在二〇二一年時，在一封我等待已久的信中，沃恩警探告訴我，他已經離職了。他再次表示，雖然倫敦市警方有在支持其他國家的行動，但英國的案件已經結案，而他們沒有足夠的證據重啟調查，並繼續說，任何欺詐的受害者都應該向行動詐欺中心提報他們的擔憂。

在美國聯邦調查局採取的所有行動、與歐洲警察團隊的合作，以及拜登總統飛抵英國並宣布打擊加密貨幣欺詐之後，就只有這樣：打給行動詐欺中心，然後你會得到一組號碼。一想到這件事，我必須告訴自己冷靜下來，因為我覺得我的血壓在飆升，這可不妙。我無話可說，對我來說，鑑於我和所有受害者所經歷的一切，這套體系就像只有三條腿的肉餡羊肚一樣可信。我感到憤怒和不安，我再次面對同樣的情緒和感受，就像我在二〇一九年九月十八日第一次收到他們的電子郵件時，同樣不得不面對的那些情緒與感受，當時，他們通知我，他們決定結束英國的調查，在當時毫無道理，現在也是毫無道理。

但這之中也有充滿希望的時刻，也有歡欣的時刻。在烏干達的親愛的丹尼爾一直都在給予我啟發。二〇二〇年五月，我幫助他在坎帕拉正式提出針對維卡幣的騙徒的申訴。丹尼爾從不相信烏干達當局會有所作為，但他們確實採取了行動在二〇二二年二月上旬，有些人被捕並提起欺詐的指控，牽扯的金額是三十億烏干達先令，略高於一百萬美元——這些錢是從那些連三餐都吃不飽的人那裡偷來的。當他們最終出庭受審時，我相信正義會得到伸張，且任何懲罰都會是適當的。

顯然在英國，儘管有所有的證據，維卡幣的欺詐者仍將繼續被忽視，不會有人逮捕受害者，也不會有人為受害者伸張正義。很顯然，倫敦市警察和英國金融行為監管局之間在互相推卸責任，並盡其所能轉移目標。對於被困在這個維卡幣地獄中的受害者來說，這是無法接受的結果，而這些欺詐罪犯可以在英國繼續他們的詐騙行動，這也是我們不能接受的。受害者需要正義，只有這樣他們才能開始療傷。值得慶幸的是，賽巴斯欽和其他人正在美國的法庭上面對他們的詐騙的後果。當茹雅加入他們的行列時，我會在艾琳家，我們會一起享用奶油蛋糕和茶。

結語
誓言

我坐在我的小小社會住宅後面的花園裡。我喜歡這裡，想像我父親在棚子裡做點瑣碎的事情，然後整理花草。前幾天我去了園藝中心，買了一些玫瑰和兩個智能花盆來種它們。我留有一些我母親的骨灰，但量不多。我母親的骨灰那時被灑在地上，但是我無法讓她離開，所以我抓了一把回來，我從二〇〇三年就一直保留到現在。而現在，這把骨灰跟著一朵玫瑰一起種到其中一個花盆裡。它就立在我的陽台的一側，在另一側的那個花盆裡，則是「父親的玫瑰」。最終，因為有了維卡幣的資產追回行動計劃，以及那些壞人被抓或是被追捕，我才能夠打開他的骨灰。火葬場把他的骨灰放在一個漂亮的盒子裡，然後打開一看，骨灰被完善地包好，在包裝上面寫著 William McAdam（威廉・麥克亞當）的字樣。

當我看到那些字時，我幾乎無法呼吸，但現在是該整理他的骨灰，以及整理他死後留下的所有傷痛的時候了。由於那些讓我分心的事情，我從來沒有好好地悲傷和說再見。現在，愛黛兒把這盒骨灰給了我，當我把他的骨灰倒進花盆裡，把他的玫瑰放在該放的位置時，我被情緒給淹沒而無法自拔。自從在風笛樂中向他致敬與告別，和茹雅出現在我的生活以來，似乎好像已經過了一輩子的時間。我全心全意地反擊，我想我的父親也會對此感到高興的。

透過這個小小的個人儀式來紀念他，我相信我終於能夠接受他的離開，擺脫悲傷的包袱，然後留下美好的回憶。

我邊用一隻手種植玫瑰，另一隻手則拿著我的電話。艾琳說得沒錯，我總是黏著電話。因為我的使命，是找到茹雅並看著她入獄很長一段時間。這是我永遠不會放棄的一件事。

每天晚上，我都夢到茹雅穿著美國監獄的那套寬鬆的深紅色聚酯纖維女裝，在一間空蕩蕩的牢房裡，伙食是麵包和水——因為被我逮到。

作者的話

感謝你加入我的這趟旅程。某一天你還過著正常的生活，然後第二天，你就好像推開一扇拉門，走進了一場沒完沒了而且不願放過你的噩夢。發生在我身上的事，對我所生活的世界來說是如此陌生，如此奇妙，以及如此可怕，以至於我覺得我必須提醒讀者，這不是虛構的作品，而是我的真實故事。這個故事和涉及造假帳目或內幕交易的陰謀都無關，而是歷史上最駭人的一些陰謀活動，它與東歐黑手黨、洗錢罪犯以及你在一部殘酷的好萊塢電影中會看到的那些最惡劣的欺詐罪犯有關。這種電影甚至不是我喜歡看的電影。因此，我很謹慎不要洩漏我家的確切地點，但蘇格蘭西部是我出生的地方，這是我必須告訴你的。但我永遠不會害怕講述我的故事。我知道這會造成長期存在的風險，但我很希望為受害者伸張正義。

由於這件事所牽扯到的犯罪關係，我多年來一直受到恐嚇並且感到恐懼。我總是習慣回頭確認我的身後。當這些威脅和辱罵開始發生時，我很擔心我的家人，但他們告訴我，要繼續戰鬥。除非我已入土、深埋在地下六尺之下，否則造成世界各地的家庭的家破人亡、痛苦和死亡的肇事者，就會一直是我的目標。茹雅・伊戈納托娃似乎把我當作維卡幣的頭號公敵。這不是她最好的主意。我在計算維卡幣的骯髒交易的算術時，我的計算機像是中了頭獎般出現了666,666.6666666的數字，這讓我感到很驚奇。我說過很多次，我的宿敵茹雅是在做惡魔的工作。現在我算出了代表她的號碼，還決定了這本書的書名：惡魔的貨幣。

在我撰寫本文時，將危險帶到這個世界的茹雅・伊戈納托娃仍然逍遙法外。美國司法部在她缺席的情況下，進行針對她的控告。二〇二二年四月時，她被列入國際刑警組織Interpol的紅色通緝令名單 Red Notice List 和歐盟警察組織 Europol 的頭號通緝要犯名單。歐盟警察組織還加了一項危險警告：「伊戈納托娃和她的同夥可能攜帶武器，任何願意與當局合作的人都應該小心行事。」還有一個針對任何幫助她被捕的懸賞，懸賞金額高達五千歐元。保加利亞內政部也在四月宣布，應德國當局的要求，對她發出國際通緝。她的資料也被提報給申根資訊系統，一旦她被發現，就會根據德國比勒費爾德法院簽發的歐洲逮捕令將其逮捕和引渡。她的保加利亞公民身分也被撤銷。當她被抓到時——她一定會被抓到——她將面臨一系列美國所起訴的指控，這些指控是：共謀進行電匯欺詐、電匯欺詐、共謀進行洗錢、共謀進行證券欺詐和證券欺詐。一旦被捕並被判有罪，茹雅・伊戈納托娃將面臨最高九十年牢獄。

賽巴斯欽・格林伍德自從從泰國被引渡到美國後，一直被在關押候審，並關押在紐約布魯克林的大都會拘留所，等待定於二〇二三年五月十五日進行的審判。他對起訴他的指控皆表示不認罪，這些指控包括：共謀進行電匯欺詐、電匯欺詐、共謀進行洗錢、共謀進行證券欺詐和證券欺詐。如果被判有罪，他同樣也將面臨最高九十年的刑責。對所有指控皆承認有罪的康斯坦丁・伊格納托夫接受了美國的「5K」認罪協商，這包括他成為政府的證人，換取比這些指控更輕的刑罰裁量。

然而，他在馬克・史考特的審判中被指控做偽證（他並未承認或否認），這可能會影響到他的認罪協商。他承認的紐約起訴書指控是共謀進行電匯欺詐、電匯欺詐、共謀進行洗錢和共謀進行銀行欺詐。他在二〇二二年時任命了一位新的律師，他的法庭聽證會日期定在二〇二二年八月十日。他同樣也面臨可能被判處長達九十年的牢獄刑責。

馬克・史考特在紐約的審判中被判有罪，罪名是共謀洗錢，他涉及四億美元的維卡幣現金洗錢。在他的律師因康斯坦丁涉嫌偽證而主張重新審犯，他的判決於二〇二二年十月懸而未決，等待法庭裁決。

吉爾伯特・阿門塔承認了他在美國所受到的五項刑事指控，即共謀電匯欺詐、三項共謀洗錢和共同勒索的指控。他的判決日期訂在二〇二二年七月二十七日。他同樣也將面臨坐牢很長一段時間。

法蘭克．里奇茲，他的妻子曼森．胡本塔爾，以及他在慕尼黑的律師馬丁．布雷登巴赫在德國皆被指控犯下洗錢罪。他們對所有指控均表示無罪。控方針對被告的案件資料長達一萬五千頁。里奇茲和他的妻子被指控從二〇一五年底到二〇一六年底透過他們現已解散的公司 IMS，從大約六萬德國維卡幣客戶那裡收取了三點二億歐元。據稱，透過 IMS 洗錢的資金，經開曼群島轉移到保加利亞的索菲亞、倫敦和杜拜。擔任茹雅的個人律師的馬丁．布雷登巴赫，在明斯特的一起案件中被指控為她的一些合約進行了談判，並代表茹雅收了兩千萬歐元，然後在二〇一六年初將這筆錢轉給了一家位於倫敦的律師事務所 然後這家律師事務所接著為茹雅買了兩棟倫敦公寓。在明斯特案中，布雷登巴赫還被指控自二〇一六年六月底開始，將約七千五百萬歐元轉移到開曼群島做為洗錢的手段，並隱瞞了資金的來源。明斯特案的地方法院已將針對法蘭克．里奇茲、曼森．胡本塔爾和馬丁．布雷登巴赫的審判定於二〇二三年八月二十三日進行。

在法國法院同意將他引渡到美國後，法蘭克．施奈德就陷入了困境。他在美國的起訴書上的指控，是共謀進行電子欺詐和共謀進行洗錢。法國南錫法院在審理施奈德的指控後，同意他被引渡。這些指控包括：向維卡幣及其負責人提供「商業間諜和洗錢服務」；向維卡幣的負責人提供機密的警方資訊，導致茹雅．伊戈納托娃逃亡而未被逮捕；以及，透過以施奈德自己的名義註冊的阿拉伯聯合大公國空殼公司協助維卡幣營運。他的每一項欺詐罪都面臨了二十年的有期徒刑。在二〇二二年一月十九日，法國南錫的上訴法院批准他的引渡。他的律師正在對此決定提出上訴。二〇二二年六月，時年五十三歲的法蘭克．施奈德在接受盧森堡的公共廣播電台採訪時說，他是茹雅的「危機管理人」，說她很信任他。施奈德受到全天的監控並需要配戴電子腳環接受家庭監禁，他在採訪中說，直到現在，他才意識到他的行動可能會被裁定為犯罪。他說，他並沒有意識到自己參與了「非法行為」，但談到與維卡幣和茹雅的合作時，他表示，「是的，一直都有跡象顯示，某個人有可能會認為，這樣做太過頭了。」施奈德說，他的公司 Sandstone 透過為茹雅提供服務賺取了四百萬到五百萬歐元的利潤——現在，不排除這可能屬於「洗錢」。他說，他也有經由馬克．史考特設立的 Fenero 基金收到錢，他解釋：「這是很多年的事情了，其中可能有很大一部分的錢都不見了。」他還表示，他相信在杜拜、澳洲和韓國的基金內仍有「十億」歐元的資金，他的工作是為茹雅「解決問題」，而他最後一次與茹雅交談，是在二〇一七年十月，他過去不曾，也不會幫助她「讓某些人消失」，他想在法庭上談維卡幣的營運——但是不是在美國的法庭，他想在盧森堡接受審判，因為在盧森堡他可能只面需臨五年的判決，而在美國卻是超過四十年的判決。他說，在美國被定罪就像是被「判死刑」，他沒有對美國當局對他提出的指控，提出正式的抗辯。

在二〇二二年的夏天，保加利亞的索菲亞的維卡幣總部，仍然繼續在營運。這家公司仍然可說是正常在營運，且沒有任何直接針對該公司的指控，而該公司也沒有公開否認不當的行為。

在義大利，針對十二名維卡幣推廣人的刑事訴訟，於二〇二二年夏天展開。阿根廷也開始針對十四名維卡幣推廣人進行審判，美國的司法部長辦公室則宣布，他們將開始在其網站上為全球的維卡幣受害者提供資訊。這對我們這些受害者來說，是一件值得高興的事情，我想，遲到總比不到好——而且這是一項重要的公共服務，讓受害者意識到這件事也是很重要的。與此同時，維卡幣的世界也仍然在呼喚我：來自麻薩諸塞州馬的賴瑞．巴特勒 Larry Butler 聯繫我，想要加入其中一個維卡幣受害者支持小組，他因為維卡幣的欺詐而損失了二十萬美元。巧合的是，當我收到賴瑞想要加入支持小組的請求時，我也看到一群維卡幣的啦啦隊在 Instagram 上到處炫耀著他們豪華的超級噴射機生活。這激怒了我，但還比不上同樣那一個月，我看到在南美洲舉行的一場奢華的維卡幣風格的活動之影激怒我的程度。還有其他的維卡幣活動，在這裡、那裡，以及全球各地。在南美的會議廳裡面擠滿了希望在這些更加不穩定的時期裡，打造出有財務保障未來的人——就像是曾經的我那樣，這很令我心碎。為正義而戰，大衛與歌利亞的戰鬥仍在持續，但我相信，即使是面對著可怕的敵人或是渺茫的成功機會，也將得以用一種比以前更強大且更積極的方式去面對。我永遠不會忘記，二〇二二年六月三十日那天，美國聯邦調查局將茹雅列入了他們的十大通緝要犯名單。在這份名單上，她和那些一直在這份惡名昭彰的點名單上的怪物、連環殺手、綁架犯和恐怖分子，一起在歷史上留名。這是我們最終締造的成果，這也向我證明了，我們齊心協力確實可以有所作為，確實可以讓世界變得更美好。

珍妮佛・麥克亞當　二〇二二年七月

致謝

這本書是在全世界許多充滿愛心的人們支持與幫助下完成的。我想特別向他們致上我的謝意。

道格拉斯．湯普森 Douglas Thompson，我打從心底感謝你。三年前，當我們第一次見面討論一起寫這本書時。當時我正想找一位作者來幫助我寫這本書，而我們一下就變得很親近。你的那些 Chic Murray 的笑話，無疑有助於我們破冰。我真的覺得，我們的人生道路註定會與彼此相遇。我需要敞開心扉，然後重新審視那些強烈而痛苦的記憶和情感。有了你的善意、同理心、耐心、關心和支持，這一切都讓我感到輕鬆多了，也讓我能夠與你一起重溫和討論那些讓我情感上痛苦的旅程。在這之中，我從未感到孤獨。你是我最好的寫作夥伴，也是一位傑出的作家，你也成為我非常敬愛的朋友。我從你那裡學到了好多東西。道格拉斯，與你一起撰寫這本書對我來說是我莫大的快樂，我也深感榮幸，並且對你抱持著很大的敬意。我非常感激，能夠聽到你說出「好」，並促成我們的合作。

瑞秋．米爾斯，我的文學經紀人，我非常感謝妳。妳意識到，我對能夠親自述說我的故事這件事的重視，如果沒有妳的關心和支持，這本書就不會出現。妳了解這整個故事，也了解我想傳遞的訊息，最重要的是，了解我和我的旅程。在我們第一次說話的那一刻，你問我，「珍，妳想要做什麼？」而我回說，「把我的故事寫成一本書」，妳的回答是，「好吧，讓我們來完成這件事吧。」第二天，妳就開始動了起來，從那以後，妳和 Rachel Mills Literary 的同事們一直非常專注於這本書，並非常辛苦，只為了實現這個目標。瑞秋，妳是一個了不起的文學經紀人，也是一個很棒的人。謝謝妳願意相信我。

對於我的出版商和編輯，我非常感謝你們對我的故事的熱情和信任。一句「謝謝」似乎永遠都不夠表達我的感激。我非常感謝所有努力工作，並在這個過程中提供如此專業的支持和建議的出版團隊。這對我來說是一段難忘且珍貴的經歷。

對於那些受害者、媒體、記者、製作人，和其他在全球範圍內幫助揭露這個令人髮指和殘酷的欺詐行為的人，我要感謝你們。在提升大眾對這件事的認識上，你的幫助有著巨大的貢獻，這也進一步幫助保護了無辜和弱勢的族群。像你這樣的人，就是這個世界上的良善力量。非常感謝你關心這件事，讓受害者得以發聲，以及讓這些聲音得以被聽見。感謝你的分享、關懷，以及為受害者帶來正義伸張的希望。

最後，我要感謝美國司法部 US Department of Justice，站出來主導在全球採取行動逮捕和起訴維卡幣罪犯。你激勵了我們的希望和信念，讓我們得以相信正義可能很快被伸張，也讓受害者可以開始療癒。當其他國際的法律機構猶豫不決時，美國的司法部卻展現出無論是在過去和現在，絕對都是強大且堅持不懈的力量。

高寶書版集團
gobooks.com.tw

BK 067
惡魔的貨幣
全球最大加密貨幣騙局！受害者與黑手黨對抗親筆實錄
Devil's Coin: my battle to take down the mafia cryptoqueen

作　　者　珍妮佛・麥克亞當 Jennifer Mcadam、道格拉斯・湯普森 Douglas Thompson
譯　　者　曾琳之
責任編輯　吳珮旻
封面設計　林政嘉
內頁排版　賴姵均
企　　劃　鍾惠鈞
版　　權　張莎凌、劉昱昕

發 行 人　朱凱蕾
出　　版　英屬維京群島商高寶國際有限公司台灣分公司
　　　　　Global Group Holdings, Ltd.
地　　址　台北市內湖區洲子街 88 號 3 樓
網　　址　gobooks.com.tw
電　　話　(02) 27992788
電　　郵　readers@gobooks.com.tw（讀者服務部）
傳　　真　出版部（02）27990909　行銷部（02）27993088
郵政劃撥　19394552
戶　　名　英屬維京群島商高寶國際有限公司台灣分公司
發　　行　英屬維京群島商高寶國際有限公司台灣分公司
初版日期　2023 年 8 月

This edition is published by arrangement with Rachel Mills Literary Ltd. through Andrew Nurnberg Associates International Limited.

國家圖書館出版品預行編目（CIP）資料

惡魔的貨幣：全球最大加密貨幣騙局！受害者與黑手黨對抗親筆實錄 / 珍妮佛.麥克亞當 (Jennifer Mcadam), 道格拉斯.湯普森 (Douglas Thompson) 著；曾琳之譯. -- 初版. -- 臺北市：英屬維京群島商高寶國際有限公司臺灣分公司, 2023.08
面；公分 .--（Break; BK 067）

譯自：Devil's coin : my battle to take down the mafia cryptoqueen

ISBN 978-986-506-789-2（平裝）

1.CST: 金融犯罪 2.CST: 電子貨幣

548.545　　112011625